全国优秀博士学位论文后期资助研究项目“中国科举考试及其现实观照研究”成果

试点省市高考改革研究

刘希伟 著

浙江教育出版社·杭州

总 序

FOREWORD

高考是中国教育改革的关键环节，而整个考试招生制度又是以高考制度为核心的。2014年8月29日，中共中央政治局会议审议通过了《关于深化考试招生制度改革的实施意见》。会议指出，考试招生制度是国家基本教育制度，是人才培养的枢纽环节，关系到国家发展大计，关系每一个家庭的切身利益，关系亿万青少年学生的前途命运。改革开放以来，我国教育考试招生制度不断改进，为学生成长、国家选才、社会公平作出了重要贡献。这是对以高考为核心的考试招生制度的重要而精练的评价。

2014年9月4日，国务院发布《国务院关于深化考试招生制度改革的实施意见》，进一步指出：考试招生制度“对提高教育质量、提升国民素质、促进社会纵向流动、服务国家现代化建设发挥了不可替代的重要作用。这一制度总体上符合国情，权威性、公平性社会认可”。这份纲领性文件充分肯定了考试招生制度的功能与作用，强调了改革开放以来考试招生制度改革取得的成就，是一个实事求是的基本判断。确实，以往高考在科学选拔人才、保证高校生源的质量，促进学生努力向学、提高民族文化水平，维护教育公平、稳定社会秩序，促进社会流动、保持社会活力等方面，一直起着重要的作用。改革开放30多年来，我国基础教育水平的提高、经济的腾飞、社会的发展，都与高考的恢复和改革密不可分。经过高考选拔的人才在接受高等教育后成为国家各行各业的骨干力量和栋梁之材，推动了中国经济的飞速发展，高考制度的积极意义应该充分予以肯定。

同时，该实施意见也指出了目前考试招生制度存在的弊端：“主要是唯分数论影响学生全面发展，一考定终身使学生学习负担过重，区域、城乡入学机会存在差距，中小学择校现象较为突出，加分造假、违规招生现象时有发生。”高考制度也确实存在很多局限性，因为竞争性的统一考试会诱发应试的顽症，如造成学生学习时间长、体育锻炼少、一定程度的偏科、只重分数不重平时表现，等等。虽然各种教育文件中都明文规定全面考核学生的德、智、体、美，择优录取，但在实际操作中，基本上是以“智”即高考分数来衡量学生的。尤其是平行志愿录取模式，更是将分数的重要性推向极致。在某些人口大省，高考分数集中的分数段，提升一分就可能超越千人，因此学生更是竭尽全力地追求分数。

为了克服应试造成的弊端，必须对高考制度进行变革。作为人们共同遵守的办事规程或行动准则，制度一旦形成，便具有一定的稳定性和刚性的约束力。高考制度的利弊都很显著，要对长久以来形成并得到多数民众拥护的高考制度进行变革，具有很大的难度，任何微小的变动都会引起全社会的关注。如何使高考制度与国家人才培养和社会人才需求有机结合起来，使之高效地服务于新时期国家社会经济的发展，是一个全局性问题。因此，必须在长远规划和全面研究的基础上，积极稳妥地推进高考制度变革。

2017年是进行高考综合改革试点的上海、浙江的“3+3”科目改革完成一轮进入录取阶段的年份，也是总结成效和经验、准备推广实施的重要年份，而且是纪念恢复高考40周年的特别年份。高考改革各方面都在推进，出现了许多新气象、新挑战、新问题，亟须进行全面、系统的研究。应高考制度变革的时代与社会需要，我们组织编写了这套“高考制度变革与实践研究”丛书。

本丛书已列入2017年国家出版基金项目。丛书突出高考改革进入新阶段之后的考试招生制度的变化，直面出现的新气象、新挑战、新问题，力图对高考制度变革理论、国外高校招考制度、高考改革热点与难点问题、异地高考政策与随迁子女社会融入、高考录取制度改革、试点省市高考改革、高考改革形势下的基础教育变革、高考法律问题等方面进行系统的研究，为高考制度变革提供理论依据和政策建议，具有特别明显的现实意义和历史意义。

刘海峰

2017年4月12日

前言

PREFACE

1977年，在中国现代教育史上发生了一件意义重大、影响深远的历史事件——国家恢复了中断11年之久的高考制度。当年10月，国务院批转了教育部《关于一九七七年高等学校招生工作的意见》，规定从1977年起对高等学校招生制度进行改革，恢复统一考试制度。其后12月，全国570多万人报名参加高考，高校共计录取了27.3万新生。诚如刘海峰教授所言，1977年恢复高考是中国招生考试史的新纪元，是中国教育史的新纪元，同时也是中国社会由乱而治的转折点，是国家与时代的一个拐点。[①]

2017年是高考制度恢复40周年。40年来，高考为国家选拔了数以亿计的人才，为提升国民素质、促进社会流动、维护社会公平作出了巨大的贡献。中国今天的经济与社会能够取得如此为世界瞩目的重大成就，高考制度显然功不可没。关于这一点，没有人怀疑与否认。总体而言，高考制度是人们公认的一种比较科学、公平与合理的人才选拔制度。

盘点高考制度40年发展历程，可以发现科学性与公平性是高考改革一直坚持并不懈追求的两大基本理念。一系列改革举措，包括推行标准化考试、试行标准分制度、“3+X”科目改革、春季高考试点改革、自主招生改革，以及推进随迁子女异地高考、取消年龄限制、考试时间提前至6月等，都是着眼于追求更加科学、更加公平、更加人性化的考试制度的努力。但若放在中国考试制度的历史长河中来观察，高考制度毕竟还是一种比较年轻的考试制度。高考制度的发展与完善，本身需要一个渐进的过程。不仅如此，高考制度系统还内含着若干似乎不可调和或者说至少是不易调和的矛盾，比如统一考试与考查品行的矛

① 刘海峰．恢复高考40年的历史记忆[N]．中国科学报，2017-01-24(5)．

盾、统一考试与选拔专才的矛盾、考试公平与区域公平的矛盾、保持难度与减轻负担的矛盾、考测能力与公平客观的矛盾、灵活多样与简便易行的矛盾、扩大自主与公平选才的矛盾、考出特色与经济高效的矛盾。[①]这些矛盾，在很大程度上都是根源于高考“一考定终身”这一基本制度设计。

高考制度“一考定终身”，会造成如下弊端：一是“一次考试具有偶然性”，即仅凭一次考试无法保证可以有效选拔真正的人才；二是“高度统一而无选择性”，即高考用同一张试卷来衡量所有考生，缺乏区别性；三是“唯分数主义录取”，高校招生仅凭高考分数定去留，忽略了诸如道德品质、创新能力、社会实践活动、文体特长等综合素质的考查，“只招分，不招人”。除此以外，高考“一考定终身”还被认为是造成高三学生压力过于集中、学习任务过于繁重的一大制度根源。多年以来，中国高考制度一直背负着“一次考试具有偶然性”“高度统一而无选择性”“唯分数主义录取”“高三学生负担过重”四大“罪名”。

40年来的高考改革举措，往往都与以上高考制度所背负的四大“罪名”有关。比如，为了消除高考“一次考试具有偶然性”和造成“高三学生负担过重”的弊端，北京、安徽、上海、内蒙古等省、区、市试行过“春季高考”；为了改变高考“高度统一而无选择性”的弊端，1991年，国家曾进行“三南（湖南、云南、海南）试点”，将高考科目分为四个类别，1999年更是直接开启了“3+X”科目改革；为了改变高考“唯分数主义录取”的弊端，国家开始试点高校自主招生，试图全面参考学生的综合素质。如此等等，“高考改革永远在路上”。40年高考史是一部不断探索高考制度改革的历史，是一部不断努力提升高考科学性与公平性的历史。

然而，高考制度不仅自身内含多重矛盾，而且具有高竞争性、高利害性、高风险性、高敏感性等特点，牵一发而动全身，导致高考改革具有相当大的复杂性。纵观40年来的高考制度变革史可以发现，某一改革举措可能比较有效地解决了某一方面的弊端，但同时又滋生出新的甚至是更大、更棘手的问题。“一法立，一弊生”的现象，在高考改革中十分常见。

---

① 刘海峰. 高考改革的理论思考[M]. 武汉:华中师范大学出版社，2007:117-132.

以高考科目改革为例，1990年《国家教委关于改革高考科目设置的通知》发布，根据所附《关于改革高考科目设置及录取新生办法的意见（试行）》，高考科目分为4组，第一组为政治、语文、历史、外语，第二组为数学、语文、物理、外语，第三组为数学、化学、生物、外语，第四组为数学、语文、地理、外语。[①]这一方案经过1991年“三南”一年试点后被喊停。其主要原因在于，原本设想的语、数、外科目可以参考考生会考成绩，未能获得高校的认同。《关于改革高考科目设置及录取新生办法的意见（试行）》这一改革方案随后也被搁置。在今天看来，这项改革当年“浅尝辄止”，实际上主要原因还是在于国家对高考改革的态度比较慎重——既然该方案存在较大争议，那么慎重起见，自然应该及时回头或者再转向。

再如，1999年开启的“3+X”改革，“3”为语、数、外必考科目，“X”指由高校根据学校层次、特点的要求从理、化、生、政、史、地6个科目或综合科目中自行确定1门或几门考试科目，考生根据所报志愿参加高校（专业）所确定科目的考试。很显然，增加高考的选择性是“3+X”改革的基本目标之一。在这一改革背景下，全国多数省份采用了“3+文综/理综”模式，少数省份实行“3+文理综合”或“3+文理综合+1”、“3+1”（“+1”为自由选择科目)、“3+2”（“+2”为自由选择科目）等模式。但至2005年时，多数试行“3+文理综合”“3+文理综合+1”或是“3+1”“3+2”等模式的省份，不约而同地取消了学生可以自由选择某1门或2门高考单科科目的制度设计，纷纷调整为“3+文综/理综”模式。究其原因，主要在于考生自由选择1至2门选考科目，直接造成高中阶段教学组织困难、不同科目分数难以直接比较以及大量考生为了高考收益最大化选考文科科目，而较少选考物理等科目。“3+X”在增加科目选择性、增加高校及学生选择权与选择空间方面遇到了难以克服的多重障碍。

“一次考试具有偶然性”“高度统一而无选择性”“唯分数主义录取”“高三学生负担过重”等问题，长期以来一直得不到有效解决，以致很多人认为，这些都是高考制度所“固有”的弊端，是不可能得到解决的。2014年7月11日至

①杨学为．高考文献（下）[M]. 北京：高等教育出版社，2003: 457-459.

18日，“搜狐教育”联合21世纪教育研究院并会同有关专家及机构进行了“我们需要什么样的高考”的公众网络调查。调查结果显示，有71.1%的被调查者认为“一考定终身”是现行高考制度的主要弊端，55.8%的被调查者认为高考制度的一大弊端是“一分定命运的总分评价方式”，而选择“考试科目多，负担重”的人数也占到全部被调查者的45.4%。[①]一位高中校长曾不无忧虑地指出，当美国杰斐逊高中的学生在做卫星、做飞机、做潜艇研究的时候，中国最聪明的学生却在做题目；当英国伊顿公学的学生在运动场上流血流汗、法国的中小学生穿梭于各大博物馆的时候，中国的学生还在做题。[②]如此沉重的思考，怎能不刺痛教育研究者的心灵？怎能不激发起我们反思并探索化解高考制度弊端的决心与行动？新一轮高考改革力图解决以上高考制度的几大顽症，不仅体现出改革主导者的一腔雄心壮志，更体现出一种强烈的国家决心与国家意志。

新一轮高考改革的酝酿与规划，事实上经历了多个年头。从纵向脉络来看，新一轮高考改革的基本思想与20世纪90年代后期开启的素质教育改革、21世纪初开启的高中新课程改革是一脉相承的。1999年《中共中央国务院关于深化教育改革、全面推进素质教育的决定》、1999年教育部《关于进一步深化普通高等学校招生考试制度改革的意见》、2001年教育部《基础教育课程改革纲要(试行)》、2002年教育部《关于积极推进中小学评价与考试制度改革的通知》、2008年教育部《关于普通高中新课程省份深化高校招生考试改革的指导意见》、2010年《国家中长期教育改革和发展规划纲要（2010—2020年）》等文件，提出了诸如“打破高考‘一考定终身’”“破解‘唯分数主义录取’”“增加过程性评价”“高中学业水平考试纳入高校招生评价”“高校招生应当参考学生综合素质”等改革目标与方向。作为新一轮高考改革纲领性文件的2014年《国务院关于深化考试招生制度改革的实施意见》[③]，与之前的系列改革文

①“我们需要什么样的高考”调查：九成网友呼吁教育立法[EB/OL].[2014-08-15].http://learning.sohu.com/20140815/n403473869.shtml.

②时晓玲．一位农村普高校长的课改思考与探索[J].浙江教育科学，2012(5)：19.

③国务院关于深化考试招生制度改革的实施意见[EB/OL].[2014-09-04].http://www.gov.cn/zhengce/content/2014-09/04/content_9065.htm.

件紧密相关，不仅体现出一种继承性，更体现出一种创新性。

新一轮高考改革实行必考加选考的“3+3”科目模式，同时将学生综合素质评价信息纳入高校招生评价体系，即所谓“两依据，一参考”，显然具有重大的理论创新价值。理论上，“3+3”自由选考模式直接从制度上解决了多年以来高考是否应当实行文理分科的争论，消除了高考“高度统一而无选择性”的弊端；通过将高中学业水平考试与高考“硬挂钩”，并且借助于“分散性”的考试制度设计乃至“两次考试制度设计”，直接从制度上消除了高考“一次考试具有偶然性”“高三学生负担过重”的弊端；学生综合素质评价信息纳入高校招生评价体系，则直指“唯分数主义录取”的弊端。

根据新一轮高考改革的规划，浙江与上海两省市最先进行试点工作。2014年9月，浙江、上海分别发布了《浙江省深化高校考试招生制度综合改革试点方案》①《上海市深化高等学校考试招生综合改革实施方案》②。两地方案都是以《国务院关于深化考试招生制度改革的实施意见》为基本制定依据，因而在“3+3”“两依据，一参考”方面体现出一定共性，但同时也存在一定差异性。《国务院关于深化考试招生制度改革的实施意见》及浙江、上海两地新高考综合改革方案发布之后，在教育学界引起了热烈的反响，学者们普遍认为新高考综合改革具有重大的理论创新价值，有助于消除高考“一考定终身”“唯分数主义录取”之弊，同时也有助于贯彻因材施教的教育理念，培养全面而有个性的学生。从宏观层面来看，新高考综合改革对于促进、深化高中新课程改革，促进高中教学方式的变革，增加高校招生自主权等都具有十分重大的价值与意义。

我们在充分认识、肯定新高考综合改革理论创新价值的同时，更应重视高考改革的复杂性。作为基础教育与高等教育的重要链接枢纽，作为教育利益与社会利益的关键分配节点，高考改革不仅涉及教育系统内部的高中之间、高校之间、教师之间、学生之间的利益变动，还涉及教育与市场、教育与社会乃至

---

①浙江省深化高校考试招生制度综合改革试点方案[EB/OL]. [2014-09-19]. http://www.zjedu. gov. cn/news/26772. html.

②上海市深化高等学校考试招生综合改革实施方案[EB/OL]. [2014-09-19]. http://www. shanghai. gov. cn/nw2/nw2314/nw2319/nw11494/nw12331/nw12343/nw31887/u26aw40261. html.

教育与政府之间的利益调整，因而具有相当大的难度。

浙江与上海新高考综合改革是当前中国教育领域一项重要的理论与实践课题。两地试点改革效果如何，不仅直接影响高中段的教育教学，而且直接关系千家万户考生的切身利益以及高校的生源选拔。实践是检验真理的唯一标准。新一轮高考改革基本方向与基本思路的利弊如何，只有实践才能作出评判。从宏观的国家视野出发，浙江与上海两地新高考综合改革的价值，在于可以先行试验国家新一轮高考改革的基本思路与基本方向，包括必考加选考“3+3”科目改革的利弊效应，推进、落实“两依据，一参考”的利弊条件，不同选考科目采行什么样的分数制度更为合理等。因此，对浙江、上海两地新高考综合改革进行及时的跟踪、诊断、反馈与改进研究，无疑具有重要的理论与应用价值。

本书按照“历史溯源—文本解读—实践调查—问题剖析—理论反思”的基本思路展开论述。具体内容是：

第一章，新高考综合改革的历史视角。本章梳理了高中文理分合、高考文理分合的历史演进与发展脉络，以及高中会考的历史镜像与变革。

第二章，新高考综合改革的理念、框架与价值。本章主要阐述新高考综合改革的基本理念、两地新高考招生制度的基本框架与创新价值。

第三章，新高考综合改革与高中教学方式变革。本章在分析新高考综合改革对于高中教学方式变革的促进作用的基础上，分别介绍浙江与上海两地高中走班教学实践状况。

第四章，新高考综合改革：基于高中的实证调查。本章通过问卷调查浙江、上海两地高中生对于新高考综合改革的基本体验及认识，并借助于访谈调查两地高中校长及教师对于新高考综合改革的基本看法与基本态度。

第五章，试点省市高校选考科目规定与招生录取政策。本章在系统分析高校不同专业的选考科目规定特点基础上，介绍浙江、上海两地高考志愿填报与录取基本方案，总结两地2017年新高考元年招生录取总体状况。

第六章，新高考综合改革的问题剖析。本章着重分析新高考综合改革的教师、教室等供给问题，学生与学校的功利性选择，综合素质评价纳入高校招生评价体系的实践困境。

第七章，新高考综合改革的理论思考与启示。本章结合两地新高考综合改革实践，从会考、学考与高考功能定位，科目选择性与分数的可比性，科目分值与考试次数及时间等方面进行理论反思，阐发两地试点改革的启示；同时从理论层面探讨高考改革共识的达成与落实方略。

以上即为本研究的缘起与旨趣之所在。

目录
CONTENTS

第一章　新高考综合改革的历史视角

第一节　高中文理分合的历史演进　/ 3

第二节　高考文理分合的发展脉络　/ 10

第三节　高中会考的历史及其变革　/ 17

第二章　新高考综合改革的理念、框架与价值

第一节　新高考综合改革的基本理念　/ 33

第二节　两地新高考招生制度的基本框架　/ 40

第三节　两地新高考综合改革的创新价值　/ 46

第三章　新高考综合改革与高中教学方式变革

第一节　新高考助推高中教学方式革新　/ 55

第二节　浙江高中走班教学的实践状况　/ 63

第三节　上海高中走班教学的实践状况　/ 76

第四章　新高考综合改革:基于高中的实证调查

第一节　浙江新高考综合改革:高中生问卷调查　/ 85

第二节　上海新高考综合改革:高中生问卷调查　/ 96

第三节　两地新高考综合改革:高中校长的访谈　/ 105

第五章　试点省市高校选考科目规定与招生录取政策

第一节　高校不同专业的选考科目规定　/ 119

第二节　两地志愿填报与录取基本方案　/ 129

第三节　两地新高考招生录取总体状况　/ 135

第六章　新高考综合改革的问题剖析

第一节　新高考综合改革的供给侧问题　/ 145
第二节　学生与学校的功利性选择　/ 152
第三节　综合素质评价的实践困境　/ 161

第七章　新高考综合改革的理论思考与启示

第一节　会考、学考与高考功能定位　/ 171
第二节　科目选择性与分数的可比性　/ 179
第三节　科目分值与考试次数及时间　/ 185
第四节　高考改革共识的达成与落实　/ 190

参考文献　/ 200

附　录　/ 210

后　记　/ 237

第一章

新高考综合改革的历史视角

教育现实与教育历史是前后贯通、辩证统一的，现实教育考试改革与教育考试历史二者之间具有密切的联系。在中国这样一个具有悠久考试史、考试在社会中有着重要影响的国家，教育考试现实与教育考试历史的联系尤为密切。当代教育考试改革实践往往都能在教育考试历史长河中找到其历史原型。同样，目前新一轮高考改革也可以从历史中找到诸多有益借鉴。

远的不说，只要我们将视野投向近代中国高校招生改革及高中课程发展历程，即可发现今天的很多争论在当时就已存在，而且不少具有惊人的相似之处。当前高考综合改革中，高中教育教学配套改革、文理分合、高考科目改革以及高中学业水平考试与高考“挂钩”等问题，其实在近现代教育史上也都曾引起过广泛的争论。本章对高中文理分合的历史演进、高考文理分合的发展脉络、高中会考的历史及其变革作一追溯，以期为当前的高考改革提供若干有益经验与启示。

第一节
高中文理分合的历史演进

关于是否应当实行高中文理分科，长期以来一直存在不同的观点：主张取消分科者有之，坚持应当分科者亦同样有之。双方论证似乎都颇有道理，谁也说服不了谁。在2010年《国家中长期教育改革和发展规划纲要（2010—2020年）》的前期研制中，“是否取消高中文理分科”被列为当时的20个重大问题之一，并且引起了热烈的讨论。但在该规划纲要的正式文本中，这一问题最终被悬置了，未有涉及。根据2014年《国务院关于深化考试招生制度改革的实施意见》，新一轮高考改革一个重要的举措就是打破文理分科，由此必然直接撬动乃至颠覆传统高中文理分科的基本机制。

理论上，在新高考综合改革背景下，学生选考可能出现“弃理选文”的现象；而基于高考收益最大化的考虑，可能出现浙江考生“重视选考科目，忽视学考科目”、上海考生“重视学考等级性考试，忽视学考合格性考试”的现象。从这一意义上说，以文理分合的角度观察高中课程设置，就具有了必要性与学术价值。大多数人比较了解中华人民共和国成立之后的高中文理科目设置状况，而不太了解民国时期的高中文理分合状况。本节着重梳理民国时期的高中文理分合及课程设置状况，同时也部分涉及当代高中文理分合变革状况，以期为新高考改革背景下取消高中文理分科提供一种有益的历史视角。

一、民国时期高中文理分合的历史脉络

近现代意义上的中学学制始于1902年的“壬寅学制”，当时中学堂定为“四年制”，在第三、四学年设置实业科。这一学制首开中学分科之先例，但其后并未实行。在1903年重新修订的学制系统即“癸卯学制”中，中学修业年限被修改为“五年制”，文实（理）不分科。但到1909年，为适应学生

资质与兴趣不同，中学又实行了文实分科之制。因此，民国之前在中学是否实行文理分科问题上即已出现了一定的反复。

1912年，中学改为四年，取消文实分科，希望以此达到“注重普通陶冶”的目的。1915年，中学又重新实行文实分科制。1922年北洋政府教育部公布了学校系统改革方案，其中关于中学学制的规定为：（一）中学校修业限六年，分为初高两级，初级三年，高级三年；但得定初级四年，高级二年，或初级二年，高级四年；（二）初级中学得单设之；（三）高级中学应与初级中学并设，但有特殊情形时得单设之；（四）初级中学施行普通教育，但得视地方需要，兼设各种职业科；（五）高级中学分普通、农、工、商、师范、家事等科，但得酌量地方情形，单设一科，或兼设数科。①

1928年，南京国民政府颁布了《中学暂行条例》，其中规定高中分设普通、师范、农、工、商、家事等科。这与之前的规定基本一致。自1922年新学制施行后，各地高中普通科多采取文理分组的办法，虽然设有选修科目，但往往重文轻理，忽略了基本知识的教授与基本能力的训练，结果出现了高中毕业生理科成绩低下的问题。为此，1929年南京国民政府教育部在所订颁的《高级中学暂行课程标准》中，断然废止了分组办法。1932年，南京国民政府公布《中学法》《师范学校法》《职业学校法》，确定分别设立三类中等学校，教育部分别制定了各类中等学校规程，中学分初中、高中，取消了普通科名称。1940年，当时的教育部修订了“三三制”中学课程，初级中学分甲、乙两组，甲组作就业准备，乙组作升学准备；高级中学分甲、乙两组，甲组侧重理科，乙组侧重文科。这一规定基本上延续到了1948年。②

二、民国时期高中课程设置状况

文理分科问题不仅是一个定性问题，同时也是一个定量问题。仅仅通过以上简单的梳理，我们还不能清晰、深入地了解当时的文理分科模式究竟是

①（民国）教育部教育年鉴编纂委员会，第二次中国教育年鉴（二）[M]. 上海：商务印书馆刊行，1948:345.

②（民国）教育部教育年鉴编纂委员会，第二次中国教育年鉴（二）[M]. 上海：商务印书馆刊行，1948:345.

一种怎样的教育模式。基于这一考虑，有必要进一步探讨20世纪上半叶高中阶段的课程设置状况。

1902年，《钦定中学堂章程》中规定的中学堂科目为：修身、读经、算学、词章、中外史学、中外舆地、外国文、图画、博物、物理、化学、体操12科。[①]1903年重订学制系统，中学堂科目仍为12门，合并了物理、化学，另增法制及财政，教学时数以读经占首位，外国文移至次位。

1909年实行文实分科后，文科以读经讲经、中国文学、外国语、历史、地理为主课，以修身、算术、博物、理化、法制、财政、图画、体操为通习。实科以外国语、算学、物理、化学、博物为主课，以修身、读经讲经、中国文学、历史、地理、图画、手工、法制、财政、体操为通习。[②]这种文实分科的模式主要是通过规定文实两类各自的"主课"与"通习"科目而实现的。

1912年12月，当时的教育部公布了《中学校令施行规则》，其中规定中学校课程不分文实，其科目为修身、国文、外国语、历史、地理、数学、博物、物理、化学、法制、经济、图画、手工、乐歌、体操，女子中学校加课家事、园艺、缝纫，但园艺可以空缺。1913年3月，又有中学校课程标准公布，分年详订各学科标准，其科目及时数与1912年公布的《中学校令施行规则》相同。1915年后，中学又重新实行文实分科制。

1929年，南京国民政府教育部颁布了《中小学课程暂行标准》，废止了文理分组的方法，规定高中公共必修科目及学分数为：党义6，国文24，外国文26（第一、二学期每期5学分，以下每期4学分），数学19，本国历史6，外国历史6，本国地理3，外国地理3，物理8，化学8，生物学8，军事训练6，体育9，选修课18，共计150学分。[③]

1932年，《中小学正式课程标准》出台，替代了之前的暂行标准。与暂行标准相比，正式课程标准在高中方面有以下两点值得注意：一是各科教

① 钦定中学堂章程. 中国近代教育史资料（中册）[M]. 舒新城，北京: 人民教育出版社，1981:493.

② 学部奏变通中学堂课程分为文科实科折. 中国近代教育史资料（中册）[M]. 舒新城，北京: 人民教育出版社，1981:513.

③（民国）教育部教育年鉴编纂委员会，第二次中国教育年鉴（二）[M]. 上海: 商务印书馆刊行，1948:351.

学取消“学分”计算制，改为“时数”计算制。这主要是基于“高中有固定之修业年限，学科之间存在先后顺序，并非可以任意伸缩”的考虑；二是取消选修科目，加重了语文、算学、史地等科的教学分量。这一变化则主要是基于为高校预备知识结构科学、合理的生源的考量。“高中既以升学为主旨，必须注重培植良好之基础。故凡语文、科学及史地等科，均应有适当之分量。”

整体而言，民国前、中期的教育普遍存在着偏爱法政、文史等学科，而相对轻视理、工、农、医等学科的弊端。1929年南京国民政府教育部所颁布的暂行课程标准对之进行了较大力度的矫正，加大了物理、化学、生物三科的教学分量与比重，但同时语文等课程的分量又出现了不足的情形。故1932年通过的正式课程标准增加了国文、英语、算学、史地等科目的教学分量，以求文理均衡发展。但是，正式课程标准颁行实施后，各地又普遍感到教学总时数过多，以及高中算学课程过于繁重。鉴于此，教育部于1935年10月对之进行修订，并于1936年公布了修订后的中学课程标准。

1940年，中学课程标准又被重新修订。后来至1947年《第二次中国教育年鉴》编撰时，所实行的一直是这个标准。根据这一标准，高中自第二学年起分为甲、乙两组，甲组第二、三学年每周算学为5小时（其程度与标准之算学课程内容相等），化学、物理各为5小时，国文4小时，外国语第二学年5小时，第三学年6小时；乙组第二、三年算学为3小时，化学、物理各为4小时，国文6小时，外国语第二年6小时，第三年7小时。[①]可以看到，根据这一课程标准，甲组侧重理科，乙组侧重文科，但二者之间的差异并非那么明显，只是一种有限度的文理分科，一种“合科”基础上的文理分科模式。

三、中华人民共和国成立后的高中文理分合状况

中华人民共和国成立后，在高考文理分科的模式下，高中教育自然也实行文理分科。1977年，一度中断达11年之久的高考制度得以恢复。当年的

① （民国）教育部教育年鉴编纂委员会，第二次中国教育年鉴（二）[M]. 上海：商务印书馆刊行，1948:354.

高考大体上延续了之前的文理分科模式，但在科目设置上做了调整，其中文科考试科目为政治、语文、数学、史地，理科考试科目为政治、语文、数学、理化；另外，报考外语专业者需要加试外语。[①]之后，外语和生物先后成为文、理科统考科目与理科考试科目。至1981年，高考文科科目包括语文、数学、外语、政治、历史、地理六门，理科科目为语文、数学、外语、物理、化学、生物、政治七门，即“文六理七”模式。[②]这样的科目设置，必然造成高中文理分科。不仅如此，由于高考的高利害性、高竞争性，中学阶段很快出现了“片面追求升学率（片追）”的行为，甚至存在文科生不学物理、化学、生物，理科生不学历史、地理的极端现象。极端的“片追”行为，势必造成高中毕业生知识结构残缺不全。以浙江为例，1983年该省教育厅对首批办好的8所重点中学的高三学生进行毕业统考，考试科目包括政治、语文、数学、物理、化学、外语、生物、历史等课程，由于平时学校教学的偏科行为，造成其中5所中学共9门课程缺考。其中一所中学的文科班有30人，物理考试有29人不及格，平均成绩只有7.3分；化学考试有29人不及格，平均成绩也仅为20.8分。同时，该中学理科班64人参加考试，历史一科竟无一人及格，平均成绩仅为15.1分。[③]当时的应试现象，由此可见一斑。为纠正这种严重的“片追”行为，高中重建了毕业会考制度。

总体上看，1977年高考制度恢复至今，由于高考科目在多数情况下实行文理分科，因而，高中教育自然而然地也就实行文理分科模式。但仍有若干特殊情形比较例外。比如，1999年开启“3 + X”高考改革后，江苏曾实行“3 + 文理大综合”模式，广东曾实行“3 + 文理综合 + 1”模式，这样高中课程设置自然也就不分文理。再如，广东还曾实行“3 + 文科基础/理科基础 + X”，广西也曾试行“3 + 2”（本科）、“3 + 1”（专科）模式，两省区当时的高中教育同样也不是简单的文理分科模式。但在“3 + X”改革背景下，大多数省份后来又回到了“3 + 文综/理综”模式，因而，文理分科仍是高中教育的基本模式。2014年开启的新高考综合改革，由于直接取消了文理分科，

① 杨学为. 高考文献（下）[M]. 北京: 高等教育出版社，2003:71.

② 吴根洲，李灵琴. 高考科目设置变革述论——基于统考科目与非统考科目的维度[J]. 河北师范大学学报（教育科学版），2013(9):41.

③ 叶朝阳. 结合普通中学教学的实际改革高考科目的设置[J]. 人民教育，1984(3):16.

因而高中文理分科也就失去了存在的基础与条件。按照本轮高考综合改革规划，传统高中文理分科教育模式最终也将成为一种历史。

四、反思与讨论

通过系统梳理高中文理分合的历史脉络及相应的课程设置可以发现，民国时期高中阶段的文理科目曾由分到合，再由合到分，复由分到合，旋即改合为分，前后至少经历了5次明显的分合反复。如果将1902年虽有文理分科设想，但并未付诸实施的“壬寅学制”包括在内，那么，20世纪前半期，我国高中文理分合前后反复的次数达6次之多。高中阶段应否实行文理分科这一问题，有如来回往复的钟摆一样，时而转向分科，时而又转向合科。不过，最终还是偏向了文理分科的模式。在整个20世纪上半叶，文理合科时课程基本上是完全相同自不待言。然而，即便是在实行文理分科的模式下，文理两大类别也并非完全互不相通，在史、地与理、化、生这些文理分科差异的学科上，两个大类都是相互打通的。即，文科大类的课程同时也包括理、化、生各类科目在内，理科大类的课程也同时包括了史、地类的科目在内。尤其是到了20世纪40年代时，文理两大类即所谓的“甲组”与“乙组”，在理、化、生、史、地这几门课程上的教学时数几乎是相当的，直至1949年都大体如此。

民国时期文理分合的演进最后走向了合科基础上的分科模式。之所以如此，固然与当时矫正重文轻理的弊端有一定的关系，但其背后隐藏的教育内在规律等问题值得深入思考。首先，真正的创造力一定是科学与人文相互交叉、相互融合的产物。其次，高中教育终究属于基础教育，故在这一阶段必须为学生打下比较完整、合理而又扎实的知识与能力基础。就此而言，不应采取过早、过度的文理分科模式。再次，高中教育位于基础教育与高等教育之间的过渡阶段，理应为高校储备质量优秀的生源，因此亦不应过早、过度实行文理分科教育。

文理分合，与其说是一个分与合的问题，毋宁说是一个在何种程度上的分与合的问题。现行高中文理分科模式的弊端在于其分科时间过早，文理各科融通不够，不少高中在高考文理分科这一指挥棒的诱导下，甚至在高中一年级便进行了文理分科，且分得十分彻底。本节前面所举20世纪80年代初的浙江高中会考成绩，即可典型地反映出当时文理分科的弊端。新一轮高考改革通过取消高考文理分科，解决了高中是否应当实行文理分科的争论。这种制度改革有助于培养与选拔文理交融的复合型人才，显然具有重要的创新价值。既然主张分科一方与主张合科一方谁也说服不了谁，不如直接取消分科并赋予学生自由选择科目组合的权利。这不仅体现了以生为本的教育理念，而且一定意义上也是一种与国际接轨的做法。[①]

① 冯生尧. 论专业分化的高中选修、高考选考和院系分招制度[J]. 课程·教材·教法，2011(4).

第二节
高考文理分合的发展脉络

高考科目改革，不仅对高中阶段的教育教学具有重要导向作用，而且在很大程度上决定着高校生源的知识结构，影响既广且深，因而是一种基础性的改革。近年来，高考应否采行文理分科模式，与高中教育阶段究竟应否采行文理分科模式的问题，引起了人们共同的关注与讨论。新一轮高考改革不再简单分文科、理科，而是通过赋予学生自由确定选考科目的权利实行必考加选考的“3+3”模式。这一改革，从制度上直接解决了高考文理分合的长期争论。而随着新高考综合改革实践的不断推进，其利弊效应也逐渐显现。在这种背景下，重新思考高考科目设置仍然具有重要价值。本节从一种宏观历史视野出发，对百年来的高考文理分合状况作一系统考察，主要用意在于向人们展现本轮高考改革之前的高考文理分合演变脉络，以期为当前高考改革实践提供有益启发。

一、民国初期至全面抗战前夕的高考文理分合模式

民国初期，高校在招生方面具有一种高度的甚至可以说是近乎完全的自主权，高考是否采行文理分科的模式以及具体科目设置等问题，基本上完全由高校自行决定。公私立高校都是如此。因此，这一时期各高校在新生入学考试科目上往往存在着很大的差异。从整体上看，尽管这一时期高中文理分合问题经历了多次反复，但高校招生大多采用文理分科的模式。部分高校曾实行过某种近乎文理合科的模式。在此，我们以北京大学、南开大学、厦门大学三校为例进行文理模式与考试科目的剖析。

民国初期的北京大学招生，无论是预科招生还是本科招生，基本上都体现出一种文理分科的思想。但有时，这种文理分科又不是那么绝对。如1918

年，北京大学预科招生考试科目为：文法科第一场为国文、外国文、数学，第二场为中外历史、地理、理化博物；理科第一场为国文、外国文、数学，第二场为理化博物。[①]这种科目设置似乎可以说是在分与合之间，二者差异并非特别明显。因为除共同考试科目（国文、外国文、数学）外，文法科不但需要考查中外历史、地理，同时还需要同理科一样考查理化博物。后来北京大学的招生模式发生了变化，开始实行一种明显的文理分科模式。从1925年北京大学新生入学考试科目可以看到当时的文理分科模式（见表1-1）。至20世纪30年代中期，北京大学的招生基本上都是采用文理分科的模式。

表1-1　1925年北京大学新生入学考试科目

系别	考试科目
（甲组）国文学、东方文学、英文学、法文学、德文学、俄文学、史学、法律学、政治学、经济学	国文、外国文（英文，或法文，或德文，或俄文）、数学[代数、几何（平面及立体）、平面三角]、论理学、历史、地理
（乙组）数学、物理学、化学、地质学	国文、英文、数学[A：代数、几何（平面及立体）、平面三角；B：解析几何、微积分大意]、物理及实习、化学及实习
（丙组）哲学、教育学	任意选择甲、乙两组科目之一组

资料来源：王学珍，郭建荣. 北京大学史料(第二卷 1912-1937)[M]. 北京：北京大学出版社，2000：819-821.

除了多数高校实行文理分科招生以外，部分高校曾实行过近乎文理合科的招考模式，如私立的南开大学。从下页表1-2中可以看出，1923年南开大学文、商以及工矿各科入学考试科目基本上没有多大差别，文、商科必须考物理或化学或生物学之一种，而工矿科则必须同时考中国历史、中国地理、世界历史、世界地理。换言之，无论是文科、商科还是工矿科，都将中国历史、中国地理、世界历史、世界地理以及物理、化学、生物之一种作为共同的入学考试科目。

① 王学珍，郭建荣. 北京大学史料（第二卷 1912-1937）[M]. 北京：北京大学出版社，2000：812.

表1-2 1923年南开大学新生入学考试科目

科类	考试科目
文科	国文、英文、中国历史、中国地理、世界历史、世界地理、政治、经济、逻辑或心理学、物理或化学或生物学
商科	国文、英文、中国历史、中国地理、世界历史、世界地理、政治、经济、会计学、物理或化学或生物学
工科、矿科	国文、英文、中国历史、中国地理、世界历史、世界地理、政治、经济、会计学、物理或化学或生物学

资料来源：王学珍，郭建荣. 北京大学史料(第二卷 1912-1937)[M]. 北京：北京大学出版社，2000：819-821.

同为私立大学的厦门大学，则又与南开大学存在明显的差异。从表1-3中可以看出，厦门大学文、理、法、教育、商学院各院的入学考试科目表现出了较大的灵活性，考生具有较多的自主选择权，且考试科目相对较少。不同学院考试科目不同，基本为“四科选二”，但各学院（不论文理）的共同选试科目都包括算学与自然科学。不过，对考生是否选考这两大科目并不作硬性规定。另外，其他两门科目也均为选考科目，基本上都是为各学院专门设置，专业性较强。

表1-3 1932年厦门大学大学部入学考试科目

学院	考试科目				备注
文学院	史地	哲学概论	算学	自然科学	四科选二
理学院	平面三角 解析几何初步	物理	代数 平面几何	化学 生物学	
法学院	法学通论	经济概论	算学	自然科学	四科选二
教育学院	教育学概要	心理学大意	算学	自然科学	四科选二
商学院	簿记	经济学原理	算学	自然科学	四科选二

资料来源：厦门大学校史编委会.厦大校史资料（第一辑 1927-1937）[M]. 厦门：厦门大学出版社，1987：86.

清末民初，正值近现代中国高等教育的发轫与起步阶段，由于各地中高等教育发展水平参差不齐，这一时期高校普遍采用的是一种自主招生的模式，且这种情形一直延续到全面抗战前夕。在这一背景下，民初至全面抗战前夕的各高校招生所采取的基本上是以分科居多、合科兼而有之的模式。

二、全面抗战至中华人民共和国成立期间的高考文理分合模式

从整体上看，全面抗战至中华人民共和国成立期间，多数高校招生采用的是一种“极其有限”的分科模式，即文科大类的考生必须兼考理化生（或其中之一、二种），而理科大类的考生则必须兼考史地（或其中之一种）。同时，在某些年份，某些高校所实行的几乎就是文理合科的模式。

1937年，北京大学与清华大学联合招生时规定，文、理、法各学院的必考科目为党义及公民、国文、英文、代数、几何与平面三角、本国历史地理。应考文、理、法各学院的考生还必须从代数、平面解析几何、物理、化学、生物、世界历史地理中选考两门，且其中一门必须为物理或化学，或生物。[①]从联合招考的科目来看，两校比较重视考生文理相通的问题。

1938年，国民政府教育部制定了国立各高校统一招生大纲，规定该年度国立各大学及独立学院（除上海各院校外）实行统一招考。参与统一招考的国立高校有22所，占当时各公立专科以上高校（共50所）的44%[②]；应考人数11119名，录取人数5460名。[③]此次统考规定了文科大类考生必须兼考理、化、生之一种，而理工大类则同时需要考本国史地。1939年统考科目的设置也基本如此。至1940年，依据中等学校课程标准，统考科目规定文科大类的考生加考数学、中外历史、中外地理及理化，而理工农医等类别的考生则加考数学、物理、化学、中外史地。[④]与之前相比，此次统考更加注重考查学生文理各方面的知识与能力，注重文理均衡发展。这种科目设置可以说是紧密结合了当时高中阶段所实行的文理合科（或者可以说是一种极其有限的分科）模式，从中也可以看到高中文理分合与高考文理分合之间的内在联系。

由于战乱、交通等原因，统一招考被迫于1941年停止，公立大学及独

① 王学珍，郭建荣. 北京大学史料（第二卷 1912-1937）[M]. 北京: 北京大学出版社，2000: 841-842.
②（民国）教育部教育年鉴编纂委员会. 第二次教育年鉴（二）[M]. 上海:商务印书馆，1948: 531.
③ 毕业会考问题研究专号. 教育杂志[J]. 1936(4).
④（民国）教育部教育年鉴编纂委员会. 第二次教育年鉴（二）[M]. 上海:商务印书馆，1948: 535.

立学院重新实行自主招生政策。与之前统考时的科目设置相类似，文科大类考生必须考理、化、生，而理工大类的考生则必须考中外史地。私立大学及独立学院的招生，参照公立各大学及独立学院进行，而公私立专科学校入学考试的科目则由学校自行酌定报部备核。1942年与1943年的情形大致与1941年相同。不过，1943年理工大类没有必须考中外史地的要求，而文科大类则延续了之前必须考理、化、生的要求。1944年，高考科目进行了删减，公私立高校文史大类与理工大类入学考试科目设置情形基本一致，均为国文、英文（法文或德文）、数学、公民史地、理化生物五门。[①]1945年与1946年两年，文理不同类别的考生都必须同时考理化类与史地类科目，即所实行的是一种极其有限的分科模式。

总的说来，较之全面抗战之前的自主招考模式，这一时期教育部明显加强了对各类高校尤其是公私立大学、独立学院在招考方面的统一组织与领导的力度。在此期间，高考文理分科的模式特征，除了某些年份部分高校完全实行文理合科之外，多数情况下可以说是一种极其有限的分科模式，或者可以说是一种近乎合科的模式。即虽有分科，但文理大类之间又存在诸多共同之处：既有共同考试科目，又往往都设有史、地与理、化、生的科目，只不过两类之间又存在一定的差异。

三、中华人民共和国成立后的高考文理分合模式

中华人民共和国成立后最初几年，高考实行的是一种文理合科的模式。1950年，教育部在《关于高等学校1950年度暑期招考新生的规定》中规定，各系科的共同必考科目为语文、外语（英语或俄语）、政治常识、数学、中外历史、中外地理、物理、化学。其中，史地、理化科目可以根据不同系科的性质，或分开或合并进行。1951年的考试科目与1950年相同。1952年，全国统一高考制度开始建立。至1953年，为便于统一录取调配，考试科目统一规定为政治常识、本国语文、中外史地、外国语文（俄语或英语）、数学、物理、化学、生物。[②]这些科目与1951年相比基本相同，但更

①（民国）教育部教育年鉴编纂委员会. 第二次教育年鉴（二）[M]. 上海:商务印书馆，1948:542.
② 杨学为. 高考文献(上)[M]. 北京: 高等教育出版社，2003:3-20.

为齐全。无论报考何种系科与专业，都必须参加这些科目的考试。在录取时，则根据具体情形规定不同的录取标准，以适应不同系科和专业的不同要求。从1950年至1953年的相关规定来看，文理两大类别的考试科目基本上是一致的，采用的是文理合科的模式。

1954年，为适应不同系科与专业对考生学业成绩的不同要求，高考开启了文理分科的模式。这一年，理科大类的考试科目为本国语文、政治常识、数学、物理、化学、生物、外国语，而文科大类的考试科目则为本国语文、政治常识、历史、地理、外国语。我们可以看到，这是一种比较彻底的分科模式。此后直至“文化大革命”，虽然文理两大类别的考试科目曾作过某些相应的调整，但都是比较鲜明的分科模式。

1977年，中断了11年之久的高考得以恢复，其科目设置仍沿用了“文化大革命”之前的文理分科模式。20世纪80年代，“文六理七”成为基本模式。即，文科类考试科目包括语、数、外、政、史、地六门，理科类考试科目为语、数、外、理、化、生、政七门。不过，上海地区进行了比较特别的改革，从1985年开始尝试“3 + 1”模式，“3”为语、数、外，“ + 1”为政治、历史、地理、物理、化学、生物当中的1科。进入20世纪90年代后，随着高中毕业会考制度的逐渐建立，高考科目设置也进行了相应的改革，“3 + 2”成为一种普遍模式。按照这种模式，文科类考生考试科目为语、数、外、史、政，理科类考生考试科目为语、数、外、理、化，因而也是一种文理分科模式。

1999年，广东率先试行“3 + X”方案，之后不同省份纷纷进行高考科目改革，进入了一种模式设置多元化的时期。当时的高考有“3 + 文综/理综”、“3 + 大综合 + 1”、“3 + 文科基础/理科基础 + X”、“3 + 1”（“ + 1”为自由选择单科科目）、“3 + 2”（“ + 2”为自由选择单科科目）、“3 + 3 + 基础会考”等多种模式。通过梳理可以发现，经过几年的“3 + X”高考改革试点之后，多数省份采用了“3 + 文综/理综”模式，因而仍是一种文理分科的模式。

2014年开启的全国最新一轮高考改革，直接取消了文理分科模式，除了语、数、外3门必考科目外，考生可以从高中学业水平考试科目中任意选择3门作为高考选考科目，这样，高考科目也就成为必考加选考的

“3＋3”模式。从高考科目设置的历史来看，此次“3＋3”模式，可以说是高考历史上的一次重大变革，而且是一种前所未有的制度创新。

四、结语

纵观整个20世纪前半叶的高考科目设置状况，可以发现其大致经历了一个由高校自主设置到相对统一设置的发展脉络，从文理分科居多、合科兼而有之走向了一种极其有限的分科模式（或者可以说某种合科基础上的分科模式）。民国中后期，高考科目设置之所以走向了合科基础上的分科模式，其实也是为紧密配合高中文理分合模式改革而进行的一种制度选择。当时，为解决高校生源文理“分家”的弊端，在高中教育阶段即开始采用文理合科（或者说一种合科基础上的分科）模式。相应的，高考也必然要采取此种模式。

20世纪下半叶，除最初几年实行的是完全意义上的文理合科模式外，所采用的基本上都是比较鲜明的分科模式。进入21世纪以来，高考科目改革进入了一个活跃期，不同科目组合模式纷纷出现，一度呈现出多元化的特征。但总体上看，在“3＋X”模式下尝试增加科目选择性的省份最后又都纷纷回到了文理分科模式。

高考实行文理分科影响重大而广泛，其最大弊端在于驱使并造成了“文理分家”“文理不通”的积弊。正是为了解决这样的制度弊端，新一轮高考改革直接取消了分科模式，代之以必考加选考的“3＋3”模式。这一改革，可以说从制度上彻底解决了是否应当实行文理分科的争论。此即本轮高考科目改革的重要意义之所在。

第三节
高中会考的历史及其变革

“两依据，一参考”是新高考综合改革的一个基本思路。根据这一思路，高中学业水平考试开始与高考“硬挂钩”，共同成为高校招生的两大基本依据。高中学业水平考试的前身为高中会考。近代中国也曾实行过十几年的高中会考制度。且在20世纪40年代时，还曾出现将高中会考与大学入学考试合并举行的讨论与改革办法。基于此，探讨高中会考制度的历史及其变革，其学术价值不言而喻。一方面，全面认识这一制度发展演变的来龙去脉及其所引发的教育影响，可以增加我们对于近代教育考试史的认识与了解；另一方面，又可为当前高中学业水平考试纳入高校招生评价的改革实践，提供一种有益的历史参照与本土启示。鉴于大多数人都比较了解现代高中会考，而对近代高中会考了解相对较少，故本节偏重于对近代高中会考制度及其影响、现实观照价值的探讨。

一、近代教育会考制度的渊源与缘起

“考试之制，本于科举。”①中国是考试的故乡，考试是中国的一大发明。以中国历史发展观之，考试制度的确源于科举制。近代教育会考制度的历史渊源也可追溯至传统科举考试。早在科举考试中就已有“会考”的说法，如清代拔贡、优贡考试中经常使用这一概念，同时“会考”偶尔也用以指称科举会试。不过，“会”与“考”在科举时代结合相对松散，“会考”非高频词汇。民国时，也有将教育会考称为“会试”的现象。

近代教育会考制度的直接前身是清末新式学堂中的毕业考试。当时，在新式学堂中，对于学生毕业考试即有称“毕业会考”者。例如，清末学堂考

---

① 平心．北大议定变更考试制度[N]. 申报，第17177号，1920-12-13(6).

试章程规定，“凡学堂考试分五种：一曰临时考试；二曰学期考试；三曰学年考试；四曰毕业考试；五曰升学考试”。其中，“中学毕业会考之学务官，以各省议长、议绅暨提学使司属课长、副课长、课员、省视学为宜，遇有学部咨议官、学部视学官在该处之时，亦可会同考试”。又如，“大学堂各分科选科毕业，实科应比照高等学堂办理，经学部奏请钦派会考大臣会同考试之后，其应照章奖励者，由学部带领引见，奏请明降谕旨以示优异”。[①]此处所谓“会考”，意指由学堂会同相关学务官员对学生进行毕业考试。在当时的新式学堂中，这种考试不仅直接决定学生是否达到毕业水准，而且还影响到其毕业出路与前途。

民国初期，学校毕业考试由学校自行负责，即所谓“校考”。由各校自行负责的毕业考试，往往流于形式，导致毕业生的质量参差不齐、差异悬殊。私立学校，尤其是专门以营利为目的的“野鸡学校”“学店”，其教育质量更是无法保证。通过某种统一的毕业考试保证、提高教育质量，可以说成为一种必然选择。

然而，1919年“五四”运动爆发后，学生界出现一股废除考试的风潮。1919年12月28日，上海学生联合会教育科召集各分会义务学校教职员开会，代表们提出十条议案，其中第九条为“废除考试”。[②]1920年春，陈独秀对“考试”进行了激烈而彻底的批判，不仅声称考试应该废除，而且连文凭制度也应一并废弃。同年，北京大学发生学生反对学业考试、要求“废除考试”的事件。主张罢考的学生与校方进行了多轮谈判，最终由校长蔡元培将这一事件平息下来。当时，北大学生“废考”事件还一度引发全国其他地区学生竞相效仿。

20世纪初的中国教育界是一个充满激情、异常活跃的场域。当时的学生界动辄表现出一种“怀疑”和“改造”的态度。20世纪20年代前后的“废考”风潮，与新文化运动、“五四”运动有着密切的联系。同时，其与近代废科举语境以及美国教育理念影响的日渐加深也有重要联系。只不过，中国考试制度历史悠久，考试文化氛围浓厚，这一点决定了“废考”风潮难以从

① 潘懋元, 刘海峰. 中国近代教育史资料汇编 · 高等教育[M]. 上海:上海教育出版社, 2007:317.
② 上海学生联合会消息[N]. 申报，第16838号, 1920-01-01(10).

根本上撬动教育考试制度。“五四”运动后不久，“废考”风潮即消退下去。

在现代教育会考制度的出台过程中，不得不提到一位关键人物，即吴有容。吴有容在1930年全国教育会议上提出“废除毕业校考改行会考”的建议。在提议中，吴有容列举了由学校自行负责毕业考试的种种弊病，指出必须实行毕业会考才能消除这些弊端。借助全国教育会议的广泛传播效应，这一提议对于当时全国施行教育会考制度产生了直接而重要的影响。

在江苏、福建等地一些中小学毕业会考实践的基础上，南京国民政府于1932年正式出台《中小学学生毕业会考暂行规程》（以下简称《暂行规程》）①，由此拉开了近代教育会考的序幕。

二、近代高中会考的基本制度构成

（一）组织工作

根据1932年的《暂行规程》，公立及立案私立中学会考由各省、行政院直辖市、特别行政区教育行政机关分别组织委员会办理。《中学学生毕业会考委员会规程》规定：会考一个月前组织成立中学学生毕业会考委员会，考试结束即撤销；委员会以各机关长官为委员长，由各省、市、区教育行政机关指派或聘请委员六至十二人；其分区举行会考者，设立主试委员主持一区会考事宜；毕业会考委员会设置命题委员及监试委员，担任命题及监试事宜。②同时，毕业会考委员会设职员若干人，从各省、市、区教育行政机关职员中派充，属于“无给职”（即无薪酬）人员。至于具体办事细则，规定由各省、市、区自行制定。

1933年，教育部又颁布《中学学生毕业会考规程》（以下简称《会考规程》）。③其中规定“参加会考之学校，应在会考日期前二星期内举行毕业考试”。1935年再颁《修正中学学生毕业会考规程》（以下简称《修正规程》），其第一条规定“各省、市、区教育行政机关，对于所属各中学应届毕业之学生，经原校考查毕业成绩及格后举行毕业会考”。无论《暂行规

① 中小学学生毕业会考暂行规程[J]. 法令周刊, 1932(105): 5-6.

② 中学学生毕业会考委员会规程[J]. 法令周刊, 1934(188): 3-4.

③ 中学学生毕业会考规程[J]. 法令周刊, 1934(188): 1-2.

程》《会考规程》还是《修正规程》，均规定学生必须通过各校自行组织的毕业考试才有资格参加会考。

关于会考时间，《暂行规程》未作统一规定，由各省、市、区自行确定。《会考规程》与《修正规程》则都规定应在每年6月最后一周及1月底一周内举行。中学会考的一个重要特征是“会聚”或“集中”考试，具体时间、地点由主管教育行政机关负责确定。若某省地域辽阔，学生人数较多，《暂行规程》中规定该省可以分区、分期举行会考。

中学毕业学生既需参加学校毕业考试，又需参加省市毕业会考，且合格后又要参加高校入学考试，学生的考试负担实在过于繁重。尤其是学校毕业考试与会考不仅时间临近，而且科目相同。有鉴于此，后来国民政府教育部规定取消学校毕业考试（即原来的“校考”），但高中最后一学期仍需举行学期考试。[①]由此，原来的学校毕业考试成绩，也相应为各学年的平均成绩所替代。

（二）考试科目及命题

关于高中会考科目，《暂行规程》规定为党义、国文、算学、历史、地理、物理、化学、生物学、外国语、体育。根据之后中学课程标准改革，《会考规程》与《修正规程》将“党义”修改为“公民”。同时，两规程均将“体育”一科删去。

近代高中会考实行分省命题，而非全国统一命题。1934年《中学学生毕业会考委员会规程》规定，中学学生毕业会考命题委员由省、市、区行政机关聘请富有学识及教学经验者充任；命题委员负责拟撰各科试题，拟定标准答案，并兼任评卷工作。命题基本标准包括：应依据部颁课程标准、教材大纲；应覆盖各科教材的全部内容；应观照各种教科书并避免隐僻、“含糊”的题目；除外国语文外限用中文；等等。在此之前，各省会考命题方法存在一定差异。

我们以1932年浙江省征集中学毕业会考试题办法为例，来看其在实行会考之初如何命题。当时规定各校由各科教员就高中会考各科分别拟定试题，由学校于4月30日以前汇呈教育厅；各科试题不以最后一学期教材为

---

① 废止中学及师范学校毕业考试仍举行期考令[J]. 法令周刊，1935(256)：1.

限，而是以三年中全部教材为准，前后广泛分配，不加轻重；各科试题不以本校所用教本为限，应参酌教育部审定的其他课本。至于具体命题技术，规定各科试题除国语另拟各种方式作文、算学另拟普通题式外，一律用测验题式，试题不限数量；采用各种测验方式，如是非法、选择法、填充法等；测验内容不限于事实记忆，凡属了解、推理等的内容均可命题测验。

再如，1933年《申报》报道福建省"按往年会考试题，专就学校毕业期课程为标准，此种办法，流弊滋多，兹拟改就教部颁布中学课程标准，并三年所授学科中，拟就试题"。1933年3月14日，江苏省立全体中等学校校长在省立镇江师范学校召开大会，议决各案中包括会考问题：（甲）理科英文解答问题，议决出题中英文并用；（乙）会考分组问题，议决不分组，不考解析几何。而上海市的会考只有第一次是由教育局命题，第二次以后则改由各校自行联合命题，教育局只派员监考。①

从以上资料看，当时各地会考命题的方法与要求不尽一致。而近代高中会考制度之所以实行分省命题，很大程度上是因为各地、各校教材、实际教学内容存在差异。相对于全国统一命题，分省命题更可照顾到这种差异。

（三）成绩核算

按照《暂行规程》，会考成绩核算方式由各省、市、区自行确定，即未作统一规定。而仅凭会考各科成绩确定毕业总成绩者占多数，至于学校毕业成绩，则多未顾及，这在一定程度上导致过于"偏重临时，忽略平日成绩之嫌"。于是，一种戏剧性的呼吁出现了：一些学校及学生请求将学校毕业成绩连同会考各科成绩合并计算。1933年3月24日，南京市丨几所私立学校校长赴南京市社会局请愿改革会考办法，其中便包括这种请求。②这一事件典型地说明了各校希望将平日成绩计入毕业总成绩的意图。很显然，平日成绩是由学校自行负责评定，相对于全省统一考试的会考，学校具有即使不是完全也是极大的操控空间。正因可以提高毕业总成绩，于是出现了合并计算的请求。

《会考规程》则规定毕业会考学校各科毕业成绩（各科学年成绩在各科

① 石钦．继会考之后的总考[J]．学习，1940(6)：5-6．

② 京市私中校长为会考再度请愿[N]．申报，第21534号，1933-03-26(15)．

毕业成绩内占五分之三，毕业考试成绩占五分之二）占40%，会考各科成绩占60%。《修正规程》仍规定采用这一比例，但学校毕业成绩修改为“高中三年的平均成绩”。尤需注意的是，《会考规程》第十条中所谓“毕业会考各科成绩均须及格”，并非单指会考试卷成绩，而是指合并计算之后的总成绩。也就是说，其所谓“毕业会考各科”实际上是包括了学校毕业考试（校考）与会考两次考试成绩。

然而，平日考试成绩的信度、效度难以保证。如，“比诸以往仅凭会考较一日之短长者似较允妥。但各校所报成绩或因计算方法不一，或因计分标准互异，出入甚大，甚至有不按实际成绩具报”[①]。又如，“学生的成绩没有真实的记录……有的学校因为……学校中学生的成绩是与会考成绩合算的，于是……给教育机关呈报学生成绩的时候，拼命把学生的分数加到最高的限度”[②]。更有人直接指出，“且会考之成绩，为会考与平时成绩合并而成，一部分学校之不以真实之平时成绩报告教厅，实为公开的秘密”[③]。此为时人批判会考的一个重要方面。

（四）优劣奖惩

近代高中会考对于成绩优劣者各有奖惩。及格与否，是指按《会考规程》与《修正规程》第七条核算之后的平均成绩是否达到标准。《暂行规程》规定：“会考非各科皆能及格不得毕业，有一科或二科不及格时，其不及格科目得复试一次，复试仍不及格，准其补习一学年，于下次会考时再行参加各该科会考，但以一次为限。三科以上不及格者，应令留级，但留级亦以一次为限。”会考通常集中于某一地区办理，考生在会考地点等候发榜以便确定是否需要参加复试，由此便需负担一定费用。对于一科或二科不及格者，其除了等候发榜的时间和费用外，还需进一步等候参加复试。对于全部科目及格者，自然不必再进行复试，但在会考地区等候发榜同样需要一定的时间与费用。之后，《会考规程》废除了复试。制度改进十分及时，正是实践推动的结果。对于补考次数，《会考规程》未作明确限定。《修正规程》规

① 德超. 新旧中学学生毕业会考规程之比较研究[J]. 安徽教育, 1933(9).

② 陈樾. 中学会考亟应废除[J]. 现代教育评论, 1937(5):29-30.

③ 袁伯樵. 中学会考与大学入学考试合并举行之检讨[J]. 教育通讯（汉口）. 1943(18):6-7.

定有一科或二科不及格者，准许继续参加下两届该科会考两次，补考次数被规定为两次。至于留级次数，《会考规程》规定以两次为限，《修正规程》则没有限制。

对于会考成绩优异者，各省、市、区可给以奖金或免试升学等优待，此不细述。

三、近代高中会考的多重争论

近代高中会考制度对当时的高中教育教学产生了直接而重要的促进作用。但与此同时，其也引发了多重社会争论。在此，仅就会考与学生身心健康、会考与应试主义教育、会考与高校入学考试关系三个方面展开论述。

（一）会考与学生身心健康

如同当代高考背景下的学生“减负”话题，近代高中会考制度下也存在学生学业负担、考试压力的问题。且后者更为直接，很多情况下直指学生的身心健康。在近代高中会考制度的批判语境中，学生身心健康问题可以说首当其冲。不少批判直指会考造成学生“开夜车”，甚至造成学生自杀，出现了“杀人的会考”之说法。《青年底灾难》一文，将会考与经济恐慌、失恋视作青年人的三大灾难源。[①]《教育杂志》第二十六卷第四号“毕业会考问题研究专号”中的《毕业会考利弊的检讨》，也直指会考制度严重影响学生身心健康。

其时，在关于会考与学生身心健康关系的讨论中，有一位代表人物陈衡哲。在《救救中学生》一文中，陈衡哲列举了学生如何遭受考试摧残的若干案例，指出会考制度是重要原因之一。“假如我们现在又来个八股化的会（考），那真是‘何必当初’呢！”[②]在另外一篇文章《青年的健康问题》中，陈衡哲再次批判教育会考制度。[③]两篇短文广为传播，在当时教育界引起了很大反响。陈衡哲具有留美背景，从其言论可以明显看到美国教育文化的影响。这种批判，一定意义上可以说正是美国教育理念与中国考试文化相冲突

① 白戈. 青年底灾难[N]. 申报，第22032号，1934-08-20(19).

② 陈衡哲. 救救中学生[N]. 国闻周报，1935(38)：1-4.

③ 陈衡哲. 青年的健康问题[J]. 健康生活，1935(4)：242-245.

的一种反映。

当然，也有人针锋相对。秦坚舟在《读陈衡哲〈青年的健康问题〉对于会考的我见》一文中，指出青年身心不健康的根本原因在于社会大环境的不良，而非会考制度。“至于学校中学生的情斗、私斗、闹风潮、谈没用话，校外的妓院、戏院、公园影院的竞逐，公寓的狂赌等，都是现代青年学生行踪的所在，更是学生不可讳言的耻辱。”“这些现象，数年来也成了新闻界的好材料，也是支配教育界空气最浓与最有力的表象。”①不仅如此，秦坚舟还认为应该实行严格的会考制度，以挽救学校颓废之风。也有论者指出，陈衡哲《救救中学生》一文仅仅根据几个学生、老师的报告，即推论到现制中学生学习时间过多，缺乏代表性。②甚至还有人认为影响中学生身心健康的真正根源，“绝不是课业之繁重，会考制度之八股化，及高中数理之太艰深，而是中学生的性教育问题”③。

此处秦坚舟等人所言，更多的是社会对于中学生的负面影响。他们关于社会大环境影响学校教育、影响中学生，以及学校与学生的“商品化”的说法，为我们全面审视当时的教育质量提供了一个重要而有益的观察视角。

（二）会考与应试主义教育

南京国民政府教育部实施高中会考的目的，在于以考促学，借由考试保证基本教育教学质量。然而，在实践层面，会考的“指挥棒”效应很大程度上造成了一种应试主义的弊病。除学生身心健康外，应试主义成为会考批判语境的又一重要方面。

会考制度开启后，一系列的考辅产业应运而生。在当时的各大报刊上，都可看到有关会考辅导书籍之类的广告。以上海《申报》为例，自中学实施会考后经常登载“会考指南”“会考必读”之类的广告。1932年2月18日的《申报》刊有《会考丛书各校踊跃采用》一文，说“自山东、南京、浙江等处，本届会考成绩不良之消息，传至沪上，各校莫不惩前毖后，未雨绸缪，纷向大东书局及晨报社订购本馆出版部发行之中学及小学会考指导丛书，一

① 秦坚舟. 读陈衡哲《青年的健康问题》对于会考的我见[J]. 河南政治, 1935(3): 1-9.

② 一平. 中学生学习担负和教学时间问题（一）[N]. 申报, 第22439号, 1935-10-14(16).

③ 李先荷. 救救中学生的问题在那里[N]. 申报, 第22615号, 1936-04-16(20).

周内共销去八百余部，闻各校多有采用该项丛书作为各科温习之教本者，盖其内容包含会考之各种科目，且提要钩玄，极便温习”[①]。1933年1月13日，该报又提前推介晨报社所出版“中小学会考指导”丛书。1933年5月17日，该报刊出“准备会考不可不读‘投考指南’”，“投考指南”丛书还请了名人题词促销。1939年，一篇题为“精与素之类”的短文称：“笔者偶过一书坊，统其橱中所列‘指南’等书，尚有十三四种之谱；不过悉系旧版，无复新编，同时什么精华，什么百日通、十日通之类的东西，却较前更为活跃。”[②]当时，正值抗战期间，部分地区由于战情影响而暂停会考。但是，“会考必读”“会考指南”之类的辅导材料仍在销售。会考制度的实施，某种意义上可以说催生了一个应试产业。

针对中学会考制度背景下的应试主义现象，不少学者纷纷发论进行批判。1933年5月14日《申报》上一篇戏谑味道十足的短文《学丸》称，“数年中所读的种种课本，都可束之高阁，只须把一部简略又简略的‘会考必读’，日夕加紧临时抱佛脚功夫，便可大胆地去应试”。上文所举《精与素之类》一文，所针对的也是当时的应试教育以及其所催生的考辅产业。尤其是该文作者还将科举时代与当时中学会考背景下的应试教育现象进行比附批判。纵观近代高中会考制度的批判文本，可以发现这种比附并不鲜见，不少论者都将会考与科举相提并论。他们认为科举是一种有着百害而无一益、害国害民的恶制，一种禁锢思想的精神鸦片，自然，会考也是一种糟糕的考试制度。他们认为会考是一种“现代科举”，既然如此，反对会考制度便是再自然不过的事情了。

其实，在1932年，也就是会考制度正式开启之年，济南就发生了学生反会考的运动。1933年，全国多个省份出现了学生反会考运动。“在疲倦于救国运动而沉寂已久的学生界，最近突发了广泛的反对会考风潮，从绥远、济南、安徽以至于福州、广州，从南京、上海以至于江苏全省，或请愿取消会考，或发宣言通电反对会考，或直接宣告罢考，或临时退出试场，甚至于捣毁试场，捣毁教育厅，闹舞弊案吃官事，形形色色，蔚为一九三三年中国

① 会考丛书各校踊跃采用[N].申报，第21498号，1932-02-18(16).

② 眉厓.精与素之类[N].申报，第23491号，1939-07-24(13).

教育界之轩然大波。”①之后，全国各地时常发生学生反对会考、罢考运动。1945年后，国民政府教育部意图恢复会考制度，也遭到不少学生的反对。

如果将20世纪20年代前后的“废考”运动一同算入的话，那么可以说，否定、反对考试制度的风潮几乎贯穿整个民国时期。

（三）会考与高校入学考试关系

会考制度实施的最初三年，高中毕业生需要依次参加学校毕业考试、会考以及之后的高校入学考试。在此之外，还有学校自行组织的各类模拟考试。1935年，鉴于毕业生考试过于频繁，而且学校毕业考试与会考时间临近、科目相同，故将前者取消了。然而，即便如此，学生的考试压力也并未得到根本性缓解。民国时期仅在1938年至1940年间实行过高校统一招生考试，其余多为自主招考，充其量是少数高校联合招考。考生为增加录取机会，往往要赶赴多地参加多次入学考试，因此，无论是经济负担还是身心压力都非常大。尽管高中会考本为一种达标性考试，而高校招生考试则属于一种选拔性考试，但在批判与改革会考制度的声音中，出现了一种将二者合并举行的意见。

在高校统一招考实施之前，曾有保送会考成绩优异者入读大学的做法。1933年，浙江省即有保送高中毕业会考成绩优异者免试升入浙江大学的办法。②1938年，当时教育部规定会考及格学生的前15%，可以保送入读高等院校。1939年，这一比例下调至10%。“会考及格之得免试升学者，廿七年度为会考及格总额百分之十五，廿八年度改为百分之十，其余及格而即升学者仍须参加统考。”③1942年再度调回到15%的比例。这种保送制度，最多只能说是以会考“部分地”替代了大学入学考试的功能，显然并不意味着二者的全面合并。

一般说来，在高校单独自主招考制度下，难以将高中毕业会考与高校入学考试统一合并举行。只有高校入学考试为某种统一考试，才有将二者合并

---

① 嘉年. 毕业会考风潮[J]. 正路，1933(2)：123-126.

② 本厅令知省立高中等十三校高中普通科毕业生免试升学浙大办法[J]. 浙江教育行政周刊，1933(12/13)：25.

③ 戴应观. 现阶段中学教育与高等教育间存在之矛盾及其消除之拟议[J]. 高等教育季刊，1941(1)：69-75.

的可能与便利。1938年试行统一招考之后，关于将高中会考与高校入学考试合并举行的讨论逐渐增多。“教育界又起了一个波浪，即是大家希望将毕业考试及升学考试合并举行，亦即要求以毕业考试代替升学考试。”“由中等学校自己办理的毕业考试即中学毕业会考，不足以代替大学入学考试，但依据客观的中学毕业标准，由中央统筹的升学考试则有代替毕业考试的理由。”[①]朱师逖也主张将会考与统考合并举行，“统考与会考同是教育行政机关加强学校管理、促进教学效能的重要工具：前者在提高各院校新生的程度，而后者则在提高中学毕业生的程度；二者的主要目的完全一致”，因此主张“以大学入学资格代替中学毕业资格”。[②]朱师逖与黄龙先等人还列举英、法、德、加四国为例，论证其可行性。

关于会考与高校入学考试合并举行的意义，当时曾有论者指出，“此事若果见之实行，为教育上之一大进步，可无疑义，在教育史上定有重要之地位”[③]。1943年，江西、贵州、甘肃三省高中毕业生借助“夏令营”，试办会考与专科以上学校入学考试联合举行。三省暑期公私立高中毕业生一律参加高中毕业生夏令营，并于受训期间参加联合考试，方能取得毕业及升学资格。[④]然而，这种联合考试仅实行了一年，1944年便停止了。

1945年后，国民政府教育部试图全面恢复高中会考制度。同时，会考与高校入学考试合并举行的呼吁也一直在继续。1947年，国民政府教育部制定出高中毕业会考与大学入学考试联合举行办法。[⑤]然而，由于内战、学生反对恢复会考等原因，这种规定后来未能进入实践层面。

四、现代高中会考制度的重建与转型

中华人民共和国成立后，在相当长的时期内，高中阶段没有实施毕业会考制度。直至20世纪80年代中期，为纠正文科生不学理、化、生，理科生不学史、地的“片追”现象，浙江、上海等地首先试行高中毕业会考制度。

---

① 沈灌群. 论中等教育与高等教育的联系[J]. 高等教育季刊，1942(4)：20–27.

② 朱师逖. 大学统一招生能代替中学毕业会考吗[J]. 教与学，1940(4)：1–3.

③ 袁伯樵. 中学会考与大学入学考试合并举行之检讨[J]. 教育通讯（汉口），1943(18)：6–7、9.

④（民国）教育部教育年鉴编纂委员会. 第二次教育年鉴（二）[M]. 上海:商务印书馆，1948:541.

⑤ 高中毕业会考大学入学考试，教部订颁联合举行办法[N]. 申报，第24868号，1947–05–11(5).

20世纪90年代之后，全国各省普遍开始实行高中毕业会考。在这样一种背景下，会考与高考的基本功能可以说泾渭分明：前者负责达标，后者负责选拔。但在实施过程中，会考逐渐沦为一种有名无实的摆设。与此同时，为解决高考“一考定终身”的弊病，增加过程性评价，高中会考开始转型为高中学业水平考试。尽管一般认为高中学业水平考试的定位、性质及功能与会考存在一定差异，但在笔者看来，在实行高中学业水平考试的最初几年，其基本上仍只是延续了原有会考的功能，即毕业达标测试的功能。在将高中学业水平考试纳入高校招生总评价体系之后，高中学业水平考试的功能与会考功能的差异才真正得以凸显。

五、高中会考史的现实观照价值

虽然近代高中会考制度仅实行了十多个年头，但这一短暂的考试史可以为当前高中会考、高中学业水平考试，以及高校招生评价改革提供一种恰切而有益的历史参照。而在高中会考发展为高中学业水平考试，并进一步纳入高校招生评价体系的背景下，这种参照意义更为显明。当今考试命题理论、技术水平已经远远超过当时，因此，相关启示主要不在于其组织及命题方面，而在于会考存废争论，高中学业水平考试与高校招生入学关系争论，高中学业水平考试的信度、效度以及难度和区分度，高中学业水平考试与考生考试压力关系等方面。在此，试从以下三个方面作一简要讨论。

第一，高中学业水平考试的信度问题。在近代高中会考制度下，学生的毕业总成绩部分为其在校学业成绩。然而，正如前面所言，“一部分学校之不以真实之平时成绩报告教厅，实为公开的秘密”。加上不时出现某些学校在会考考场集体舞弊的事件，使人们对于会考的考试信度不无担忧。那么，当今将高中会考转型为高中学业水平考试，其信度能否得到保证？尤其是将高中学业水平考试纳入高校招生总评价体系中，高利害性更加凸显，影响更为重大。由此，如何加强制度建设以保证高中学业水平考试的信度，成为一个应当予以高度重视的问题。

第二，高中学业水平考试的难度与区分度问题。除信度之外，还有难度、区分度等问题。高中学业水平考试难度相对高考要低，被纳入高校招生评价体系的学业水平考试，其难度、区分度如何把握，同样是一个值得重视的问题。某种意义上说，高中学业水平考试难度与区分度较之信度更为棘手，更不易把握，应当予以足够的重视。

第三，学生考试压力问题。当前，之所以将高中学业水平考试成绩纳入高校招生评价体系，目的在于借助过程性评价消除以往完全依赖高考“一考定终身”的弊端。然而，这种改革最终有可能增加学生的考试负担。因为将高中学业水平考试成绩纳入高校招生评价，学生必然重视并会全力备考，最终结果可能是增加他们的考试压力。民国后期，之所以出现会考与大学入学考试合并举行的提议，原因之一即考试过于频繁，学生压力过大。基于此，当前将高中会考转型为高中学业水平考试，并纳入高校招生评价体系，学生考试压力又可能成为重要问题。

第二章

新高考综合改革的理念、框架与价值

高考改革理念关乎改革的基本方向、基本目标、基本原则、基本制度架构以及具体政策设计，对整个高考改革具有全局性、长远、深刻的影响，是高考改革的根本性与先导性问题。新一轮高考改革是1977年高考制度恢复以来力度最大、涉及链条最长、影响范围最广的一次改革，因而改革理念尤为重要。应当坚持理念先行，以理念引领新高考综合改革，进而引导教育发展。本章在阐述新高考综合改革基本理念的基础上，介绍首批试点的浙江与上海两省市新高考制度的基本架构，最后论述两地新高考制度的创新价值。

第一节

新高考综合改革的基本理念

新高考综合改革的基本理念包括公平性理念、科学性理念、选择性理念。其中，公平性理念与科学性理念是高考改革长期坚守的两大基本理念。就人们一般的认识而言，选择性理念较之公平性理念与科学性理念更为新颖，但其实之前“3 + X”高考改革中就已经倡行选择性理念。新一轮高考改革对于这一理念的重视与强调，无论是在力度上还是深度上，均明显超越了“3 + X”改革。因此，选择性可以说是本轮高考改革所着力凸显与推行的一个理念。

一、公平性

我国高考改革长期以来一直高度重视公平性问题，公平性是高考改革一个毫不动摇的根本理念。《国务院关于深化考试招生制度改革的实施意见》规定，考试招生制度改革的基本原则之一是“着力完善规则，确保公平公正”，即“把促进公平公正作为改革的基本价值取向，加强宏观调控，完善法律法规，健全体制机制，切实保障考试招生机会公平、程序公开、结果公正”。新一轮高考招生改革高度重视公平性问题，将实现更高水平的公平作为一个基本改革目标，并且提出了具体的改革措施。比如，提高中西部地区和人口大省的高考录取率，“继续实施支援中西部地区招生协作计划，在东部地区高校安排专门招生名额面向中西部地区招生。部属高校要公开招生名额分配原则和办法，合理确定分省招生计划，严格控制属地招生比例。2017年录取率最低省份与全国平均水平的差距从2013年的6个百分点缩小至4个百分点以内”。再比如，在增加农村学生上重点高校人数方面，规定“继续实施国家农村贫困地区定向招生专项计划，由重点高校面向贫困地区定向招生。部属高校、省属重点高校要安排一定比例的名额招收边远、贫困、民族地区优秀农村学生。2017年贫困地区农村学生进入重点高校人数明显增加，形成保障农村学生上重点高校的长效机制”。

浙江与上海作为改革试点省市，均在各自高考综合改革方案中明确提出了确保公平的基本原则与保障措施。《浙江省深化高校考试招生制度综合改革试点方案》提出："保障招生公平公正。完善考试安全体系，加强标准化考点建设，强化部门协作机制，切实维护公平、有序、高效的考试秩序。深入实施高校招生阳光工程，落实公开责任，及时公开招生政策、高校招生资格、招生章程、招生计划、考生资格、录取程序、录取结果、咨询及申诉渠道、重大违规事件及处理结果、录取新生复查结果等信息。高校综合素质测试要建立健全各部门相互制约、考评人员与考生随机匹配、纪检监察部门全面监督的机制，严格落实公开公示、涉密工作严格保密、利益相关人员回避、全程监控录像等制度，确保测试公平公正。"《上海市深化高等学校考试招生综合改革实施方案》提出："把促进公平公正作为改革的基本价值取向。在以考分为依据的基础上，实施分类考试、综合评价、多元录取，追求更高水平的公平。健全制度机制，切实保障考试招生程序公开、结果公正、监督有力。"在保障公平方面，规定："健全信息公开和监督查处制度。深入实施招生'阳光工程'，完善学校招生章程制定和公布制度，健全招生政策、招生计划、实施过程和录取结果等信息公开。建立责任追究制度，严肃查处考试招生中存在的违规行为，及时公布处理结果。进一步加强政府管理，引导学校健全自律机制，充分发挥社会监督作用，共同维护考试招生秩序，保证公平公正。"

高考具有高竞争性、高风险性、高敏感性、高复杂性，一旦出现失误，不仅影响千家万户的切身利益，影响万千学子的前途命运，而且有可能演变成难以掌控的群体性事件。在当今时代，对高考改革公平性理念的重视，无论如何强调都不为过，公平是高考改革的根本之道。

二、科学性

高考制度是一项公认的具有较高信度、效度与区分度的人才选拔制度，这主要是就学科命题及评卷而言。从这一意义上说，高考制度是具有较高科学性的考试制度。但是，人们又普遍认为其科学性有待提升，或者说还存在诸多不够科学的地方。比如，长期以来，对于高考制度的批判主要集中于

“一考定终身”“唯分数主义录取”“文理分科”等几大方面，增强科学性一直是高考制度改革的一个基本方向。

国家教委1997年发布的《关于当前积极推进中小学实施素质教育的若干意见》（教办〔1997〕29号）规定：“各省、自治区、直辖市教育行政部门要不断完善高中毕业会考制度，兴利除弊。要准确把握会考的毕业水平考试性质，发挥其对高中教育改革与发展的正确导向作用。”2001年《基础教育课程改革纲要（试行）》指出：“高等学校招生考试制度改革，应与基础教育课程改革相衔接。要按照有助于高等学校选拔人才、有助于中学实施素质教育、有助于扩大高等学校办学自主权的原则，加强对学生能力和素质的考查，改革高等学校招生考试内容，探索提供多次机会、双向选择、综合评价的考试、选拔方式。”①2002年《教育部关于积极推进中小学评价与考试制度改革的通知》提出：“高考内容改革将更加注重对考生素质和能力的考查，积极引导中学加强对学生全面素质的培养。高考科目设置改革要将统一性与选择性相结合，在满足高等学校选拔人才的同时，促进学生全面发展与个性发展。高等学校选拔方式的改革要进一步探索建立在文化考试基础上综合评价、择优录取的办法。”②

2010年，党中央、国务院颁布的《国家中长期教育改革和发展规划纲要（2010—2020年）》规定：“根据培养目标和人才理念，建立科学、多样的评价标准。开展由政府、学校、家长及社会各方面参与的教育质量评价活动。做好学生成长记录，完善综合素质评价。”“以考试招生制度改革为突破口，克服一考定终身的弊端，推进素质教育实施和创新人才培养。”“深化考试内容和形式改革，着重考查综合素质和能力。以高等学校人才选拔要求和国家课程标准为依据，完善国家考试科目试题库，保证国家考试的科学性、导向性和规范性。探索有的科目一年多次考试的办法，探索实行社会化考试。”“普通高等学校本科招生以统一入学考试为基本方式，结合学业水平考试和综合素质评价，择优录取。对特长显著、符合学校培养要求的，依据面试或

① 基础教育课程改革纲要（试行）[EB/OL]. [2001-06-08]. http://old.moe.gov.cn//publicfiles/business/htmlfiles/moe/moe_309/200412/4672.html.

② 教育部关于积极推进中小学评价与考试制度改革的通知 [EB/OL]. [2002-12-18]. http://www.moe.gov.cn/srcsite/A26/s7054/200212/t20021218_78509.html.

者测试结果自主录取；高中阶段全面发展、表现优异的，推荐录取。”[①]2013年11月，《中共中央关于全面深化改革若干重大问题的决定》指出：“推进考试招生制度改革，探索招生和考试相对分离、学生考试多次选择、学校依法自主招生、专业机构组织实施、政府宏观管理、社会参与监督的运行机制，从根本上解决一考定终身的弊端。”[②]2014年，《国务院关于深化考试招生制度改革的实施意见》规定改革的基本原则之一是：“体现科学高效，提高选拔水平。增加学生选择权，促进科学选才，完善政府监管机制，确保考试招生工作高效、有序实施。”在高考综合改革方面，规定“增强高考与高中学习的关联度，考生总成绩由统一高考的语文、数学、外语3个科目成绩和高中学业水平考试3个科目成绩组成”。新一轮高考改革探索基于统一高考和高中学业水平考试成绩、参考综合素质评价的多元录取机制，高校招生以统一高考与高中学业水平考试为基本依据，以综合素质评价为基本参考，即采取所谓“两依据，一参考”的招生录取办法。

不难发现，新一轮高考改革对于科学性的追求，与之前的改革努力是一脉相承的，既体现出继承性，又体现出明显的创新性。浙江与上海作为新高考综合改革首批试点省市，均根据《国务院关于深化考试招生制度改革的实施意见》制定了各自的改革方案。尽管两地新高考综合改革基本制度设计存在若干差异，但在“两依据，一参考”方面则是完全一致的。理论上，通过“两依据，一参考”的改革设计，基本上可以同时解决所谓高考制度“一考定终身”“唯分数主义录取”“文理分科”三大弊端。众多学者认为，新高考通过“两依据、一参考”将高中生的个性成长纳入评价范围，有利于改变传统高考只关注学生的笔试成绩、不关注学生的动手能力，只关注学生的考试成绩、不关心学生实践能力的倾向。[③]“两依据，一参考”，有利于从过度功利性的教育转向更全面育人的教育，而这实际上是向教育本质的回归。

① 国家中长期教育改革和发展规划纲要（2010–2020年）[EB/OL]. [2017–07–29]. http://www.moe.cn/srcsite/A01/S7048/2001007/t2010079_171904.html.

② 中共中央关于全面深化改革若干重大问题的决定[EB/OL]. [2013–11–15]. http://www.gov.cn/jrzg/2013–11/15/content_2528179.htm.

③ 袁振国，周彬. 以改革姿态迎接新高考改革[J]. 人民教育, 2016(14): 13.

三、选择性

选择性一定意义上可以说是科学性的一个侧面，但它也涉及公平性。本轮高考改革的一个重要举措即在于通过加强选择性而增强高考制度的科学性与公平性。

有学者认为，选拔适合在高校不同专业学习的学生是高考的核心功能，而目前的高考制度设计存在着巨大缺陷，模糊了学生的专业兴趣和特长发展，没有很好地满足高校分专业精细选拔的要求。傅维利教授认为，目前高考使用的主导测评技术、考试科目设计和学生录取方式的最大问题是无法准确有效地评估出学生个性化特长的真实发展水平，这会反转过来引导学生群体性地向适应考试要求的统一方向发展，从而进一步加重学生个性化特长发展水平较低的问题，使基础教育在恶性循环中越来越偏离现代教育目标。[①]以文理分科为主流的高考招生制度，与新一轮课程改革专业分化的理念和设计，与高校各院系各专业选拔特色人才的本质要求存在着不可调和的内在矛盾，因而应当以专业分化为基础实行高考选考制度。[②]这些研究，实际上都是在呼吁增加高考的选择性。

其实，选择性这一理念基本上贯穿了1977年高考制度恢复以来的整个高考科目改革历程。[③]增加考试次数的尝试，不及增加科目选择性的试点早，但至今也有近20年的时间了。问题在于，总体上看，以往增加高考选择性的尝试都遇到了很大的困难。正因为如此，新高考综合改革高度强调与重视这一理念，力图在增加高考科目及时间选择性方面取得真正突破，体现出了比较强烈的国家决心与国家意志。作为新高考综合改革的基本理念之一，选择性理念在2014年《国务院关于深化考试招生制度改革的实施意见》以及浙江、上海两试点省市高考综合改革方案发布后，得到了教育学界的称赞与肯定。

① 傅维利. 我国高考改革的困境、出路及新方案设计[J]. 教育研究，2009(7)：9.

② 冯生尧. 论专业分化的高中选修、高考选考和院系分招制度[J]. 课程·教材·教法，2011(4)：3-10.

③ 刘希伟. 高考40年：科目改革探索历程及反思[J]. 华南师范大学学报（社会科学版），2017（5）：62.

根据《国务院关于深化考试招生制度改革的实施意见》，新高考在科目方面实行必考加选考的“3+3”模式。该实施意见明确提出“增加学生选择权”，规定考生高校入学总成绩由统一高考的语、数、外3个科目成绩和高中学业水平考试3个科目成绩组成；保持统一高考科目分值不变，不分文理科，外语科目提供两次考试机会；计入总成绩的学考科目，由考生根据报考院校要求和自身特长在政、史、地、理、化、生等科目中自主选择。《国务院关于深化考试招生制度改革的实施意见》另一重要改革意见是提出了“创造条件为有需要的学生提供同一学考科目参加两次考试的机会”。根据改革规划，新一轮高考改革自2014年启动试点，2017年全面推进，到2020年基本建立起中国特色现代教育考试招生制度。

浙江与上海新高考综合改革设计，无论在考试科目还是考试时间上，总体上都明显增加了学生的选择权。前者在高考选考科目方面实行“7选3”，考生从政、史、地、理、化、生、技7科中自由选择3科作为高考选考科目；后者在学考等级性考试科目方面实行“6选3”，考生从政、史、地、理、化、生6科中自由选择3科作为高考选考科目。在选考科目组合上，浙江考生的选择达35种之多，上海考生也有20种。在考试次数及时间方面，两地都为外语提供两次考试机会，分别安排在每年1月与6月。上海在地理和生命科学两科上，为学生提供高二下学期与高三下学期两个考试节点，学生可任择一节点考试。浙江则每门学考、选考科目都为学生提供两次考试机会。

公平性与科学性是长期以来人们所秉持的两大基本高考改革理念。尤其是公平性，它是一个最根本的前提性理念，科学性的改革必须以追求公平、保证公平为基本前提。舍弃了公平性理念，一般说来科学性也无从谈起。二者尽管有时会呈现出一定的矛盾，但又相互依存。在科学性、公平性方面的改革与创新，可能同时又会带来新的科学性与公平性问题，因而，公平性与科学性两大理念应当始终贯彻于整个高考改革之中。降低高考公平性的试点改革，即使再科学也难以推广。不仅如此，在公平性内部又存在某一方面公平性与另一方面公平性的矛盾；在科学性维度中，又存在某一方面科学性与另一方面科学性的矛盾。[①]与此同时，由于高考改革的复杂性，增强选择性的制度设计有可能同时又滋生出公平性与科学性方面的新问题。因而，高考改革应当慎之又慎，应在试点基础上稳步推进，要在确保公平性与科学性的前提下，增强选择性。

总的说来，新高考综合改革通过“两依据，一参考”的基本思路与制度设计，既可以从制度上直接消除多年来所谓的“一考定终身”弊病，以及由于简单文理分科带来的系列弊端，同时也在淡化乃至消除“唯分数主义录取”弊端方面迈出了重要的一步。新高考综合改革抓住了选择性和多样性两个核心概念，旨在系统改变“一考定终身”和“一分定乾坤”的传统弊端，开辟更科学、更公平的高考新格局。[②]新高考综合改革充分彰显了公平性、科学性与选择性的基本理念。但高考改革具有相当大的复杂性，经常是“一法立，一弊生”，谁都不能保证所有的改革都完美无缺。高考改革永远在路上，新一轮高考改革不可能一蹴而就、一劳永逸。从这一意义上说，新一轮高考改革不是一场终结式改革，而是革除高考弊端的一次重要尝试。

① 边新灿. 新一轮高考改革的多视域考察——兼论浙江高考招生制度改革[M]. 北京：北京大学出版社，2017:31-32.

② 袁振国，周彬. 以改革姿态迎接新高考改革[J]. 人民教育，2016(14):12.

第二节
两地新高考招生制度的基本框架

根据《国务院关于深化考试招生制度改革的实施意见》，浙江与上海在2014年9月分别发布了《浙江省深化高校考试招生制度综合改革试点方案》与《上海市深化高等学校考试招生综合改革实施方案》。本节主要根据浙江与上海两地综合改革方案，同时参酌其他招生文件，对两地新高考招生制度的基本框架作一梳理与介绍。

一、浙江新高考招生制度的基本框架

(一)统一高考招生

浙江统一高考招生，实行统一高考和高中学业水平考试相结合，考生自主确定选考科目，高校确定专业选考科目及其他选拔条件要求，综合评价，择优录取。

1. 科目与分值

统一高考必考科目为语文、数学、外语3门。在选考科目方面，考生根据个人兴趣特长和拟报考院校及专业的要求，从思想政治、历史、地理、物理、化学、生物、技术（含通用技术和信息技术） 7门中自由选择3门，即统一高考实行必考加选考的“3 + 3”模式。值得注意的是，浙江同一科目提供学考和选考两种试卷，学考满分70分，考“必考题”；选考是在学考“必考题”基础上增加“加试题”（满分30分），选考满分100分。同一科目的学考和选考同时在不同考场安排考试，学考考试时间为1小时，选考考试时间为1.5小时。参加选考科目考试的考生，既获得高考选考科目成绩，同时又从满分70分的“必考题”中获得该科的学考成绩，作为高中毕业依据之一。

在分值方面，语文、数学、外语3门每门满分150分，得分计入考生总成绩；选考科目按等级赋分，以高中学考成绩合格为赋分前提，根据事先公布的比例确定等级，每门每个等级分差为3分，起点赋分40分，满分100分。考生总成绩满分750分。其中，语文、数学成绩当次有效，外语和选考科目成绩2年内有效。

2. 考试与录取

语文、数学考试于每年6月进行。外语每年安排2次考试，1次在6月与语文、数学同期进行，考试对象限于当年高考考生；1次在10月与选考科目同期进行。选考科目每年安排2次考试，分别在4月和10月进行。从学年看，考生最早可以在高二学年上学期，即当年10月参加高考选考科目的考试。换句话说，高考选考科目在高二上、下学期与高三上、下学期先后组织安排4次考试，考生的每门科目都可以选择其中的2次参加考试。外语和选考科目两次考试成绩，选择较高的一次计入高考总成绩。

高校根据自身办学定位和专业培养目标，分专业类或专业确定选考科目范围，但至多不超过3门，并在招生2年前向社会公布；考生选考科目只需1门在高校选考科目范围之内，就可以报考该专业（类）。高校没有确定选考科目范围的，考生在报考时没有科目限制。

高校可以对考生高中阶段的综合素质评价提出相关要求，作为录取参考。考生志愿由“专业+学校”组成。录取不分批次，实行专业平行投档。①

（二）高职提前招生②

高职提前招生，考生自主报考。符合当年高考或单独考试招生报考条件，并已办理高考或单独考试招生报名手续的高中毕业生均可以报名。

高职院校根据有关规定确定报考条件、选拔评价办法和录取规则，并在招生章程中予以公布。高职院校可以根据专业性质与要求，对考生高中学考等第、职业技能考试成绩、平时成绩、高中阶段选修课程、综合素质评价情况等提出要求。考生对照高校要求，普通高中学生以高中学考成绩为基本依据，中职学生以全省统一组织的职业技能考试成绩为基本依据自愿报考。每

① 关于具体的志愿填报与录取规则，详见本书第五章第二节。

② 这一招生方式，与狭义的高考改革其实没有什么关系，但考虑到它也属于高校招生的一个重要组成部分，因而在此一并进行介绍。

个考生最多可报考5所院校。

在以高中学考成绩和职业技能考试成绩为基本依据的基础上，高职院校根据本校培养目标和学科专业的要求组织必要的综合测评，综合评价考生的文化素质和职业适应性。综合测评可采用笔试、面试和操作考试等方式，普通高中考生重点考核职业适应性，中职考生重点考核文化素质。试点高校可根据专业特点，在综合测评中设置素质特长项单独考查，并赋予一定的分值。素质特长项分值最高不得超过20分，并且占综合成绩的比例不得超过10%。院校根据专业的招生要求，将考生的高中学考成绩（中职考生为职业技能考试成绩）和综合测评成绩（含素质特长项、中学阶段综合素质评价）按一定办法折合成综合成绩，择优录取。其中高中学考计分科目不得少于5门，且须包含语文、数学、外语3门中的至少2门，高中学考成绩（中职考生为职业技能考试成绩）占比一般不得低于综合成绩的50%。高中阶段具备相关选修课程学分或相关选修课程成绩优良的，在同等条件下予以优先录取。

高职提前招生实行一档多投、双向互动选择，并在高考前录取。考生可以同时被多所高校拟录取，考生选择确认1所录取高校。已被录取的考生不再参加其他考试招生。

（三）高职单独考试招生①

高职院校面向中职学校包括中专学校、技工学校招生，实行文化素质和职业技能相结合，综合评价，择优录取。浙江省提出，逐步探索把试点范围有计划扩大到普通高校应用型本科专业。

1. 科目与分值

文化考试科目：语文、数学2门，单独命题、单独考试。拟报考有外语要求的学校、专业的考生，可选择参加全国英语等级考试一级(PETS1)考试。

职业技能考试：分17个大类，全省统一组织，分点实施。学生可自主选报1—2个类别。考试每年组织1次。同类考试允许学生至多参加2次。成绩2年有效。

---

① 与高职提前招生类似，这一招生方式也与狭义的高考改革没有直接关系，但考虑到它也属于高校招生的一个重要组成部分，因而在此一并进行介绍。

语文、数学每门满分150分，职业技能满分300分，均以原始分记入考生总成绩。外语不记入总成绩。总成绩满分600分。

2. 录取

高校分专业类或专业确定文化和职业技能考试成绩要求，也可提出外语成绩以及其他要求，并在招生章程中公布。

考生志愿由“专业+学校”组成。录取不分批次，按考生总成绩分大类实行专业平行投档。

(四)“三位一体”招生

所谓“三位一体”招生，是指高校依据考生统一高考、高中学业水平考试和综合素质评价成绩按比例合成综合成绩，择优录取。

高校确定报考条件、综合素质测试内容和实施办法、综合成绩合成比例、录取规则等，在招生章程中进行公布。其中，高考成绩的占比原则上不低于综合成绩的50%。考生自主向相关高校报名，参加高校的综合素质测试，并按规定参加高考。高校组织专家组根据考生高中综合素质评价等材料进行初次遴选，按照随机匹配、相互制约、公平公正的要求，组织综合素质测试，进行再次遴选。最后，高校按照考生综合成绩择优录取。

此次浙江新高考综合改革，改革力度最大的无疑是在统一高考方面。其余几方面，可以说基本上都已经有了几年的实践。像“三位一体”招生方式，自2011年即开始了试点，应该说已经取得了比较丰富的经验，并且也获得了高校的普遍认同。很显然，研究浙江新高考综合改革，无疑最应关注其统一高考招生方面。

二、上海新高考招生制度的基本框架

(一) 统一高考招生（秋季高考招生）

1. 高考成绩的构成

自2017年起，上海市统一高考科目为语文、数学、外语3门，考试时间安排在每年6月；外语考试一年举行两次，另外一次安排在每年1月。高考成绩由语文、数学、外语3门统一高考成绩和学生自主选择的3门普通高中学业水平等级性考试科目成绩构成，作为高等学校录取的基本依据。与浙江选考是“7选3”相比，上海市学考等级性考试科目总共包括6门，即思想政治、历史、地理、物理、化学、生命科学，因而是“6选3”。语文、数学、外语每门满分150分，3门普通高中学业水平等级性考试科目每门满分70分，高考成绩总分满分660分。

2. 普通高中学业水平等级性考试成绩计分

普通高中学业水平等级性考试成绩在计入高考总分时，由五等细化为A+、A、B+、B、B-、C+、C、C-、D+、D、E共11级，分别占5%、10%、10%、10%、10%、10%、10%、10%、10%、10%、5%。其中，A+为满分70分，E计40分。相邻两级之间的分差均为3分。

3. 高等学校招生录取的科目要求

普通本科院校可以根据办学特色和定位，以及不同学科专业人才培养需要，从思想政治、历史、地理、物理、化学、生命科学6门普通高中学业水平等级性考试科目中，分学科大类(或专业)自主提出选考科目范围，但最多不超过3门。学生满足其中任何1门，即符合报考条件。对于没有提出选考科目要求的高等学校，学生在报考该校时无科目限制。对于符合报考条件并达到学校投档分数线的学生，高等学校可分学科大类(或专业)提出优先录取的条件。

4. 高等学校统一录取模式

自2016年起，上海合并本科第一、第二招生批次，并按照学生的高考总分和院校志愿，分学校实行平行志愿投档和录取。[①]在此基础上，逐渐探索学生多次选择、被多所高等学校录取的可行性，增加高等学校与学生的双向选择机会。

（二）春季高考招生

上海春季高考时间大多在每年1月，考试科目为“统一文化考试+院校自主测试”。统一文化考试科目为语文、数学、外语3门，每科总分150分。根据上海市高考改革相关规定，自2017年起外语科目考试一年举行两次，安排在1月的一次考试同时作为春季考试外语科目考试（另外一次安排在6月）。外语科目总分150分。统一文化考试成绩3门总分为450分。

① 关于具体的志愿填报与录取规则，详见本书第五章第二节。

院校自主测试内容由招生院校根据学校及专业特点自行确定，测试科目一般为面试或技能测试，面试或技能测试科目为1门，主要考查学生的学科特长、基础，注重考查学生的素质和能力。院校自主测试分值为150分。考生统一考试成绩总分必须达到上海市公布的本科最低控制线和高校公布的自主测试资格线，才可以参加高校组织的院校自主测试。

春季招生录取的投档方式采用"一档两投"方式，按照统一考试成绩和院校自主测试成绩，并参考普通高中学生综合素质评价信息，择优录取。

（三）综合评价招生

上海综合评价招生依据的是高考成绩、面试成绩与高中学业水平合格性考试成绩三者的总分。这一方式，与浙江"三位一体"招生比较类似。不同高校对于高考成绩、面试成绩与高中学业水平合格性考试成绩合成比例规定不尽一致。

好的教育一定是适合学生的教育，而适合学生的教育必然要求增加教育的选择性。通过浙江与上海新高考综合改革方案可以看到，两试点省市一方面在努力增加高校招生方式与途径的多元化，另一方面都在统一高考招生方面极大地增加了学生及高校的选择权。浙江统一高考招生改革与上海统一高考招生改革，既然都是以《国务院关于深化考试招生制度改革的实施意见》为基本依据，自然体现出一定的共性。但与此同时，两地统一高考招生改革也体现出明显的差异性。比如两地在选考科目是否包括"技术"一科、选考科目的分值设置、选考与学考等级性考试的考试次数与考试时间，以及志愿填报与录取制度等方面，都存在比较明显的差异。显然，浙江与上海两地试点不同的制度设计，较之于试点完全相同的制度设计，无疑更具研究价值与现实意义，可以为其他省份高考改革的后续跟进提供更多的有益参考与借鉴。

第三节
两地新高考综合改革的创新价值

浙江、上海两地新高考综合改革的核心内容在于：考试不再分文理，实行统一高考与高中学考、必考与选考相结合；综合素质评价纳入高校招生评价体系；录取不再分批次；高校确定专业（类）选考科目范围和其他选拔条件，择优录取。很显然，新高考制度与传统高考制度相比，存在诸多根本性差异。这些新改革举措，对考生、高中以及高校均有着积极的影响。

一、新高考综合改革有助于贯彻以生为本、因材施教的教育理念，促进高中教学方式的重大变革

浙江与上海两地新高考综合改革，通过“3＋3”科目设置直接撬动、打破了传统的高中文理分科教育模式。借助“＋3”选考科目，赋予学生自由选择权，彰显了一种选择性的教育理念。从更深层的意义上说，这实际上体现出了以生为本、因材施教的教育理念。长期以来，我们一方面在喊着以生为本、因材施教的教育理念，另一方面高考文理分科模式又直接造成了高中简单文理分科乃至“分家”的教学实践，强行将学生装入“文”或“理”两大类，难以顾及学生本身的个性差异。而在根深蒂固的升学文化中，高中课程常常异化为高考科目的备考课程。研究性学习、社会实践活动等选修课程在很多高中往往有名无实，形同虚设。新高考综合改革赋予了高中生对高考学科更大的选择权和组合权，并将高考学科与大学专业选择相关联，力图推动高中教育的系统变革，从而促进高中学生的个性成长和高中学校的特色发展。①新高考综合改革通过将综合素质评价纳入招生评价体系，从招生制度上为研究性学习、社会实践活动等课程提供了一种制度保障。“两依据，一参考”，对于纠正高校长期以来奉行的“唯分数主义录取”的招生方法具有重要价值。

---

① 袁振国，周彬．以改革姿态迎接新高考改革[J]．人民教育，2016(14)：12.

就高中的视角来看，新高考综合改革对高中教学组织形式的变革与创新具有重要推动作用。由于学生在“7选3”或“6选3”模式下自由确定选考科目，传统行政班教学组织形式无法有效应对这一变革，走班教学成为一种应然选择。理论上，在学生自由选择的情况下，无论浙江还是上海都会出现多种选考科目组合。除非高中限制学生自由选择，否则，像上海一所高中出现十几种组合应当比较常见；浙江一所高中则很容易出现二十多种选择组合，甚至可能存在三十多种。这样，原有的教室、师资、实验仪器设备等配备，往往无法满足按照学生选考组合设立新行政班的需求。事实上，高中也不可能完全以学生的选考科目组合为基础组成新的行政班，因而走班教学成为一种客观选择。从传统行政班教学到走班教学，必然需要增加一定数量的教师、教室、实验仪器设备等各类软硬件资源。值得指出的是，在本轮高考改革之前，浙江与上海的不少高中已经尝试实行走班教学。而新高考综合改革客观上要求所有高中实行走班教学，而且从更大范围、以更大力度推动了走班教学的发展。此外，随之而来的职业生涯规划，也必须有效跟进。这些改革对培养学生的主体意识与选择能力无疑都有十分重要的价值。

二、新高考综合改革有助于扩大考生的考试选择权

教育与考试制度的一个基本理念，应当是以生为本。以生为本的具体体现之一，对高中教育教学而言，即加强其选择性，赋予学生充分的自由选择权；对高考而言，则是赋予考生选择考试科目乃至考试时间的权利。放眼世界，奉行专业分化原则，实际上已成为高中教育和高考招生的一种惯例。[①]

然而，在新世纪的高中课程改革中，加强学生的选择权整体而言是“雷声大、雨点小”。这当中，高考缺失充分的选考设计是一重要缘由。在以往的高考制度中，考生的选择权充其量一般也就是对于文、理科的选择。基于自身的学术性向，考生或者选考文科，或者选考理科。客观上，文理分科的高考模式对恰好具有“理、化、生”或“政、史、地”两大偏好与特长的考

---

① 冯生尧. 论专业分化的高中选修、高考选考和院系分招制度[J]. 课程·教材·教法，2011(4)：3-10.

生而言是利好的，对其他考生而言则相对不利。尤其经过长期应试主义教育实践之后，文理分科的高考模式被认为存在造成“文理分家”“培养半个人”的弊端。为纠正由来已久的文理分科积弊，同时也为了贯彻2010年《国家中长期教育改革和发展规划纲要（2010—2020年）》关于“创造条件开设丰富多彩的选修课，为学生提供更多选择，促进学生全面而有个性的发展”要求，以及2014年《国务院关于深化考试招生制度改革的实施意见》等国家要求与规定，新一轮高考改革不仅从制度上取消了文理分科，而且还进一步赋予了学生充分的选择权。

综观浙江与上海高考招生改革方案，其基本核心理念之一是扩大考生的考试选择权。一方面两地都设立了多种招生渠道，另一方面在统一高考招生制度方面也尽可能增加学生的选择。这种选择，在浙江着重体现在高考选考科目与考试时间上。考生可根据自身兴趣特长和报考院校及专业要求自主选择选考科目，“7选3”选考科目组合达35种之多。同时，浙江选考科目的考试时间点也有两次选择，分别安排在每年的4月与10月。此制度设计在中国高考史上可以说是一种前所未有的创新。上海学考等级性考试实行“6选3”，选考组合达20种之多。并且，上海还分别在高二下学期与高三下学期为地理和生命科学学考等级性考试组织安排两次考试，考生可以选择其中一次参加考试，这同样也是增加了考生的考试选择权。至于外语，两地都是为考生提供两次考试机会。

在新一轮高考改革方案出台之前，高中新课程改革即强调增加学生的选择权。从这一意义上说，新高考增加学生选择权正与高中新课改赋予学生选择权相呼应，并且从更深层次上、以更大力度推进了高中新课改。如果说以前的高考文理分科或合科模式对“人的差异”观照得相对不够，显得“统一”与“冰冷”，那么现在高考选考制度设计则通过贯彻选择性理念，充分观照考生的个体差异，并因此而得以彰显“个性”与“温度”。

三、新高考综合改革有助于纠正传统高考“一考定终身”之弊

就中国高校招生整体而言，高考是一个主渠道，是一个占据压倒性比例的招生途径。高考竞争异常激烈，高考结果甚至在很大程度上决定了一个考

生一生的命运，因而人们认为这种“一考定终身”的考试有些过于残酷。同时，高考作为一种大规模的考试，难以避免考生考试时一些偶然性因素的发生，故又有不少人认为仅以一次考试成绩作为高校招生的依据，不仅是残酷的，同时也不够科学与公平。而由于高考招生长期以来以刚性的分数作为唯一依据，所以在对“一考定终身”的批判中同时又夹杂着对“唯分数主义录取”的质疑。综而言之，“一考定终身”在事实上包含了多层含义：其中一层是仅凭一次考试即决定一个考生能否获得接受高等教育的机会乃至其后来的人生命运；一层是高考“唯分数”决定取舍极不科学。对于后者，解决办法在于将分数之外的综合素质纳入招生评价体系，在此次新高考综合改革中体现在“两依据，一参考”的“一参考”上。对于前者，则是探索“多考定终身”，即采用多次考试的考试制度。新一轮高考改革通过将学业水平考试纳入高校招生评价体系，并借助于其“分散性”的制度设计，在一定程度上打破了传统高考“一考定终身”的困境。

浙江在消除“一考定终身”弊端方面力度尤大，不仅在外语科目上为考生提供两次考试机会，而且每门选考科目也都为考生提供两次考试机会。尤其值得一提的是，选考科目的两次考试制度设计，还不是仅提供两次安排，而是在高二、高三学年分别组织两次，前后共计四次。也就是说，任何一门科目，考生可以在四个考试节点中选择两次参加考试。这显然是为考生提供了更多的选择，彰显出以生为本的制度设计理念。上海新高考综合改革制度设计，目前在学考合格性考试与等级性考试方面提供一次考试机会，但外语考试则提供两次考试机会。在此之外，上海考生还可以在高二下学期或高三下学期选择参加地理和生命科学学考等级性考试。根据上海的改革规划，将来各方面条件更加成熟时，还会正式试点两次考试的制度设计。

应该说，浙江、上海两地通过“分散性”的选考制度设计，正在打破传统高考“一考定终身”的宿弊。当然，新高考制度并非十全十美。之所以如此评价其积极影响，乃是针对由来已久的“一考定终身”之弊而言。既然多年以来人们普遍认为“一考定终身”存在偶然性，并且造成高三学生压力过大，那么就应该承认“分散性”考试制度设计的试点意义，就应该承认其积极价值。

四、新高考综合改革有助于扩大高校招生自主权，促进高校专业结构调整

在新高考招生制度下，高校可以选择不同招生模式，自主确定是按专业还是按专业类招生录取；同时，高校还可以自主设置某专业（类）的选考科目要求。这显然是一种十分重要的权力回归。一定意义上可以说，借助于这一回归，高校招生自主权正在由多年的呼吁变为现实。尽管高等院校自身可能在专业选考科目设置方面尚需进一步提高科学性，同时，不同高校在专业选考科目方面要求的差异直接增加了学生了解具体某一专业报考规定的复杂性，但将不同专业的具体报考要求交还给高校自身，终究是增加了高校的招生自主权。此外，“两依据，一参考”招生改革，将学生综合素质评价作为录取的参考依据，应该说一定程度上也彰显了高校的招生自主权。

在高等教育逐渐由“卖方”市场发展到“买方”市场的大背景下，高校招生主体之间呈现激烈竞争的状态。以前，统一高考制度没有赋予考生充分选择权且以院校投档优先，生源竞争与生源危机对高校学科、专业的激活效应相对有限。尤其在公立高校，某一学科、专业一旦设置，即难以对其作撤销、停招处理，因为来自学科、专业教师的阻力往往十分强大。即使某一学科、专业只能借助调剂招生，对其进行削减、停招处理也同样极为困难。在浙江新高考招生制度下，考生以“专业 + 学校”模式填报志愿，按专业（类）平行投档，录取不分批次。高校各专业建设水平的差异将直接影响生源质量，部分“冷门”专业的招生可能面临挑战。随着院校投档优先发展到专业投档优先，过去学科、专业难以调整的困局可能迎来破解契机。在专业投档优先的制度设计下，“热门”专业拉动、带动“冷门”专业，进而为后者调剂生源的效应可能减弱，“冷门”学科、专业将可能遭遇考生专业选择带来的冲击。“专业 + 学校”的平行志愿模式，有利于激活高校作为招生主体的主动性，并在高校学科、专业之间形成一种强劲的洗牌效应，这是浙江新高考招生改革的又一重要价值。

上海市2017年普通类高考招生以“院校专业组”作为志愿填报与投档录取的基本单位。在这一志愿填报与录取制度下，考生可按照“甲校 + A专

业”“乙校＋A专业”的方式填报，尽可能增加考入某一专业的概率，这就可能给高校不同专业带来一定的刺激效应。

高考本身是一个复杂的系统，其中存在着多种两难甚至多难矛盾，几乎任何一次制度创新都难以做到“零弊端”。制度创新的同时有可能也隐含着若干新风险与新问题。因而，高考改革应当预研预判，“两害相权取其轻，两利相较取其重”，力争以稳健的节奏取得改革的最大共识与最大收益。

第三章

新高考综合改革与高中教学方式变革

高考作为联结基础教育与高等教育的纽带与桥梁，对基础教育尤其是高中教育具有重大导向作用。“考什么—教什么—学什么”是人们对高考与高中教育教学基本关系的一种普遍认识，并且在很多情况下也是人们批判与否定应试主义教育的一个基本逻辑。“考什么—教什么—学什么”，主要是就教育教学内容而言。因而，所谓高考对于高中教育具有的导向功能及影响，大多是就教育教学内容而言，几乎从来没有触及以行政班为基础的班级授课制这一教学组织形式。新高考综合改革则正在彻底改变高中段的传统教学组织形式。在新高考自由选考制度下，由于学生选考科目及选考时间的差异等原因，无法再按照传统教学组织形式进行教学，高中普遍开始推行走班制。这对于浙江与上海多数高中来说，无疑是一种创新。新高考综合改革通过走班教学推动了高中教学组织形式的重大变革。

第一节
新高考助推高中教学方式革新

长期以来，以行政班为基础的班级授课制是中国高中阶段的基本教学组织形式。这一教学组织形式的主要优点是授课效率高，主要缺点则在于难以充分照顾学生的个体差异。新一轮高考改革实行必考加选考的“3 + 3”模式，由此走班教学成为一种应然选择。走班教学，一定意义上说是对传统班级授课制的一种改良，它通过分类与分层机制更加有效地落实学生的选择权，从根本上说有助于促进、深化高中新课程改革。

一、以行政班为基础的传统班级授课制及其局限性

所谓班级授课制，是指将学生按大致相同的年龄和知识程度编成班级，教师按照各门学科教学大纲规定的内容和固定的教学时间表进行教学的一种制度。早在16世纪的欧洲，已有学校采用这种教学组织形式。班级授课制的产生，有其特定的历史背景。近代欧洲资本主义的兴起与发展导致受教育权的下移，社会化生产对于人的知识的要求越来越高，因而，教育对象开始逐渐扩大，提高授课效率自然成为一种普遍需求。正是在这样的背景下，班级授课制应运而生。

在中国的高中，班级授课制一般说来是以行政班为基础，同一行政班的学生固定在一个教室，由不同的科任教师来授课。其最大的优点在于授课的效率高，借助于“一班一课表”，一个教师可以同时教授几十名甚至几百名学生。正如奠定班级授课制理论基础的夸美纽斯所说：“我认为，一个教师同时教几百个学生不仅是可能的，而且也是要紧的；因为对教师、对学生，这都是一种最有利的制度。教师看到跟前的学生数目愈多，他对工作的兴趣愈大；教师自己愈是热忱，他的学生便愈会表现热心。同样，在学生方面，大群的伴侣不仅可以产生效用，而且也可能产生愉快（因为人人乐于劳动的

时候有伴侣）；因为他们互相激励，互相帮助。”[①]同时，在班级授课制下，学生在教师有目的、有组织、有计划的指导下学习，有利于发挥教师的主导作用；而学生在一个班级中学习、生活，有助于培养学生的集体观念，从教育管理的角度而言这一点同样至关重要。然而，正如一枚硬币有两面，传统班级授课制也有自身的缺陷与不足。其最大的问题恰恰也是在于“一班一课表”的统一性，整齐划一的安排在很大程度上忽略甚至彻底抹杀了学生的个体差异性。以大致相同的年龄和知识程度为基础组建班级，实际上是将千差万别的学生抽象地化约为一个个近乎相同的个体。如此，当然无法有效顾及学生本身的差异，包括先天差异与后天差异。而教育的逻辑起点，却正是在于承认人的差异性。

当然，强调人的个体差异性，并不必然意味着不能通过抽象、化约而组成班级进行授课。传统班级授课制的主要问题在于只是粗糙地进行抽象与化约，对学生的个体差异性关照不够。如何在班级授课制这一基本教学组织形式下向个别化教学倾斜，是教育工作者一直在追求的一个理想。应该说，分层教育是实现这一理想的有效途径之一。早期的分层教育主要由学校实施，即学校通过选拔考试，把学习水平相近的学生编成一个教学班，进行“团体性”的因材施教。但由于授课老师水平存在差异，将学生分在不同层次的班级，进行分层教学，经常引起人们的质疑与批判。在实践中，分层教学往往被简单地理解为“重点班”与“普通班”，抑或是“快班”与“慢班”，甚至还经常被直接贴上“好班”与“差班”的标签。

在分层之外还存在一个因为简单分类而造成的无法有效顾及学生个体差异的问题。具体到高中阶段，高中与高考长期以来实行简单的文理分科模式，显然，这并不适合那些不是恰好偏爱“理、化、生”或“政、史、地”组合的考生。有鉴于此，在班级内部进行分层教学成为人们纠正传统班级授课制弊端的一种尝试。具体说来，这种做法是将一个班级的学生按学业成绩分成几个水平，教师分别制定不同的教学目标与教案，在一个教学班中实施复式教学。这种做法增强了教学的针对性，对提高教学质量有一定作用；然而，这种做法也增加了教师的工作量，且需要教师具有较高的课堂教学驾驭

① 夸美纽斯. 大教学论[M]. 傅任敢，译. 北京：教育科学出版社，1999：124.

能力，因而很难进行大面积的推广。[①]

二、高考制度：高中课程改革的重要影响变量

我国高中课程长期以来一直高度强调共性、统一性，强调学生应该学习相同的知识，培养相同的能力。基于培养全面而有个性的学生的考量，过于整齐划一的高中课程体系成为人们批判的对象。学者石鸥认为，传统高中课程结构的最大成功之一，是使所有的学生学习所有的课程而且按同样的要求学习，这就保证了每个学生有基本同一的知识与技能基础。这种课程结构最大的弊端也恰好在这里，就是所有的学生不分资质、潜能、禀赋，在非义务教育阶段都得学习所有的课程，而且按完全同样的要求来学习。高度发达的理性的课程系统被用来实现最大规模的非理性的目的——让原本具有多元智慧的万千学生只能朝向一个被课程设计者固定的方向发展。[②]

2004年正式开启的普通高中新课程改革，在课程目标、课程结构、课程内容、课程实施、课程评价、课程管理等方面都做出了新的调整。不同于义务教育阶段，高中教育应当通过增加课程的选择性来增加学生的选择权与选择空间。那么，为了有效保证课程的选择性，就必须先增加课程资源，并应当配套实施选课制、学分制与走班制。十多年下来，普通高中新课程改革应该说取得了比较明显的成绩。但与此同时，高中新课程改革一直受制于高考这一瓶颈的影响，其成效也因之大打折扣。

我国高校招生长期以来一直以统一高考为主要选拔途径，而统一高考招生又是以考试分数为唯一依据，这样，与高考无关的课程和教学往往有名无实，甚至被直接排除在外。不少学者认为，新世纪高中课程改革，表面上看是“素质教育搞得轰轰烈烈”，事实上大多数学校都在“扎扎实实搞应试教育”。钟启泉教授指出，在高中新课改中，有些学校热衷于“拔尖型创新人才培养基地”建设，“明明是应试教育的堡垒，却说是素质教育的典型”。[③]

① 顾志跃. 走班与差异教育[J]. 上海教育科研，2002(2)：1.

② 石鸥. 选择一种课程就是选择一种未来——关于高中多样化、选择性课程结构的几点认识[J]. 中国教育学刊，2003(2)：1-2.

③ 胡惠闵，周坤亮. 关注高中课程改革的根本性问题——钟启泉教授访谈[J]. 全球教育展望，2012(11)：4.

张华教授也直言新一轮高中课程改革的理念与现实存在差距。①

高中新课程改革最关键的一个影响变量无疑是高考。假如高考的方式与内容不变，那么，高中新课程改革便难以取得真正的实效。而问题在于，自2004年新一轮高中课程改革启动实施以来，高考在其最主要渠道——统一高考方面并未及时跟进。我们固然不能说高中新课程改革开启之后的高考没有任何改变，然而，这种改变的尝试实在是有限。本来从1999年即开启了"3 + X"改革，试图增加高考的选择性，然而至2007年，第一批高中新课改省份进入高考年份时，多数省份已经取消了彰显选择性的"+1"或"+2"科目。再如，在综合素质评价部分，江苏省最先将综合素质评定纳入考试科目，规定在高考成绩相同的情况下，高校可优先录取综合素质等级高的考生；在学业水平测试中，考生必修测试科目成绩为D级（技术科目测试不合格视为D级）的科目不超过3门，才有资格填报普通志愿，但方案并没有对综合素质评价途径、操作规则、监督机制等具体细节进行详细规定。福建省的教改方案对综合测评的表述较为粗糙，仅规定将考生综合素质评价纳入电子学籍管理，对评价方式方法却只字未提。②总体而言，各省区的高考改革原则与新课程的改革原则不相吻合。在实际的高考方案中，问题更多，尤其是没有体现国家设置的、要求学生至少选修达到29.1%比重的专业方向性选修课程。③

由于统一高考对于分数的强调与依赖，其"指挥棒"的驱动力大大超过了新课程改革精神所带来的驱动力，而这两种力量的不一致，造成了现实中的种种怪象：一些教师一边应付课程改革，一边仍按老方法教学，依然采取应试战术；一些学校和教师对新课程改革持观望态度，采取以不变应万变的办法，动作迟缓；一些学校为了保持升学率，在"以考定教"的思维模式下，使高中课改流于形式，有的教师在开设选修课的时候，一般就以高考相关的内容为主题，从而使选修课变为必修课的延伸，达不到培养学生兴趣和

① 沈伟，曲琳．我国普通高中课程改革的反思与展望——杭州师范大学张华教授访谈[J]. 全球教育展望，2012(12)：3.

② 刘丽群，刘一砖．我国十省（市）新课改高考方案述评[J]. 教育测量与评价，2009(6)：48.

③ 冯生尧．论专业分化的高中选修、高考选考和院系分招制度[J]. 课程·教材·教法，2011(4)：4.

特长的目的。①

在高考制度这一“指挥棒”及其他社会因素的影响下，高考升学率几乎成为社会评价高中学校教育质量的唯一标准。因此，应对高考、提高升学率的应试教育现象，在大多数高中愈演愈烈。同样，新一轮高中课程改革也受到了高考“指挥棒”的掣肘。“考什么—教什么—学什么”，凡是高考不考查、难以考查的课程内容，往往被忽视，甚至是直接被取消。一项针对山东省高中新课程改革实践的调查表明，在所调查的300多名教师中，有66.7%的教师认为选修课的开设主要受高考升学率的影响，27%的教师认为是学校资源限制了选修课的开设。②

高中课程改革是一个系统工程，尤其需要建立与高中课程改革基本理念与价值取向相配套的高考制度。既然高中课程强调选择性，高考制度相应地也应当体现选择性。如果只是高中课程体现选择性，而高考制度没有跟进，不能赋予学生选择权与选择空间，那么，高中课程的选择性必然难以落到实处。如何在推进高中课程改革的同时有效地进行高考改革，通过高考改革促进高中课程改革，成为高中新课程改革与高校招生领域改革所共同面临的一项重要课题。

三、新高考综合改革：借助走班教学推动教学革新

（一）走班教学的理论基础

所谓走班教学，在不同学者那里有不同的理解与解释。“走班制”是“非固定班级”的通俗说法，它的学名叫作“不分年级制”或“无年级制”（non-graded），强调学生个人对课程的选择权利，改变学校对学生课程学习的统一安排。③走班制是从学生的学习方式角度提出的一个概念，是指学生在教学活动中根据预先制订的学习计划，以“走班”的形式，“流动”到自

① 新课程改革要让更多人去了解——访全国政协委员姚本棠[EB/OL]. [2006-04-07]. http://cpc.people.com.cn/GB/34727/56414/56459/56506/4281007.html.

② 教育部山东师范大学基础教育课程研究中心调研组. 高中课程改革的进展、问题与建议——基于山东省实验区的调查研究[J]. 山东师范大学学报（人文社会科学版），2006(6):40.

③ 郭华. 选课走班制：从“班”到“个人”[N]. 中国教育报，2014-05-21(6).

己将要上课的班级进行学习的一种学习组织方式。[①]走班制教学就是一种打破固定的班级授课形式，按课程内容重新编班，学生根据自己的兴趣、特长、爱好及已有的学习程度选择不同的学习内容，走入不同的班级学习的教学模式。[②]从形式上看，走班教学较之于以行政班为基础的传统班级授课制，一个明显的特点在于学生不再是在某一个固定教室上课，而是需要变换多个教室，“学生开始动起来了”，故称“走”班教学。或者也可以简单地说，传统班级授课制是“教师走班，学生坐班”，走班教学则是“学生走班，教师坐班”。

走班教学的理论基础包括多元智力理论与掌握学习理论，其教育理念与教学原则的基础则为因材施教。

1. 多元智力理论

美国教育与心理学家加德纳的多元智力理论认为，人的智力包括语言智力、数学逻辑智力、空间智力、音乐智力、身体运动智力、人际智力和内省智力。后来，加德纳又提出了三种“候选智力”，即自然探索智力、精神智力和生存智慧智力。[③]尽管加德纳提出的某些智力还需要更多的研究来支持，但多元智力理论给了教育一个重要的启示——应当尊重人的个体差异。

2. 掌握学习理论

掌握学习理论由美国教育与心理学家布鲁姆提出。布鲁姆分析了学生的能力倾向分布，发现有1%—5%的学生居于分布的上位；有5%以下的学生由于各种各样的缺陷，诸如有碍于学习音乐的听觉缺陷、有碍于学习美术的色觉缺陷以及不能很好地理解抽象概念的缺陷等，成为无法跟上正常学业进度的学生。但是，占90%的大部分学生的能力倾向差异，不过是一种学习速度的差异。只要根据每个学生的能力和能力倾向，以及学习成就状况，有重点地给予适当的学习课题，保证适当的学习时间，改进教学方法、学习方法等，那么，所有学生最终都能达到确定的（最低限度标准的）全部教育目

① 韩艳梅. 新课程背景下学习组织方式的新探索——“走班制”的实施与管理[J]. 辽宁师范大学学报（社科版），2002(5)：43.

② 孔宇玮. 小学走班制教学模式的实践与思考[J]. 上海教育科研，2003(4)：58.

③ 罗伯特·J. 格雷戈里. 心理测量：历史、原理及应用[M]. 施俊琦，等，译. 北京：机械工业出版社，2013：164-165.

标群。[①]

3. 因材施教的教育理念与教学原则

因材施教不仅是一种基本教育理念，而且也是一条基本教学原则，它要求我们必须承认并尊重学生的个性发展。我国高中实行班级授课制，一般而言班额相对较大，因而，要真正贯彻因材施教的教育与教学理念存在较大困难。高中阶段贯彻因材施教理念与原则，首先应该改变以往以简单文理分科为基础的班级授课制，代之以选科制与走班制。从这一意义上说，因材施教的教育理念与教学原则，正是当前高中选科制与走班制的重要理论支撑，而选科制与走班制正是贯彻因材施教理念与原则的有效教学组织形式。

如果说，加德纳的多元智力理论启示我们应当重视并尊重人的个体差异，因而应当取消简单的文理分科模式，那么，布鲁姆的掌握学习理论则提醒我们应当根据学生学习能力、学习速度的差异实施分层教学。同时，加德纳的多元智力理论与布鲁姆的掌握学习理论，实际上也是因材施教教育理念与教学原则的重要理论支撑。多元智力理论与掌握学习理论，连同因材施教这一基本教育理念与教学原则，共同构成了新高考综合改革背景下高中阶段选课走班教学的理论基础。

（二）走班教学较之传统班级授课制的优势

走班教学本质上仍是一种班级授课制，因为其仍然是以班级为基本单位进行授课。基于此，走班教学充其量只能说是对以行政班为基础的传统班级授课制的一种颠覆，但不是对班级授课制的彻底颠覆与否定。相反，走班教学是对传统班级授课制的一种改造，一种改进，一种升级：它保留了“班”的形式，但不固定；学校的教学组织及安排不再以“班”为单位，而是以“个人”为单位，班级是由个人通过选择自愿形成的，而非学校统一划分的。在这样的班级里，学习内容、学习进度依然具有经典班级授课制“统一”“齐步走”的特征，但这种特征不是由外部规定的，而是由于每个学生都选择了同样的步调而自然实现的。[②]

走班教学较之传统以行政班为基础的班级授课制具有诸多优势。一般

① 钟启泉．布鲁姆的教学论及其现实意义[J]. 教育研究，1986(9)：57.

② 郭华．选课走班制：从“班”到“个人”[N]. 中国教育报，2014-05-21(6).

说来，传统的班级授课制因为班级人数多加之水平不同的学生处于一个班级之中，教学只能采取“以中间带两头”的策略，因而存在能力高的学生“吃不饱”、能力低的学生“吃不消”的弊端。走班教学则借助分类、分层而更加精细、更加精准地顾及了学生的个体差异。理论上，在自由选课与走班教学下，“一生一课表”，因而从根本上打破了学生学习的“同一性”和“同步性”。借助于自由选课与走班教学，学生的选择从可能变成现实，从而真正有利于实现学生的个性化和多样化发展。走班教学与自由选科、自由选课制的共同实施，不仅有助于充分照顾学生的兴趣与爱好、学习基础，而且也有利于培养学生的选择能力及主体性。

由于走班教学是传统班级授课制的一种改进与升级，因而，传统班级授课制的优势，走班教学一般也都具备。当然，走班教学一方面对教师、教室以及实验仪器设备等有着更高的要求，另一方面也对教育与教学管理，包括德育及集体教育提出了新的挑战。加强各类软硬件教育资源的配置，以及教育与教学管理上的创新，可以最大限度地发挥走班教学的优势，从根本上推动高中教育教学方式的变革与创新。

第二节
浙江高中走班教学的实践状况

在新一轮高考改革之前，已有北京、上海、浙江、山东等部分省市的部分高中开展过走班教学实践。但从总体上看，大多数高中都没有尝试过这一教学组织形式。新高考综合改革扩大、加大了高中走班教学的范围与力度，即使在已经有过走班教学尝试的浙江、上海两地，对于绝大多数高中校长来说也是一个新挑战。如何通过走班而最大限度地满足科目选择不同、能力不同学生的学习需求，成为两地高中校长必须思考与解决的一个重大问题。

一、浙江高中走班教学的前期基础

如何真正实现学生全面而有个性的发展，一直是高中课程改革所关心的一个基本问题。2006年秋，浙江省启动了普通高中新课程改革实验。当时一个核心的思想是让每一位高中学生实现在共同基础上的个性发展，因而，课程评价制度也是尽可能地引导学校根据学生实际，建立有利于学生选课走班的教学管理制度，培养学生学会选择及进行人生规划的能力。到了2012年，浙江省又在前期基础上进一步深化了高中课程改革。《浙江省深化普通高中课程改革方案》的一大特点是更加强调课程的选择性。“推进选课走班，建立多层次、多元化、可选择的课程体系和自主选择课程制度，为学生自主学习、个性发展创造条件。”[①]浙江省通过有效减少必修课，全面加强选修课，把更多的课程选择权交给学生，把更多的课程开发权交给教师，把更多的课程设置权交给学校，促进高中多样化、特色化建设，最终实现学生在共同基础上有个性的发展。在这三个选择权中，尤以学生的学习选择权为根本，因为在某种程度上学生的诉求决定着教师开发课程的选择，也因之决定着学校的课程设置。该方案提出：“学校要建立和实施普通高中学生发展指

①浙江省教育厅关于深化普通高中课程改革的通知[EB/OL]. [2012-06-19]. http://www.zjedu.gov.cn/news/21024.html.

导制度，加强人生规划教育，鼓励学生根据兴趣特长和人生规划，制定个人修习计划。学校要建立选课指导制度，加强选课走班管理，允许学生跨班级、跨年级选课，允许学生到高校、中等职业学校、科研机构、社会机构及行业企业修习选修课程。有条件的学校，可以探索必修课程的选课走班，让学生选教师、选课程进度、选修习年级。”随着这些措施的落实，浙江省高中走班教学实际上走在了新一轮高考改革启动之前。

在此背景下，2012年浙江部分高中先从选修课程开始尝试走班选课模式，并逐步推向必修课程。浙江省义乌市义亭中学、丽水市青田县青田中学等学校选择了数学、外语等必修科目尝试选课走班；2014年初，浙江大学附属中学从必修课英语试水走班制，杭州师范大学附属中学则尝试所有必修课进行分层走班教学。其他学校包括杭州第二中学、杭州绿城育华学校、鄞州中学、温州中学、永嘉中学、嘉兴市第一中学、湖州市第二中学、上虞春晖中学、义乌中学、衢州第二中学、天台中学、缙云中学、南海实验高中等，也都尝试进行了必修课走班教学。这些高中的走班教学，为新高考综合改革提供了比较厚实的基础。而国家之所以选择浙江作为试点省份之一，也是考虑到其具有包括走班教学在内的良好课改基础。

二、新高考综合改革背景下浙江高中走班教学的几种基本模式

在新高考综合改革必考加选考“3 + 3”模式下，走班教学成为一种应然选择。综观新高考综合改革背景下浙江省高中段的教育教学，走班教学已经成为一种普遍的教学组织形式。从以行政班为基础的传统班级授课制向走班教学转变是一个痛苦的蜕变过程，其中不可避免地要经历迷茫、困惑、焦虑乃至彷徨与怀疑。新高考综合改革试点启动三年来，应该说浙江省的大多数高中在走班教学方面都经历了一个从不熟悉到相对熟悉、从不习惯到相对习惯、从不适应到相对适应的过程。大致说来，浙江省高中走班教学整体上可以用“必修分层、选修分类、体艺分项”来概括，在基本模式方面主要包括以下几种：

第一，全员走班教学。行政班保留（或不保留），必修、限定选修、自主性选修三类课程教学全部走班。其中，有的学科在高一开始走班，有的在

高二考试以后开始走班。这种走班，类似于上海的“大走班”。

第二，选考科目走班教学，即“中走班”。保留行政班，语、数、外实行行政班组织教学，理、化、生、政、史、地、技采用走班方式教学。

第三，分部、分类、分层走班教学。保留行政班，把同一年级分为不同学部（或单元）进行平行走班；在同一学部（或单元）内，语、数、外实行行政班教学，其他选考科目走班教学。台州一中即实行此类走班模式。

第四，分段、分层、分类走班教学。杭州第十四中学在保留行政班的同时，按照学段推进不同学科的分层走班教学。高一学年下学期，理、化实行分层走班教学；高二学年上学期11月首次学考以后，有选考理、化、史、地意向的学生实行走班学习；高二学年下学期4月以后，所有7门选考科目全部实行走班教学；高三学年，根据学生的水平和自愿原则，语、数、外三科实行分层走班教学。

三、浙江高中走班教学的若干具体案例

（一）德清县第五中学的走班教学实践

德清县第五中学（以下简称“德清五中”）在办学模式上经历了从最初的成人教育，到普职兼容的综合教育，最终发展为全日制普通高中教育的过程。德清五中创办于1985年，前身为“钟管成人文化技术学校”。2007年2月改为浙江省二级重点综合高级中学，2013年始划归德清县教育局直属，2015年更名为德清县第五中学。2017年，德清五中被确定为浙江省二级普通高中特色示范学校。

2014年浙江省新高考方案出台后，德清五中对全体高一新生进行了3次“高考选考学科选择意向”的调查，分别在2014年11月底、2014学年第一学期期末（湖州市统考后）和2015年4月（即高校出台科目选考范围后）。每一次调查，学生的选择都有变化，因为随着时间的推移，学生对学科的理解和自身学习情况都会发生变化。从7个科目来看，第一次调查结果为：选考物理14%、化学16%、生物18%、历史18%、地理9%、思想政治11%、技术14%；第二次调查结果为：选考物理14%、化学18%、生物14%、历史17%、地理17%、思想政治14%、技术6%；第三次调查结果

为：选考物理17%、化学20%、生物11%、历史13%、地理17%、思想政治18%、技术4%。前两次学生的选择主要以自己的学科特长为主，但高校列出专业选考科目范围后，学生的选择出现了较大的变动。在选考组合方面，第一次调查，人数最多的前6种组合分别为：生史技、物化史、化生技、生政史、化政史、物化地，最少的6种组合分别为政史技、化地技、物政技、史地技、物史技、物地技；第二次调查，最多的6种组合分别为物化地、化政史、化史地、生政史、物化生、政史地，最少的6种组合为物政技、化史技、化生技、政史技、物生政、物史技；第三次调查，最多的6种组合分别为物化地、化政史、物化生、化政地、物化政、政史地，最少的6种组合分别为化史技、化政技、化生政、物史技、化地技、史地技。几次预选结果显示，在"7选3"的35种组合中，学生们每次的选择都涵盖了其中30种以上。学生选择的多样性，给学校课程设置提出了挑战。①

在高一下学期至高二上学期，该校通过行政会议反复讨论、学生调查、家长调查、教师动员等多方面工作，最终确定了"7选3"分类、分队、分层的总体思路。分类即把"7选3"课程相同的学生归为一类，同一类学生再根据语、数、外的基础水平设置不同层次的行政班；分队即首先将全年级选择该门课程的学生分成若干个队，同一个队同一门学科同时开课，教学难度分为A层、B层、C层，A层为较高层次，B层为中档层次，C层为基础层次，学生按照单科发展水平选择进入不同层次、不同教师任教的教学班。根据学生的总体发展水平，每门学科设置20%左右的A层次教学班级，40%左右的B层次教学班级，其余为C层次教学班级。由教研组初步提出每位教师A层、B层、C层任教班级数，学校进行审核调整，确定教学班教师安排，并排好走班课表。必修课走班前，学校教务处公布各队各门学科任课教师名单、学生分队及单科分层参考意见，并召开学生大会说明相关情况及注意事项。学校允许学生换队及更换单科层次，然后在校园网选课系统中完成选课，再由教师进行微调，确定每个教学班级最终的学生名单。一学期进行一次全年级的教学班调整，个别学生要调整教学班级时需本人申请、家长签

①王博威，吴磊．我们的教改试验——农村高中"7选3"走班教学的实践与总结[J]. 浙江教育科学，2016(10)：50.

字，学科备课组长签字后才能更换。①

（二）杭州师范大学附属中学的走班教学实践

杭州师范大学附属中学是一所全日制公办普通高级中学。该校最早成立于1969年9月，初名为杭州市第十三中学。1979年8月，改名为杭州师范学院附属中学。2000年9月，更名为杭州师范学院附属三墩高级中学。2005年，更名为杭州师范学院附属高级中学。2007年，更名为杭州师范大学附属中学。该校在1997年被确定为浙江省一级重点中学，2014年4月被认定为浙江省一级普通高中特色示范学校。

杭州师范大学附属中学是浙江省较早实行走班教学的学校之一，同时也是公认的走班教学比较成功的学校之一。北京市十一学校、台北市立复兴高级中学等学校，都曾到该校调研走班教学的做法与经验。2013年12月26日，该校参加了浙江省必修课程走班试点学校研讨会。2013年12月27日，该校召开会议研讨必修课走班教学的可行性和操作性。2013年12月28日至2014年1月16日，该校通过召集教研组长、年级组长、备课组长、班主任举行各种会议讨论走班教学准备工作。2014年1月16日，学校形成了必修课走班教学的初步方案，之后召集学生家长征求意见，并全面征求学校教师意见，通过问卷调查学生的相关信息与看法。2014年1月17日至2月16日，走班教学方案修订完善，学生分层工作完成，必修课走班管理平台研发并调试完成。2014年上半年，该校正式实施必修课的分层走班教学。

杭州师范大学附属中学必修课分层走班教学的基本原则是“尊重差异与选择，动态反馈与递进”，因而学生的分层并不是一成不变的。根据分层标准，在学期的期中、期末，学生可以申请调整层次，学校结合学生的学习情况和学科备课组的意见进行调整。

为配合走班教学，杭州师范大学附属中学对传统学期制度进行改革，大胆提出学程制（见表3-1），即在不同节点安排不同学科内容的教学。

---

①王博威，吴磊．我们的教改试验——农村高中“7选3”走班教学的实践与总结[J]．浙江教育科学，2016(10)：51-52.

表3-1 杭州师范大学附属中学学程制

学程	必修	选修
第1—2学程	语、数、英、物、化、政、史、地、艺、体	保证每周9节选修课时，充分利用实践周开展职业技能类课程
第3—4学程	增设技术，同时语、数、英各减1课时	
第5学程	同第4学程	
第6—11学程	增设生物	
第12学程	语、数、英、艺、体	

在“7选3”选考模式下，为了更加科学、有效地推进走班教学，该校先后多次、多层面、多渠道地调查学生的选考意向（见表3-2、表3-3）。其中，第一次问卷调查显示，在所有35种组合中，学生的选择达33种之多，缺少的组合是政地技、物地技；第二次学生选考组合为31种，缺少的组合是生政技、政地技、地史技和政史技；第三次学生选考组合调查又达34种，缺少的组合是政生技。在如此之多的选考组合下，实行走班教学应该说是一个很大的挑战。

表3-2 杭州师范大学附属中学2014级学生的选考科目调查问卷（单科占比）

科目	物理	化学	生物	思想政治	地理	历史	技术
第一次调查 2014年9月	52.1%	72.9%	45.8%	27.7%	27.3%	48.7%	13.3%
第二次调查 2015年4月	57.4%	59.0%	44.9%	24.9%	42.1%	50.8%	21.5%
第三次调查 2015年10月	39.3%	53.7%	54.1%	33.5%	53.7%	44.3%	20.9%

表3-3 杭州师范大学附属中学2014级学生的选考科目调查问卷（科目组合）

组合	第一次	第二次	第三次
理化生	28.9%	7.7%	7.39%
理化史	9.2%	7.4%	2.39%

续表

组合	第一次	第二次	第三次
理化地	7.3%	6.0%	3.26%
化生史	7.0%	9.2%	7.39%
理化技	6.0%	5.5%	4.35%
政史地	5.5%	5.0%	7.61%
化生地	缺	5.46%	10.7%
政史生	缺	1.74%	5.65%

整体上，杭州师范大学附属中学采取的是分层、分类、分项的选课走班教学，在教学班和行政班并存的基础上最大限度地满足了学生的选择权。“必考分层”，即语文、数学、英语分层走班，学生根据自己的能力进入相应的教学班学习。“选考分类”，即思想政治、历史、地理、物理、化学、生物、技术分类走班，学生根据自己的选择进入不同教学班学习。“艺体分项”，即艺术、体育等分不同项目进行走班教学。

在2014年浙江省新高考试点改革启动之前，杭州师范大学附属中学就已经有了比较好的走班教学经验，因而其在高考改革启动后，可以比较有效地应对走班教学的新挑战，并且取得了较好的效果。

（三）海盐元济高级中学的走班教学实践

海盐元济高级中学创建于1999年。2001年，该校被评定为浙江省三级重点普通中学。2003年，该校为浙江省二级重点普通中学。2005年，该校被评为浙江省一级重点普通高中。2014年，该校被列为浙江省一级普通高中特色示范学校。

在新高考综合改革背景下，元济高级中学所有学生全部选择在高三上、下学期参加7门高考选考科目的考试；在学考方面，高二上学期10月，部分学生选择了物理、化学、历史、地理等科目的学考，高二下学期，7门学考科目全部都有学生报考。也就是说，生物、思想政治、技术3门科目的第一次学考是在高二下学期进行，第二次学考在高三上学期进行。语文的第一次学考安排在高二下学期，数学的第一次学考安排在高二下学期，语文、数学两科的第二次学考均安排在高三下学期的4月进行。

在高中三年课程开设方面，该校高一学年开出的课程包括：语、数、英各4节，物、化、政、史、地各3节，体育2节，艺术1节，知识拓展选修课5节，职业技能选修课2节（其中1节为生涯规划指导课），兴趣特长选修课2节，合计39节/周，并开科目8门；高二学年：语、数、英各4节，物、化、史、地选考班各3节，政、生各3节，技术4节（信息和通用技术各2节），体育2节，艺术1节，知识拓展选修课5节，职业技能选修课1节，兴趣特长选修课2节，合计45节/周；高三学年：语文5节，数学6节，英语6节，物、化、生、政、史、地选考班各5节，体育2节，知识拓展选修课3节，职业技术选修课2节，合计54节/周。

在选科方面，元济高级中学充分尊重学生意愿，尽可能地满足学生的选择需要。

以2017届考生为例。首先，学校让学生全面了解7门选考科目的概况。鉴于高一没有开设生物、技术两门课程，学校推出了生物和技术生涯规划指导微型讲座，要求教师对本学科的前沿知识和核心知识进行整合，力图给学生一个比较清晰的轮廓，以便学生对7门选考科目有全面的感受与了解，为选科打好基础。

其次，学校为学生提供3次选科的机会，以便学生尽可能选到最感兴趣、最适合自己的科目。第一次选科在高一第一学期结束时进行。因高一物理、化学的学考、选考教学内容不一致，故在高一第一学期结束就安排一次预选，学生可以在理、化2门学科中选择。如果将其作为选考科目，则下学期在“选考班”上课，否则，在“学考班”上课。如果学生一时还举棋不定，也允许下学期在“选考班”上课。第二次选科在高一第二学期结束时进行。学生可以从理、化、史、地4门选考科目中进行选择。因为高二的10月有一次选考和学考，故第二次选科必须从这4门科目中确定不少于1门为学考科目，以便参加此次的学考。第三次选科在高二10月的学考以后进行。每个学生最终确定3门学科作为自己的选考科目。其中，前两次为预选，第三次为正式选择，预选的科目在以后的选科中仍然可以调整，正式选定的科目一旦确定一般不能再随意变动。

从该校2014级学生最终的选考情况来看，总共出现了29种组合。其中，化学选考385人，占比73.33%；物理375人，占比71.43%；地理211人，占比40.19%；思想政治178人，占比33.90%；生物165人，占比31.43%；历史130人，占比24.76%；技术31人，占比5.9%。2015级学生出现了34种选考科目组合，其中选考化学368人，占比65.5%；物理333人，占比59.3%；地理293人，占比52.1%；政治207人，占比36.8%；生物206人，占比36.7%；历史179人，占比31.9%；技术100人，占比17.8%。通过简单对比即可发现，2015级学生中选考物理、化学的学生占比都明显下降，而技术一科的选择比例则大幅上升。

对于元济高级中学来说，如果完全按照高一入学时的行政班分班不变，“7选3”科目全部走班，那么，其教室将无法满足需求，教师缺口也非常大。有鉴于此，该校在2015级高二选科结束后，根据学生选科情况进行了适度的分班调整，采用选考“2定1走”或“1定2走”的方式重新进行分班，而绝大多数学考科目则保证采用走班方式实施教学。

（四）浙江省天台中学的走班教学实践

浙江省天台中学创办于1906年，初名天台中学堂，1912年改名为天台中学校，后历经天台县立初级中学、天台县立中学，1953年2月改名为浙江省天台中学。天台中学在1981年被列为浙江省重点中学，1997年被列为浙江省一级重点中学，2014年被列为浙江省一级普通高中特色示范学校。

1. 学生分层设置

A层是学习基础相对较弱、学习有困难的学生，能在教师帮助下掌握课本内容，完成练习及部分简单习题，完成学科教学指导意见中的基本要求。在教学中，A层教学强调知识的落实。对A层学生，突出一个“扶”字，让他们学会学习，对学习充满信心。

B层是智力因素好，非智力因素差，学习习惯有待改善，但潜力较大的中等生。一般说来，他们既能掌握课本内容，独立完成练习，又能在教师的启发下完成习题。对B层学生，强调一个“推”字，让他们在学习上“尽快上路”。对将某学科作为学考科目的学生，要求、鼓励他们获得A等成绩；

对将某学科作为高考选考科目的学生，不仅要求他们学业水平考试取得A等成绩，还要求他们达到学科教学指导意见中的发展要求，并最终争取获得较好的高考成绩。

C层是智力因素和非智力因素都好，学习兴趣浓厚，求知欲望强烈，基础知识扎实，整体素质较高的学生。他们既能掌握课本内容，独立完成习题，又能完成教师布置的复习参考题及补充题。对C层学生，突出一个“激”字，激励他们努力探索和研究问题，培养创新意识，完成学科教学指导意见发展要求以上水平的教学要求。显然，学校不仅希望这一层学生在学考中取得好成绩，更期望他们能够在高考中获得优异成绩。

2. 学科分类与分层设置

（1）高考必考科目分层设置

天台中学将语文、数学、英语分I、II、III三层（如语文I、语文II、语文III），对应学生的A、B、C三层。I层教学注重基础知识的落实，达到学科教学指导意见中的基本要求。II层教学注重能力的培养，强调知识的运用，达到学科教学指导意见中的发展要求。III层教学注重知识的拓展，强调知识在生产、生活、科技中的应用。

学生分层主要以学习成绩为依据，学校教务处按每门学科总成绩（期中考试成绩）划定每门学科的学习层次。学科层次分A层（补弱层），比例为5%—10%（根据学科特点确定）；C层（培优层），比例为15%；其余为B层。学校给予每个学生学科层次参考意见，学生根据学科层次参考意见选择适合自己的层次。

（2）其他学考与选考科目的分类与分层设置

学校将物理、化学、生物、思想政治、历史、地理、技术分成学考与选考两类。学考类科目分为水平I、水平II两层。水平I层要求达到学科教学指导意见中的基本要求，能使学生顺利通过学业水平考试；水平II层要求达到学科教学指导意见中的发展要求，并在能力要求上适当提升，能使大多数学生在学业水平考试中取得A等级。水平I层对应学生为A层学生，水平II层对应学生为B、C两层学生。

选考科目分为水平I、水平II两层，对应学生的B、C两层。I层教学注重能力的培养，强调知识的运用，达到学科教学指导意见中的发展要求。II层教学注重知识的拓展，强调知识在生产、生活、科技中的应用。B层教学的目标是使学生在学业水平考试中能取得A等级，并在高考选考中取得好成绩。C层教学的目标是使学生在学业水平考试中取得A等级，并在高考选考中取得好成绩，兼顾竞赛、自主招生的要求。

（3）体、音、美等必修学科的分类设置

天台中学将体育、美术、音乐分为两类。一类是参加体育、美术、音乐术科考试，教学中参照术科考试的要求进行有针对性的训练；另一类是选修体育、美术、音乐，按照提高学生的身体素质和欣赏水平的要求进行教学。

3. 学生分部、分班、分层流程

学校根据学生的职业倾向特点设立四大学习部。各学习部必修课程为语文、数学、英语、物理、化学、思想政治、历史、地理、生物、信息技术、通用技术，限定选修课程为高中生职业生涯规划，自主选修课程根据不同学部学生的发展进行设置。

分部：学生可根据自己的兴趣、学习倾向，填写《学生学部选择意向表》，教务处根据学生的意向进行分部。

分班：教务处根据学生全部学科总成绩，将每个学部学生进行行政班编排。

分层：每个学习部的语文、数学、英语、物理、化学、思想政治、历史、地理、生物、信息技术、通用技术11门学科进行分层教学。每部学生根据单科成绩进行分层，其中高考必考学科A层40人，B层120人，C层40人；高考选考学科学生分三个层次，学考学生两个层次，体育学科根据学生志愿进行分项选择。

在坚持动态反馈与递进原则的基础上，学校结合学生意愿、学习情况和备课组意见，及时对学生所在的学部、层次情况进行调整。

（五）杭州绿城育华学校的走班教学实践

杭州绿城育华学校是浙江省一级特色示范学校。该校的走班教学实践非常特别，其基本情况如下：

新生在正式入学之前，学校先为他们安排为期一周的选课指导，目的在于为选科做准备。其中包括很多活动，如各类体验课、各个学科的讲座等，让学生对不同学科有一个大致的了解。在学生对各学科有了一个初步了解之后，要求他们在7门选考科目中选择5门。确定的5门科目是有一定要求的，即其中必须包含高考选考科目。在具体操作方面，学校在高一时开出所有科目的学考班，学生自由选择其中的5门。在选考科目中，学生从7门中任选5门。所以，该校不存在简单提供几种“套餐”的问题。一个学期或者一个学年之后，学生的选考科目基本上可以确定下来，即选择哪3门作为选考科目，另外两门自然就是学考科目了。高一结束，学生可以完成两门学考科目的考试。到了高二学年，学校同时开出含7门科目的学考班和选考班。比如，某学生在高一时选了物理、化学、生物、思想政治、历史，而在高一结束时决定将物理、化学、生物作为选考科目，那么他在高一结束时就可以参加思想政治和历史的学考考试。到了高二学年，物理、化学、生物三科直接进入选考班。同时，在高二期间，地理和技术还没有完成学考，那么相应地进入该两科的学考班，准备并完成这两科的学考考试。

显然，杭州绿城育华学校实行的是一种非常彻底的走班教学。这种方式也带来了教学管理上的变革，由以前的“管”转变为现在的“导”，即以引导为主。无论在教学理念上，还是在教学方式、课堂管理上，该校都较为注重培养学生的自主性与自觉性。

事实上，杭州绿城育华学校早在浙江省实施新课程改革时就已经开始尝试走班教学。也就是说，在新高考综合改革开启之前，该校即已实行走班教学并且取得了比较好的效果。不难发现，杭州绿城育华学校选课走班与一般高中的走班教学相比，其一大特色在于使用排除机制确定高考选考科目。2015年10月23日，时任教育部部长袁贵仁到该校参观访问，考察了选课走班的做法。总体而言，杭州绿城育华学校在走班教学实践方面很有特色，并且获得了多方的肯定与好评。

从以上几所学校来看，浙江高中走班教学实践比较多样。本节开头部分所说的几种走班模式，只能说是一种简单的抽象与化约，还有很多高中的走班教学并不在以上几种模式之列。高中走班教学之所以存在多种模式，一方面，与高中尤其是校长们的办学理念与办学思路有关；另一方面，也是因为受到各类软硬件资源的限制不得已而做出的选择。走班教学对教师数量、教室及实验仪器设备数量的要求更高，并且带来了包括德育在内的教育管理上的新挑战。浙江作为新高考综合改革试点省，将在更大范围、以更大力度促进高中走班教学的发展。

第三节
上海高中走班教学的实践状况

作为中国教育与经济最为发达的省市之一，上海的诸多教育改革都走在全国前列。走班教学方面，早在十多年前，上海即有一批高中开始尝试这一组织形式。曾有学者对上海高中走班教学模式作过梳理与概括，比如上海大同中学的“课程链”模式，上海晋元中学的“一体两翼”模式，上海中学的“核心+选择”课程图谱模式，上海育才中学的“个性化学程”模式等。[①]在新高考综合改革之前，上海在走班教学方面已经积累了较多经验。由于上海学校的教育资源相对比较丰富，所以其实施走班教学相对更为便利。本节在概要介绍上海新高考背景下高中走班教学几种基本模式的基础上，尝试列举若干高中的走班教学状况，借此反映上海高中走班教学的基本实践情况。

一、新高考综合改革背景下上海高中走班教学的几种基本模式

2014年新高考综合改革试点工作启动以来，上海市各区高中综合考虑自身的师资力量储备、学生选课分布、校舍场地资源等，因地制宜、因校制宜地探索实施了走班教学，大体形成了“大走班”“中走班”“小走班”三种基本形式。

第一，“大走班”，即所有学科、所有学生都实施走班教学。这种走班覆盖全学科、全体学生，每间教室、每位教师、每个学生都有一张专属课程表，因而对学校的校舍等方面的硬件要求和师资等方面的软件要求都较高。

第二，“中走班”，即三门高考学科不实行走班教学，6门等级性考试学科实行走班教学。这种走班兼顾了教学班和行政班的双轨模式，上海多数高中现有的场地和师资资源基本能够满足相关需求。

第三，“小走班”。在场地和师资方面所受限制较大的学校，一般根据学生选课情况，以科目组合为依据，采用归并组合等策略重新安排教学班，并

①韩艳梅. 基于走班制的系统变革及其实践模式[J]. 中国教师, 2015(24): 34-35.

在部分学考等级性考试科目方面进行走班教学。例如，某校学生选科组合中，一批学生都选择了地理和化学作为学考等级性考试科目，那么该校就把这一批学生重新编班，安排该班学生的第三门学考等级性考试科目进行走班教学（即“2 + 1”模式）。

在实践中，上海市高中普遍采用的是“中走班”形式。从时间安排上看，一般是高一学年维持行政班教学，从高二学年开始实施走班教学。

从上海市2017届高中毕业生的统计情况看，全市257所高中根据学生自主选考科目的情况，开满20种组合的有62所，占24.12%；开出18种组合以上的学校有135所，占52.53%；绝大多数高中开出的科目组合均超过10种。这样，走班教学必然成为上海高中教学的一种新常态。

二、上海高中走班教学的若干具体案例

（一）上海市风华中学的走班教学实践①

上海市风华中学在保留行政班的同时，实行高考必考科目语、数、外分层走班教学，选考科目即学考等级性考试科目实行分类走班的基本模式。该校行政班是根据学生的中考情况，从高一进校开始即进行的班级设置，各班配备一名班主任。行政班高中三年相对保持稳定，其中，高一、高二不变，高三学年根据学生的实际情况进行一定的调整。行政班的主要任务是完成高中学段各学科的基础内容教学，以其为基础开展高中各项教育及实践活动。

在语、数、外分层走班方面，风华中学从高一第一学期期中考试后开始，根据学生前一阶段的学科综合表现，每两个月做一次调整，不配置班级管理人员，而是由学科任教教师在课堂上进行分层教学和管理。学校将学生按其单科近期的总体情况进行分班，其中语文学科分为A、B两个层次；数学和英语学科分为A、B、C三个层次，原则上A班、C班的学生人数各占年级总人数的15%—20%。就数学与英语而言，A班在课上加强学生的能力培养和知识点拓展，C班在课上对科目的基本内容和要求进行巩固和练习，B层进行中间层次的教学。语文分两个层次，比数学、英语少设一个层次，主要考虑语文考试成绩的区分度低于数学和英语。

①顾镭. 落实各项走班制度，保障走班顺利开展[J]. 上海课程教学研究，2017(4)：20-24.

"6选3"等级考走班教学班是根据学生在高考等级考中的科目选择情况，以选修学科为分班依据，重新调整的走班教学班。这种走班从高二学年第一学期开始。为了能解决最多为20种的学生选课情况，学校将"6选3"走班分成A、B、C三个批次：其中A、B针对年级所有学生；C班针对等级考中没有选修地理的学生，他们在高三年级所要学习的科目为语文、数学、英语及除地理外的三门等级考科目。在"6选3"走班教学中，学校主要针对学科等级考的要求和特点，对学生进行有针对性的教学和辅导。

三种不同形式的教学，在学生日常的学习中互相交替和补充：行政班教学保证了学生各学科基础知识的学习，落实学科双基；语文、数学、外语走班课让学习水平相近的学生在一起学习，针对其学习状况有侧重性地进行知识的巩固与拓展；"6选3"等级考走班让等级考选科相同的学生在一起学习，从等级考的要求出发进行该学科的教学。三者结合起来，就是希望学生在学习和个人发展中，做到"基础牢固、减负增效、特色发展"。

（二）上海市浦东复旦附中分校的走班教学实践①

浦东复旦附中分校由上海市教委基教处、浦东新区教育局和复旦大学附属中学三方于2012年3月签约成立。浦东复旦附中分校自开办即实行全员、全课程、全学段走班，并对数学、物理、化学和英语这4门学科开展分层教学。

在具体分层方面，浦东复旦附中分校认为入学即分层有以下不足之处：一是新生入学就分层走班，降低了学生之间的熟悉度；二是学校中考录取分数普遍较高，区分度小，很难作为学生分层的依据。因此，该校新生入学后先采用行政班级教学，半学期后再依据学生的期中考成绩、平时课堂表现和作业完成情况，由实施分层教学的4门学科教师给出分层建议。

2015年上半年，浦东复旦附中分校当时有高二学生75名，高一学生120名。这些学生正常分班是5个班，但实施走班后出现了38个不同的常规学科教学班。其中，数学、物理、化学、英语4门学科根据学生基础和能力的不同实施分层教学，每门学科分为A、B、C三层。"A班一般为年级前50%左右的学生，每班人数一般不超过36人；C班为年级后25%以内的学生，通常

①高中走班 浦东复旦附中分校：全员、全课程、全学段走班[EB/OL]. [2015-05-21]. http://www.vccoo.com/v/aaac35.

人数在20人左右甚至更少；其余学生为B班。其他学科依据分层学科的班级结构配合实施，比如地理、历史的分班跟着物理走等。”之所以选择这4门学科开展分层教学，是基于复旦附中十几届学生课业成绩的分析——每届学生差异度最大的4门科目都是数学、物理、化学、英语，而语文、历史、思想政治这样的学科差距相对要小很多。换句话说，既然数学、物理、化学、英语4门学科学生的水平差距最大，自然也最需要分层教学以实现因材施教。

为了应对走班教学带来的学生管理方面的挑战，浦东复旦附中分校实施了班主任和导师的双轨制管理。“为便于日常管理，学校在行政体制上编制了7个班级，设置班主任，职责是组织相关主题教育和集体活动；而导师一人负责8—12名学生，按照学生寝室划分管理区间，主要职责是与学生‘点对点’地进行学业指导、升学指导、生活辅导、家校联系。”学校副校长虞晓贞认为，目前大多数学校依据现有的资源状况只能满足局部走班，如果要全员走班，则需空间资源和教师资源两者中至少有一种资源是非常充足的。浦东复旦附中分校能做到全员走班教学，很重要的一个支撑条件是教室资源的充足。其实学校的师资也存在不足，在编制有限的情况下，目前学校用外聘教师来解决问题，所以学校现有兼职教师15人，占了全体教职工的近1/3。“理想状态下，导师和班主任应该由完全不同的教师担任，但目前学校部分教师同时担任了两个角色，原因是师资不足——全职教师只有25人，而且多是刚毕业的大学生，平均年龄不到30岁。”“这些兼职教师多是从其他学校引进的成熟师资或退休教师，他们的专业素养过硬，但部分人刚开始时表现出对走班制的不适应：太习惯于有问题找班主任，忽然找不到人帮他管理班级了。”另一方面，新教师虽然欠缺经验，但他们也有一定的优势。浦东复旦附中分校这所新学校能较大程度上摆脱传统的束缚，某种意义上正是得益于新教师的优势——他们大多是重点大学毕业生，且60%的新教师是硕士研究生、8%是博士研究生，自身素养较高，而且高校都是实行走班教学，所以他们能够比较快地理解和实践走班制。

①上海高中走班报告2　大同中学：为每个学生私人订制独一无二的课程表[EB/OL]. [2015-05-27]. http://www.vccoo.com/v/b43f4e?source=rss.

（三）上海市大同中学的走班教学实践①

2015年初，上海市大同中学在高一年级正式实行选科走班制。学校对学科选修课程以及语文、英语学科实施分层、分类走班教学。学科选修课程主要是物理、化学、生命科学、历史、地理、思想政治，这6门课程中的每一门都分为科目I、科目II两个系列，科目I面向合格性考试，科目II则更倾向于等级性考试。该校认为，仅仅在选修课上实行走班还不能说是真正意义上的走班制教学，将必修课分层分类、打破以成绩分层的“魔咒”，允许学生自由选层、选类更为重要。大同中学在语文和英语等主学科上也设置了选修模块。

以语文为例，所有的学生都要学习语文，但并非所有的学生都要学一样的语文。在大同中学，高一下学期至高二下学期，除了所有学生都必修的语文基础性课程需要按班级授课之外，语文拓展性课程被分为8大选修模块：基础阅读、小说阅读、文言文阅读、古代诗歌阅读、现代诗歌阅读、时文阅读、写作指导、名著导读，实施走班教学。学生可以按照自己的兴趣在不同的学段中选择不同的模块组合，每个学生限定选修4个模块、自主选修2个模块，其中基础阅读建议由语文学习基础薄弱的学生选择学习，不参加高考的学生可不选修。

大同中学副校长郭金华指出，高中教育作为基础教育的最后阶段，必须承担两种任务，一是为学生未来的发展打基础，二是为学生未来的人生发展选择可能的方向和路径，因而高中承担着“提供选择、教会选择”的双重任务，两者缺一不可。所谓“提供选择”，就是学校要给学生提供选择的课程、选择的机会、选择的空间和时间等；所谓“教会选择”，就是学校要帮助学生认识自己、认识高校、认识职业和认识社会，并在此过程中培养学生收集资讯、系统思考、分析利弊、确立价值观等终身受益的能力。走班教学恰好有助于培养学生的选择能力。

有学者指出，大同中学“课程链”模式的走班教学，使基础性课程、拓展性课程、研究性课程三类课程在实施中更加紧密地结合，实现了三个年段

①上海高中走班报告2　大同中学：为每个学生私人订制独一无二的课程表[EB/OL]. [2015-05-27]. http://www.vccoo.com/v/b43f4e?source=rss.

课程有序深化开展，增强了课程的弹性，为学生的多元选择与个性发展创造了条件。[①]

（四）上海市建平中学的走班教学实践[②]

早在20世纪80年代末，上海市建平中学即对数学、英语等学科进行分层走班教学，即根据课程标准要求和学生的不同特点及个性差异，在一个班内对不同接受能力的学生设计不同层次的教学目标，分别给予不同层次的辅导，进行不同层次的检测，从而使不同的学生分别根据自己的基础选择不同层次、不同速度与进度的课程学习。2000年，该校对数学、英语、物理、化学四个学科实施分层走班教学，从基础到提高，分出A、B、C三个课堂层次，以更有针对性地实时教学，从而激发学生的学习潜能，提升学科教学效能，充分贯彻因材施教的教育理念。因此，建平中学可以说在走班教学方面既有一定历史，又有较好的经验。因此，根据新高考综合改革的要求实施走班教学，建军中学具有比较好的基础。

在新高考综合改革模式下，建平中学除了语文以外，数学、英语、物理、化学、生命科学、思想政治、历史、地理都进行了分层走班教学。具体言之，数学、英语这两门主课进行B（偏基础）、C（偏深度）分层，物理、化学、生命科学、思想政治、历史、地理进行A（合格考难度）、B（等级考难度）分层。考虑到学生语文学习的层次差异不大，同时语文不走班可以培养学生的班级归属感，因此建平中学的语文学科没有实行走班教学。另外，在建平中学，体育课也是走班的科目之一，学生需要根据自己的课表来确定何时上体育课。建平中学长期倡导“合格＋特长”“规范＋选择”的办学理念，恰好与新高考综合改革所倡导的选择性理念相契合。

在大规模走班教学背景下要充分满足学生选择，需要充分考虑学校的空间资源、师资结构、教学内容的重组、学生常规管理、教师评价、课时安排等诸多问题。比如，如何编班排课，从而既能充分满足学生的选课需求又可兼顾分层教学，其复杂程度甚至超乎想象。建平中学的编班排课工作曾让不

①韩艳梅．基于走班制的系统变革及其实践模式[J]．中国教师，2015（24）：34．

②上海高中走班报告3　建平中学：保证每个学生都选到合适的课[EB/OL]．[2015-06-03]．http://wx.paigu.com/a/12062/48005939.html．

少软件公司望而却步。又比如，据测算，建平中学的教师数量需要增加30%，教室数量也要增加30%，分层走班的运作才能更加顺畅，学生学习成长的空间也会更加广阔。再比如，每个教学班级人数存在差异，有时为保证教学质量，要对教学班级人数设定上限，从而使编排的教学班级数增加，导致教学管理以及人力资源成本的变化。另外，如何配合复杂的走班教学而制定科学合理的教师绩效工资政策，也是新高考背景下高中管理工作中一项十分重要而又有一定敏感性的内容。建平中学校长杨振峰坦称，为了满足新高考方案下学生自主发展的需求，该校教师和管理层的工作十分紧张。建平中学的分层走班模式、经验对规模较大、班额较多的高中有借鉴价值。

总体而言，上海的学校一般教育资源比较丰富，因而进行走班教学的条件也比较充裕、便利。并且，在此次新高考综合改革启动之前，上海不少学校已经有了一定的走班教学实践与经验，这都是上海高中开展走班教学的有利条件与基础。从笔者对上海新高考综合改革进行的调研来看，较少有校长反映实施走班教学的困难与问题，几乎没有高中校长抱怨、质疑这种教学组织形式。当然，新高考综合改革毕竟要在更大范围、以更大力度推进高中走班教学，并且每个学校都要面临种种问题，比如学校规模过大或过小都不利于开展走班教学，所以，即使对于上海的高中来说，走班教学也同样面临着一定的挑战。上海的多数高中通过努力，较好地克服了走班教学的困难与障碍，走班教学改革总体比较顺利、有效。关于这一方面，本书后面的章节还将作进一步的探讨。

第四章

新高考综合改革：基于高中的实证调查

新高考综合改革，无论对高中教育还是高等教育，都具有直接、广泛而深刻的影响。其中，高中教育所受影响最为直接。此次新高考综合改革从根本上推动了高中教育教学方式的重大变革，并由此带来了一系列新变化。笔者通过问卷方式调查浙江与上海两地高中生对新高考综合改革的基本感知、体验与认识，同时，通过访谈高中校长调查新高考制度下的高中教育教学现状，希望以此了解高中学生、教师、校长对新高考综合改革的基本认识与基本看法。

第一节
浙江新高考综合改革：高中生问卷调查

高中生是新高考综合改革最直接的面向对象，同时也是高考改革利益相关者中最大的一个群体。探讨高中生群体对新高考综合改革的基本感知、体验及看法，是跟踪与评价新高考综合改革的基本内容。本节主要分析对浙江新高考综合改革背景下高中生群体的问卷调查，主要集中于课业负担与考试压力、走班教学下的学习体验、选考科目等级赋分制、不同科目的分值设置、考生错位竞争以及两次考试制度设计等方面。

一、数据与样本基本情况

本研究选取了包括浙江省杭州市杭州高级中学、浙江大学附属中学，宁波市效实中学，绍兴市柯桥中学、春晖中学等在内的26所高中的学生进行问卷调查。其中，21所为传统的浙江省一级重点普通中学，3所为浙江省二级重点普通中学，1所为浙江省三级重点普通中学，1所为非重点普通高中。这些高中目前大多都是浙江省一级或二级普通高中特色示范学校。调查时间在2017年1月至2月，调查对象均为2014级高中生，合计发放问卷1600份，回收有效问卷1437份。按浙江新高考制度设计，2016年10月的学考、选考是2014级学生第三次考试安排，并且其成绩于2016年11月公布。因此，至2017年1月，浙江省已经进行了三次新的学考、选考考试。问卷调查对象对新高考综合改革，包括高中三年的课业负担与考试压力、走班教学、选考科目的等级赋分制、不同科目的分值设置、考生错位竞争以及两次考试制度设计等都有了较多的感知与判断。

二、问卷数据分析

（一）关于课业负担与考试压力

1. 关于“高一教学进度”（见表4-1），选择“太快”的被调查者占

7.4%，选择“比较快”的占26.7%，选择“一般”的占49.6%，选择“不快”的占16.4%。在“高一课业负担”方面，选择“非常重”的占12.2%，选择“比较重”的占29.2%，选择“一般”的占45.9%，选择“不重”的占12.7%。

2.关于“高二教学进度”（见表4-1），选择“太快”的占7.2%，选择“比较快”的占40.8%，选择“一般”的占46.2%，选择“不快”的占5.9%。可以看到，较之“高一教学进度”，在“高二教学进度”上选择“比较快”的比例明显上升，而选择“不快”的比例则明显下降。在“高二课业负担”方面，选择“非常重”的占11.9%，选择“比较重”的占42.3%，选择“一般”的占41.4%，选择“不重”的占4.4%。同样，较之“高一课业负担”，在“高二课业负担”上选择“比较重”的比例明显上升，而选择“不重”的比例则明显下降。这说明，高二学年的教学进度、节奏普遍快于高一学年。在“高二考试压力”方面，选择“非常大”与“比较大”的分别占15.1%、39.9%，选择“一般”的占39.1%，选择“不大”的占5.9%。

3.关于“高三课业负担”（见表4-1），选择“非常重”的占24.6%，“比较重”的占41.9%，“一般”和“不重”的占比分别为28.1%、5.4%。关于“高三考试压力”，选择“非常大”和“比较大”的分别占30.8%、41.8%，选择“一般”“不大”的占比分别为22.5%和4.9%。

表4-1　学生课业负担与考试压力调查

调查问题	问题选项	有效样本计数	百分比(%)
高一教学进度	A. 太快	102	7.4
	B. 比较快	369	26.7
	C. 一般	685	49.6
	D. 不快	226	16.4
高一课业负担	A. 非常重	169	12.2
	B. 比较重	403	29.2
	C. 一般	635	45.9
	D. 不重	175	12.7

续表

调查问题	问题选项	有效样本计数	百分比(%)
高二教学进度	A. 太快	99	7.2
	B. 比较快	564	40.8
	C. 一般	638	46.2
	D. 不快	81	5.9
高二课业负担	A. 非常重	164	11.9
	B. 比较重	585	42.3
	C. 一般	572	41.4
	D. 不重	61	4.4
高二考试压力	A. 非常大	209	15.1
	B. 比较大	551	39.9
	C. 一般	540	39.1
	D. 不大	82	5.9
高三课业负担	A. 非常重	340	24.6
	B. 比较重	579	41.9
	C. 一般	388	28.1
	D. 不重	75	5.4
高三考试压力	A. 非常大	425	30.8
	B. 比较大	578	41.8
	C. 一般	311	22.5
	D. 不大	68	4.9

（二）关于走班教学的感受与体验

1.关于“走班教学与非走班教学，你觉得哪种模式下老师更关心你的作业完成情况”（见表4-2），选择“走班教学”的占7%，选择“非走班教学”的占69.4%，选择“没什么差异”的占23.6%。69.4%的被调查者认为非走班教学形式下老师们更关心他们的作业完成情况，这一点值得引起我们的重视。这一结果与一般认为的走班教学下“老师抓不住学生”“作业难收”的认识是一致的。同时，这一结果，与针对上海高中生的问卷调查的结果相比存在非常明显的差异。在关于走班教学形式下的学习积极性方面，选择

"积极性降低"的占比达29.7%。这一方面的数据，也与针对上海高中的问卷调查结果存在不同。[①]学生对于走班教学与非走班教学哪种教学组织形式下老师们更关心他们的作业的感知，与学生学习的积极性变化可能存在一定关联。也即，可能是由于走班教学下教师对学生作业关心程度的下降，导致学生学习积极性的下降。这一结果，对我们全面认识、评估浙江高中走班教学的利弊具有重要的参考价值。

表4-2 走班教学情况调查

调查问题	问题选项	有效样本计数	百分比(%)
哪种模式下老师更关心你的作业完成情况	A. 走班教学	95	7.0
	B. 非走班教学	940	69.4
	C. 没什么差异	319	23.6
走班教学后的学习积极性	A. 更积极	156	11.5
	B. 没有变化	796	58.8
	C. 积极性降低	402	29.7
走班教学后你向老师请教问题的频率	A. 经常请教	135	10.0
	B. 请教过,但比较少	894	66.0
	C. 从来不请教	325	24.0
走班教学后你向老师请教问题方便与否	A. 非常不方便	254	18.8
	B. 有些不方便,但还勉强可以	865	63.9
	C. 完全没有不方便	235	17.4
是否感觉走班教学混乱	A. 非常混乱	211	15.6
	B. 有些混乱	792	58.5
	C. 不混乱	351	25.9
走班教学的总体利弊	A. 利大于弊	300	22.2
	B. 弊大于利	413	30.5
	C. 说不清	641	47.3

① 上海市的调查数据详见本章第二节。

2. 关于“走班教学模式下学生向老师请教问题的频率”（见表4-2），一种比较流行的观点是，由于学生需要不断变换上课教室，因而在课间向老师请教问题的现象较之非走班教学明显减少。这一点，在浙江某高中的调研中，也有部分学科教师反映过此类问题。在此次问卷调查中，10%的学生选择“在走班教学模式下，经常在课间或课后向老师请教问题”，选择“请教过，但比较少”的占66.0%，选择“从来不请教”的占24%。那么，走班教学模式下，学生向教师请教问题是否存在不便呢？从问卷调查结果来看，选择“非常不方便”的仅占18.8%，选择“有些不方便，但还勉强可以”的占63.9%，选择“完全没有不方便”的占17.4%。数据表明，走班教学确实对学生向教师请教问题造成了某些不便，但对于多数学生来说，这种不便还在可以克服的范围之内。此外，调查中浙江学生选择“非常不方便”的比例也高于上海学生。这一点同样值得引起我们的重视与思考。

3. 关于“走班教学的总体利弊”（见表4-2），选择“利大于弊”的占22.2%，选择“弊大于利”的占30.5%，选择“说不清”的占47.3%。同样，值得注意的是，浙江高中生对走班教学这一教学组织形式的总体认可度相对低于上海。

（三）关于高考分值设置、等级赋分制的认可度以及两次考试制度设计的价值感知

1. 在高考必考科目与选考科目分值设置方面（见表4-3），认为其“十分科学”的占34%，认为“无所谓科学与否”的占43.2%，而认为“不够科学”的占22.8%。从这些比例可以看出，大多数学生没有认为必考科目与选考科目分值设置不科学。

2. 在如何看待“田忌赛马”错位竞争，即通过选考某门科目避开与“学霸”竞争而使得中等能力考生获得较高等级赋分的现象上（见表4-3），认为“公平”的占44.2%，认为“不公平”的占55.8%。而在如何看待有的学校学生通过选择高二10月的首次选考，在时间上错开与重点、优质高中学生一同竞争而造成的中等能力考生获得较高等级赋分的现象上，选择“公平”的占47.2%，选择“不公平”的占52.8%。对高考选考科目实行等级赋分制，7.2%的被调查者表示“非常赞成”，表示“比较赞成”的占71.6%，

表示“不赞成”的占21.2%。总体而言，大多数学生比较认可等级赋分这一分数制度。

表4-3 关于高考分值、等级赋分以及考试次数的态度调查

调查问题	问题选项	有效样本计数	百分比(%)
高考必考与选考科目分值设置是否科学	A. 十分科学	477	34.0
	B. 不够科学	321	22.8
	C. 无所谓科学与否	607	43.2
关于选考科目实行等级赋分制的认可度	A. 非常赞成	98	7.2
	B. 比较赞成	969	71.6
	C. 不赞成	287	21.2
错位竞争(科目)	A. 公平	598	44.2
	B. 不公平	756	55.8
错位竞争(时间)	A. 公平	639	47.2
	B. 不公平	715	52.8
选考科目两次考试的价值	A. 非常有价值	1137	84.0
	B. 价值不大	217	16.0
是否赞成选考统一调整至高三学年	A. 赞成	642	47.4
	B. 不赞成	712	52.6
学考、选考制度下的考试次数	A. 太多了,感觉疲于应付	469	33.9
	B. 比较多,但还可以应付	747	54.1
	C. 不多	166	12.0

3. 关于“学考、选考制度下的考试次数”（见表4-3），选择“太多了，感觉疲于应付”的占33.9%，选择“比较多，但还可以应付”的占54.1%，认为“不多”的占12%。关于高考选考科目可以考试两次的制度设计，选择“非常有价值”的占84%，选择“价值不大”的占16%。显然，绝大多数学生十分认可选考科目两次考试的制度设计。

关于“是否赞成将选考科目的考试时间统一调整到高三”（见表4-3），选择“赞成”的占47.4%，选择“不赞成”的占52.6%，两者差异不是十分显著。

(四) 高考改革适应性的关联因素分析

在新高考综合改革的适应性方面，选择“非常适应”与“比较适应”的合计占42.7%；选择“一般”的占42.3%；选择“不适应”与“非常不适应”的分别占9.6%、5.5%，两者合计仅为15.1%（见表4-4）。应该说，绝大多数学生总体上还是比较适应新高考综合改革的。

表4-4 高考改革适应性调查

调查问题	问题选项	有效样本计数	百分比(%)
高考改革的适应性	A. 非常适应	103	7.5
	B. 比较适应	487	35.2
	C. 一般	584	42.3
	D. 不适应	132	9.6
	E. 非常不适应	76	5.5

1. 将“高考改革的适应性”与“高二课业负担”进行列联表分析（见表4-5），可以发现：选择“比较适应”的学生，认为高二课业负担“比较重”的有208人，认为高二课业负担“一般”的有224人；选择“一般”适应的学生，认为高二课业负担“比较重”的有274人，认为高二课业负担“一般”的有242人。在调查中，这两部分群体占比最多。从整体上看，认为高二课业负担“非常重”或者“比较重”的学生大多选择了高考改革适应性“比较适应”和“一般”的问卷选项。

表4-5 高考改革的适应性×高二课业负担

		高二课业负担				总计
		非常重	比较重	一般	不重	
高考改革的适应性	A. 非常适应	12	22	56	14	104
	B. 比较适应	44	208	224	16	492
	C. 一般	60	274	242	18	594

续表

		高二课业负担				总计
		非常重	比较重	一般	不重	
高考改革的适应性	D. 不适应	22	69	36	7	134
	E. 非常不适应	29	21	21	6	77
总计		167	594	579	61	1401

2. 将“高考改革的适应性”与“高二考试压力”进行列联表分析（见表4–6），可以发现：选择“比较适应”的学生，认为高二考试压力“比较大”的有206人，认为“一般”的有208人；选择“一般”适应的学生，认为高二考试压力“比较大”的有254人，认为“一般”的有233人。在调查中，这两部分群体占比最多。这也表明认为“高二考试压力大”的学生大部分选“比较适应”或“一般”适应高考改革。

表4–6 高考改革的适应性×高二考试压力

		高二考试压力				总计
		非常大	比较大	一般	不大	
高考改革的适应性	A. 非常适应	16	25	42	21	104
	B. 比较适应	51	206	208	27	492
	C. 一般	80	254	233	27	594
	D. 不适应	34	57	41	2	134
	E. 非常不适应	31	19	20	7	77
总计		212	561	544	84	1401

3. 将“高考改革的适应性”与“关于走班教学利弊的看法”进行列联表分析（见表4–7），可以发现：选择对高考改革“非常适应”的学生，认为走班教学“利大于弊”的有42人、“弊大于利”的有18人、“说不清”的有42人，总共102人，占有效调查样本（1383人）的7.38%；选择对高考改革

“比较适应”的学生，认为走班教学“利大于弊”的有147人、“弊大于利”的有124人、“说不清”的有217人，总共488人，约占有效调查样本（1383人）的35.29%；选择对高考改革“一般”适应的学生，认为走班教学“利大于弊”的有91人、“弊大于利”的有184人、“说不清”的有311人，总共586人，约占有效调查样本（1383人）的42.37%；选择对高考改革“不适应”的学生，认为走班教学“利大于弊”的有24人、“弊大于利”的有51人、“说不清”的有56人，总共131人，约占有效调查样本（1383人）的9.47%；选择对高考改革“非常不适应”的学生，认为走班教学“利大于弊”的有7人、“弊大于利”的有47人、“说不清”的有22人，总共76人，约占有效调查样本（1383人）的5.5%。

表4-7　高考改革的适应性×关于走班教学利弊的看法

		关于走班教学利弊的看法			总计
		利大于弊	弊大于利	说不清	
高考改革的适应性	A. 非常适应	42	18	42	102
	B. 比较适应	147	124	217	488
	C. 一般	91	184	311	586
	D. 不适应	24	51	56	131
	E. 非常不适应	7	47	22	76
总计		311	424	648	1383

4.将“高考改革的适应性”与“关于考试次数的看法”进行列联表分析（见表4-8），可以发现：选择“比较适应”的学生，认为“考试次数太多了，感觉疲于应付”的有97人，认为“考试次数比较多，但还可以应付”的有326人，认为“考试次数不多”的有69人；选择“一般”适应的学生，认为“考试次数太多了，感觉疲于应付”的有213人，认为“考试次数比较多，但还可以应付”的有332人，认为“考试次数不多”的有48人。在调查中，这两部分群体占比最多。

表4-8 高考改革的适应性×关于考试次数的看法

		关于考试次数的看法			总计
		太多了，感觉疲于应	比较多，但还可以应付	不多	
高考改革的适应性	A. 非常适应	18	51	35	104
	B. 比较适应	97	326	69	492
	C. 一般	213	332	48	593
	D. 不适应	89	39	6	134
	E. 非常不适应	60	7	10	77
总计		477	755	168	1400

5. 将"高考改革的适应性"与"关于等级赋分制的态度"进行列联表分析（见表4-9），可以发现：选择"比较适应"的学生，认为等级赋分制度"合理"的有188人，"不合理"的有135人，"无所谓合不合理"的有165人，共488人，占有效样本（1394人）的35.01%；选择"一般"适应的学生，认为等级赋分制度"合理"的有143人，"不合理"的有195人，"无所谓合不合理"的有255人，共593人，占有效样本（1394人）的42.54%。在调查中，这两部分群体占比最多。

表4-9 高考改革的适应性×关于等级赋分制的态度

		关于等级赋分制的态度			总计
		合理	不合理	无所谓合不合理	
高考改革的适应性	A. 非常适应	49	18	37	104
	B. 比较适应	188	135	165	488
	C. 一般	143	195	255	593
	D. 不适应	28	55	50	133
	E. 非常不适应	13	43	20	76
总计		421	446	527	1394

三、基本结论

从问卷调查数据来看，浙江省多数高中生认为高二学年的教学进度明显快于高一，课业负担也重于高一。学考、选考考试，可能是造成这一现象的原因之一。值得注意的是，近70%的被调查者认为非走班教学形式下老师更关心他们作业的完成情况，近60%的被调查者感到走班教学“有些混乱”，同时约有30%的被调查者认为走班教学弊大于利。调查发现，浙江高中生对于走班教学的认可度总体要低于上海（详见本章第二节）。这些数据提醒我们，浙江省应该重视并进一步改进走班教学的实践效果。此外，多数浙江高中生比较赞成选考科目的等级赋分制，多数高中生非常认可选考科目两次考试的制度设计，同时也比较适应新高考综合改革。

第二节
上海新高考综合改革：高中生问卷调查

上海的新高考综合改革与浙江相比存在一定差异，但同时也存在一定相似性。比如，在走班教学、高二学年即可参加学考等级性科目考试、学考等级性考试科目实行等级赋分等方面，两地都具有一定相似性。除此之外，上海新高考综合改革的一个鲜明特点是，其学考等级性考试科目的分值区间为40—70分，明显低于每门必考科目150分的分值，并且也低于浙江高考选考科目100分的分值，这是应当值得关注与研究的。本节对上海高中生的问卷调查分析，主要集中于课业负担与考试压力、走班教学的感受与体验，对等级赋分制和学考等级性考试科目分值设置的认识与看法等几个方面。

一、数据与样本基本情况

本问卷调查时间为2017年2月底至4月初。调查对象均为上海市2014级高中生，共回收有效问卷640份。其中，市实验性示范性学校224份，区实验性示范性学校320份，普通学校96份。按上海新高考制度设计，2016年上半年已经举行过一次地理和生命科学两科目的学考等级性考试。问卷调查内容包括了学生高中三年的课业负担与考试压力、走班教学、学考等级性考试科目的等级赋分制、不同科目的分值设置等多方面。

二、问卷数据分析

（一）关于课业负担与考试压力

1. 关于“高一教学进度”（见表4-10），选择“太快”的被调查者占6.6%，选择“比较快”的占26.1%，选择“一般”的占49.5%，选择“不快”的占17.8%。在“高一课业负担”方面（见表4-10），选择“非常重”的占9.5%，选择“比较重”的占21.9%，选择“一般”的占49.5%，选择“不重”的占19.1%。

2. 关于“高二教学进度”（见表4-10），选择“太快”的占10.2%，选择“比较快”的占35.8%，选择“一般”的占45%，选择“不快”的占9.1%。可以发现，较之“高一教学进度”，在“高二教学进度”上，选择“太快”“比较快”的比重明显上升，而选择“不快”的比重则明显下降。在“高二课业负担”方面（见表4-10），选择“非常重”的占15.5%，选择“比较重”的占33.8%，选择“一般”的占42.3%，选择“不重”的占8.4%。同样，较之“高一课业负担”，在“高二课业负担”上选择“非常重”“比较重”的比例都明显上升，而选择“不重”的比例则明显下降。在“高二考试压力”方面（见表4-10），选择“非常大”与“比较大”的分别占16.6%、40.9%，选择“一般”的占35.8%，选择“不大”的占6.7%。

上海高中生在“高一课业负担”方面，选择“非常重”“比较重”的比例合计占31.4%，低于浙江41.4%的比例。

另外，在“高二考试压力”方面，市实验性示范性学校学生选择“很大”的占16%，区实验性示范性学校学生选择“很大”的占9%，普通高中选择“很大”的占37%。市实验性示范性学校学生选择“不大”的占5.4%，区实验性示范性学校学生选择“不大”的占9%，普通高中选择“不大”的占3.8%。

表4-10 学生课业负担与考试压力调查

调查问题	问题选项	有效样本计数	百分比(%)
高一教学进度	A. 太快	42	6.6
	B. 比较快	167	26.1
	C. 一般	317	49.5
	D. 不快	114	17.8
高一课业负担	A. 非常重	61	9.5
	B. 比较重	140	21.9
	C. 一般	317	49.5
	D. 不重	122	19.1

续表

调查问题	问题选项	有效样本计数	百分比(%)
高二教学进度	A. 太快	65	10.2
	B. 比较快	229	35.8
	C. 一般	288	45.0
	D. 不快	58	9.1
高二课业负担	A. 非常重	99	15.5
	B. 比较重	216	33.8
	C. 一般	271	42.3
	D. 不重	54	8.4
高二考试压力	A. 非常大	106	16.6
	B. 比较大	262	40.9
	C. 一般	229	35.8
	D. 不大	43	6.7
高三课业负担	A. 非常重	230	35.9
	B. 比较重	205	32.0
	C. 一般	170	26.6
	D. 不重	35	5.5
高三考试压力	A. 非常大	264	41.2
	B. 比较大	171	26.7
	C. 一般	166	25.9
	D. 不大	39	6.1

3. 在“高三课业负担”方面（见表4-10），选择“非常重”的占35.9%，选择“比较重”的占32%，选择“一般”和“不重”的所占比例分别为26.6%、5.5%。在“高三考试压力”方面（见表4-10），选择“非常大”和“比较大”的分别占41.2%、26.7%，选择“一般”“不大”的占比分别为25.9%和6.1%。

（二）关于走班教学的感受与体验

1. 关于“走班教学与非走班教学，你觉得哪种模式下老师更关心你的作业完成情况”（见表4-11），选择“走班教学”的占25.2%，选择“非走班教学”的占34.8%，选择“没什么差异”的占40.0%。若是分开来看，市实验性示范性学校学生选择“走班教学”的占24.55%，选择“非走班教学”的占37.95%，选择“没什么差异”的占37.56%。区实验性示范性学校学生选择“走班教学”的占22.18%，选择“非走班教学”的占35.62%，选择“没什么差异”的占42.2%。将市实验性示范性学校与区实验性示范性学校的数据整合之后，选择“走班教学”“非走班教学”“没什么差异”的比例分别为23.16%、36.58%、40.26%。

2. 关于“走班教学形式下学生向老师请教问题的频率”（见表4–11），在此次问卷调查中，15.2%的学生选择在走班教学模式下，“经常”在课间或课后向老师请教问题；选择“请教过，但比较少”的占68.6%，选择“从来不请教”的占16.2%。那么，在走班教学模式下，学生向教师请教问题是否存在不便呢？从问卷调查结果来看（见表4–11），选择“非常不方便”的仅占6.9%，选择“有些不方便，但还勉强可以”的占58.1%，选择“完全没有不方便”的占35%。与浙江类似，上海的调查数据表明，走班教学造成学生向教师请教问题不便，但对于多数学生来说这种不便还在可以克服的范围之内。

表4–11 走班教学情况调查

调查问题	问题选项	有效样本计数	百分比(%)
哪种模式下老师更关心你的作业完成情况	A. 走班教学	161	25.2
	B. 非走班教学	223	34.8
	C. 没什么差异	256	40.0
走班教学后的学习积极性	A. 更积极	259	40.5
	B. 没有变化	327	51.1
	C. 积极性降低	54	8.4
走班教学后向老师请教问题的频率	A. 经常请教	97	15.2
	B. 请教过，但比较少	439	68.6
	C. 从来不请教	104	16.2
走班教学后向老师请教问题方便与否	A. 非常不方便	44	6.9
	B. 有些不方便，但还勉强可以	372	58.1
	C. 完全没有不方便	224	35.0

续表

调查问题	问题选项	有效样本计数	百分比(%)
走班教学的总体利弊如何	A. 利大于弊	330	51.6
	B. 弊大于利	74	11.6
	C. 说不清	236	36.9

3. 关于“走班教学的总体利弊”（见表4-11），选择“利大于弊”的占51.6%，选择“弊大于利”的占11.6%，选择“说不清”的占36.9%。从数据来看，尽管超过半数的被调查者认为在走班教学模式下向教师请教问题确实存在某些不便，但对于走班教学总体上仍持肯定态度，认为其“利大于弊”的占多数。若是分开来看，市实验性示范性学校学生选择“利大于弊”的占45.98%，选择“弊大于利”的占13.84%，选择“说不清”的占40.18%；区实验性示范性学校学生选择“利大于弊”的占56.86%，选择“弊大于利”的占10.94%，选择“说不清”的占32.2%。而如本章第一节所言，浙江高中生选择“利大于弊”的占22.2%，选择“弊大于利”的占30.5%，选择“说不清”的占47.3%。可以发现，无论是上海的市实验性示范性学校、区实验性示范性学校，还是普通高中学生，选择“弊大于利”的比例均低于浙江。根据这些数据，同时结合前面的数据，可以得出：较之浙江高中生，上海高中生相对更加认可走班教学。反而言之，浙江高中生对于走班教学的认可度相对低于上海高中生。这是一个值得重视的问题。

（三）关于统考、学考等级性考试科目分值设置以及等级赋分制的基本态度

上海新高考综合改革，统考科目语、数、外每门满分150分，而学考等级性考试分值区间为40—70分。关于这样的分值设置，不少人认为其在事实上过度强化了语、数、外统考科目的地位，而弱化、降低了选考科目即学考等级性考试科目的地位。从针对学生的问卷调查来看（见表4-12），关于“统考与选考科目分值设置是否合理”，选择“十分科学”的占28.3%，选择“不够科学”的占27.8%，选择“无所谓科学与否”的则占43.9%。尽管选择“十分科学”与“无所谓科学与否”的合计比例达72.2%，但有27.8%的学生

选择“不够科学”，应当引起政策制定者的重视。

在学考等级性考试科目实行等级赋分制方面，16.9%的被调查者表示“非常赞成”，选择“比较赞成”的占62.7%，选择“不赞成”的占20.5%。总体而言，应该说大多数学生是比较认可这一分数制度的（见表4-12）。

表4-12 关于不同科目分值及等级赋分制的态度调查

调查问题	问题选项	有效样本计数	百分比(%)
关于学考等级性考试实行等级赋分制的认可度	A. 非常赞成	108	16.9
	B. 比较赞成	401	62.7
	C. 不赞成	131	20.5
统考与选考科目分值设置是否合理	A. 十分科学	181	28.3
	B. 不够科学	178	27.8
	C. 无所谓科学与否	281	43.9

三、高考改革适应性的关联因素分析

在新高考综合改革的适应性方面，选择“非常适应”与“比较适应”的占46.4%，选择“一般”的占35.6%，选择“不适应”与“非常不适应”的分别占9.2%、8.8%，两者合计为18%。从问卷调查结果来看，总体而言，绝大多数上海学生比较适应新高考综合改革（见表4-13）。

表4-13 高考改革的适应性调查

调查问题	问题选项	有效样本计数	百分比(%)
高考改革的适应性	A. 非常适应	54	8.4
	B. 比较适应	243	38.0
	C. 一般	228	35.6
	D. 不适应	59	9.2
	E. 非常不适应	56	8.8

1. 将“高考改革的适应性”与“高二课业负担”进行列联表分析（见表4-14），可以发现：选择“比较适应”的学生，认为高二的课业负担“一般”的有102人；选择“一般”适应的学生，认为高二的课业负担“一般”的有112人。这两部分人群，在调查中占比居多。从整体上看，认为高二课

业负担“非常重”或者“比较重”的学生，选择“不适应”或“非常不适应”的比较多。

表4–14 高考改革的适应性 × 高二课业负担

		高二课业负担				总计
		非常重	比较重	一般	不重	
高考改革的适应性	A. 非常适应	8	8	24	14	54
	B. 比较适应	21	98	102	22	243
	C. 一般	24	83	112	9	228
	D. 不适应	16	19	20	4	59
	E. 非常不适应	30	8	13	5	56
总计		99	216	271	54	640

2. 将“高考改革的适应性”与“高二考试压力”进行列联表分析（见表4–15），可以发现：选择“比较适应”的学生，认为高二考试压力“比较大”的有116人，认为“一般”的有88人；选择“一般”适应的学生，认为高二考试压力“比较大”的有106人，认为“一般”的有87人。在被调查者中，这两部分群体占比最多。这也表明，认为“高二考试压力大”的学生，大部分选择了对高考改革“比较适应”或“一般”适应。

表4–15 高考改革的适应性 × 高二考试压力

		高二考试压力				总计
		非常大	比较大	一般	不大	
高考改革的适应性	A. 非常适应	6	12	25	11	54
	B. 比较适应	21	116	88	18	243
	C. 一般	28	106	87	7	228
	D. 不适应	17	20	20	2	59
	E. 非常不适应	34	8	9	5	56
总计		106	262	229	43	640

3. 将“高考改革的适应性”与“学考等级性考试等级赋分态度”进行列联表分析（见表4–16），可以发现：选择“比较适应”的学生，对学考等级性考试等级赋分表示“比较赞成”的人数有173人；选择“一般”适应的学

生，对学考等级性考试实行等级赋分表示“比较赞成”的人数有157人。在被调查者中，这两部分群体占比最多。这也表明，被调查学生对学考等级性考试等级赋分持“比较赞成”态度的学生，大部分选择了对高考改革“比较适应”或“一般”适应。

表4–16 高考改革的适应性×学考等级性考试等级赋分态度

		学考等级性考试等级赋分态度			总计
		非常赞成	比较赞成	不赞成	
高考改革的适应性	A. 非常适应	29	22	3	54
	B. 比较适应	42	173	28	243
	C. 一般	24	157	47	228
	D. 不适应	7	34	18	59
	E. 非常不适应	6	15	35	56
总计		108	401	131	640

4.将“高考改革的适应性”与“统考与选考科目分值设置是否合理”进行列联表分析（见表4–17），可以发现：选择“非常适应”的学生在“统考与选考科目分值设置是否合理”问题的认识上，选择“十分科学”的学生有35人、“不够科学”的有7人、“无所谓科学与否”的有12人，合计54人，占了被调查者（共计640人）8.44%的比例。对高考改革“非常适应”的学生，选择“十分科学”的人数（共计35人）占该人群（共计54人）的64.81%，比例较高。

选择“比较适应”的学生，认为统考与选考科目分值设置“十分科学”的有84人、“不够科学”的有57人、“无所谓科学与否”的有102人，共计243人。选择“一般”适应的学生，认为统考与选考科目分值设置“十分科学”的有46人、“不够科学”的有68人、“无所谓科学与否”的有114人，共计228人。这两部分占了被调查者（共计640人）的73.59%。

在该项调查中，一个重要发现是，在对“统考与选考科目分值设置是否合理”的问题上，选择“无所谓科学与否”的在“高考改革的适应性”三个维度“比较适应”“一般”“不适应”上均是最高选择比例，选择人数依次是102人、114人和31人；选择“无所谓科学与否”的总数是281人，占了总调查人数（共计640人）的43.91%。

表4-17 高考改革的适应性×统考与选考科目分值设置是否合理

		统考与选考科目分值设置是否合理			总计
		十分科学	不够科学	无所谓科学与否	
高考改革的适应性	A. 非常适应	35	7	12	54
	B. 比较适应	84	57	102	243
	C. 一般	46	68	114	228
	D. 不适应	7	21	31	59
	E. 非常不适应	9	25	22	56
总计		181	178	281	640

四、基本结论

整体而言，在上海新高考综合改革背景下，高一、高二、高三学年的学生对课业负担与考试压力的感受是递增的。这一点与过去人们的基本认知是一致的。上海多数高中生总体上比较认可走班教学，其认可度高于浙江高中生；多数高中生比较认可统考、学考等级性考试科目的分值设置，以及等级赋分制；多数高中生总体上比较适应新高考综合改革。当然，从相关数据来看，上海也有需要进一步提升的方面，诸如走班教学、不同科目分值设置以及等级赋分的认可度等。

第三节
两地新高考综合改革：高中校长的访谈

在新高考综合改革政策的具体执行中，校长经常具有一定的自由裁量权，因而，他们往往充当着探索者与创新者的角色，其重要性不言而喻。对于新高考综合改革背景下的高中教育教学以及管理等问题，了解较为全面、较为系统，较能以全局性视野看待与把握一所学校的人，无疑是高中校长。再者，不少高中校长本身也承担了具体的教学任务，所以他们也有一般任课教师的感知与体验。鉴于此，本节主要研究浙江、上海两地高中校长们关于新高考综合改革，特别是新高考综合改革的积极意义、学生的课业负担、走班教学实践、师资需求、学考与选考考试时间、选考科目分值设置及跨级赋分等方面的基本看法。

2016年10月下旬与2017年8月底、9月初，笔者两次跟随国家教育咨询委员会和国家教育考试指导委员会联合调研组，分别对浙江、上海两地新高考综合改革进行了全面、系统的调研。其中一个重要环节即与高中校长进行座谈，故而获得了两地高中校长关于新高考综合改革基本认识的大量资料。同时，调研组还访谈了部分县（市、区）教育局、考试院的负责人，本节将他们的基本认识与意见、建议也一并呈现出来。

一、关于新高考综合改革的积极意义

关于新高考综合改革的积极意义，特别是改革的基本价值取向与创新价值，浙江、上海两地绝大多数高中校长、地方教育局负责人的看法是一致的，即主要在于增加了学生的选择权，有助于培养学生的自主意识，有助于学生全面而有个性的发展，并且在消除高考“一考定终身”“唯分数主义录取”等方面具有突破性的创新意义。

比如，杭州市教育局一位副局长表示，新高考综合改革的大方向是非常值得肯定的，多次考试制度设计可以减少传统高考“一考定终身”的不足，

综合素质评价纳入高校招生评价有利于学生的全面发展：

新高考综合改革大方向是对的，有三点是大家比较认同的。一是增加了学生的选择权，这确实有利于学生的发展。选考科目可以根据报考高校的要求、学生自身的特长，尝试从人才培养选拔标准多样化的角度进行设计，这是正确的。在新的课程标准里面，减少必修课学分，增加选修课学分，这些都有利于学生全面而有个性的发展。二是同一科目（特别是英语）有两次考试机会，一定程度上减少了“一考定终身”的弊端，分散了考试压力，这个设计是有积极意义的。三是高校招生参考综合素质评价，改变了过去所讲的“唯分数论”的现状，确实也有利于学生的全面发展。

又如，杭州市一所浙江省一级普通高中特色示范学校的校长指出，新高考综合改革对于培养学生的自主意识、促进教师专业发展等都有积极意义：

取消文理分科，增加学生的选择权，有利于推进学生自主意识的养成；学生在科目选择上的变化会促进教师提升自身素养；选考科目增加技术科目，使信息技术和通用技术进入高考视野，既体现了课程改革与时俱进的特点，又使得考试改革融入现代科技元素，更接地气。学校与之配套的教学设施也可以得到更新和升级，这本身也是积极的。

再如，上海市虹口区一所区实验性示范性学校的校长认为，新高考科目设置较之于上海之前的“3＋1”模式，更有利于拓宽学生的知识面，可以为他们升入大学之后的学习打下更好的基础：

以前是“3+1”，现在是“3+3”。学生根据自己的兴趣、特长、未来的专业方向，从6门中选择3门，这样一种设计给了学生更多的机会。而且，文理不分科，有利于学生拓宽自己的知识面，也给了他们发展个性的空间。因而，改革的导向是很好的。

上海市奉贤区一所区实验性示范性学校的校长则表示，新高考综合改革直接而有力地助推了该校的课程建设：

高考改革打破了学校原来的学科格局，推进了学校的课程改革。以前，生命科学、地理在学科当中属于“弱势群体”。改革后，这些学科呈现出较好的发展面貌。“6选3”实施之后，学校的物理和化学老师一下子多出来不少，学校正好借机创办“理工特色”，这些老师也实现了突破与转型。他们开发了“创新实验室”课程，搞了电视台，搞了机器人。另外，借着这次高考改革，学校引入了信息化手段，改进、升级了课堂教学的选课平台、排课平台、阅卷平台、英语口语训练平台，以及学校的微视频平台。原来学校的一些课程，特别是拓展性课程、研究性课程，基本上处于瘫痪的状态，高校招生参考综合素质评价，把这两类课程重新推到了一个新的高度。

需要指出的是，关于新高考综合改革的创新价值，在两地试点方案发布后即有大量学者以及媒体进行解读与宣传，本节对此仅作简要介绍。

二、关于两地学生的课业负担与考试压力状况

关于学生的课业负担与考试压力状况，无论是浙江还是上海，均普遍认为高三学年确实比以前有所降低。但与此同时，高一、高二学年学生的课业负担与考试压力明显增加了。也就是说，学生高三学年减少的负担与压力，其实是转移到了高一、高二学年。当然，这也正是当初“分散性”考试制度设计的初衷。

浙江省金华市一所浙江省一级普通高中特色示范学校的校长称：

目前学生在高三阶段的负担是没有原来重，但是他们在高一、高二学年的负担要比原来重得多。总的来说，学生的心理负担更重，学习时间并没有太大变化。

上海市黄浦区一所区实验性示范性学校的校长称：

学生的学业负担是不是减轻了？学生的“分分计较”现象是不是消失了？学生的兴趣、爱好是不是变得可持续发展了？现在观察下来，我觉得这三点都没有实现。为什么？学生不能摆脱趋利的本能。拿我们这届（2017届）学生来讲，也许认同“哦，慢慢考可以啊”。但是，后面一届的学生就觉得不对了。为什么？比如因为地理的考试内容相对简单，学校70%多的学生都选地理作为等级考科目。学完一年以后，学生就觉得可以去参加等级考了。当选择该课的人增加以后，势必会有部分学生通过补课等方式求得高分，从而水涨船高，加大考试难度。试问，高考差1分就可能差千人，学生能不“分分计较”吗？他们的学业压力能减轻吗？他们还有时间去发展自己的兴趣、爱好吗？

浙江与上海两地高一、高二学生的课业负担与考试压力之所以增大，一个主要制度根源在于高考选考科目考试时间的前置。根据浙江省新高考综合改革制度设计，选考科目最早可以在高二学年上学期进行考试，这样在改革之初便有部分学生选择在这一时间参加选考科目的考试。如此一来，高一学年包括高一暑假，这些学生必然是全力学习、备考，其结果必然是加重课业负担与考试压力。同样，假如浙江学生选择在高二学年下学期或高三学年上学期参加选考科目的考试，结果也必然是增加他们在高一、高二学年的课业负担与考试压力。根据上海新高考综合改革的设计，学生最早可以在高二学年下学期参加地理和生命科学科目的学考等级性考试。部分选考了这两门或其中一门等级性考试的学生，在高一、高二期间的课业负担与考试压力自然也比较大。

对于浙江而言，随着高二与高三学生共同考试、跨级赋分现象的出现，多数学生将选择在高三参加选考科目的考试，这有可能减轻他们在高一、高二学年的课业负担。但由于多数学生将在高二参加学考，而自主招生、“三位一体”招生等都对学考成绩有着较高的要求，因而不少学生事实上也十分重视学考，这也会增加学生的课业负担和心理压力。

对于上海而言，高二、高三学生共同参加地理和生命科学两门学考等级性考试并且跨级赋分现象的出现，有可能引导选择这两门学考等级性考试科目的学生在高三学年参加考试。从这一意义上说，这将有助于学生在减轻高一、高二学年的课业负担与考试压力。但上海之前实行“3＋1”模式，学生相对轻松；现在改为“3＋3”模式，结果必然是增加学生的课业负担和考试压力。而这种课业负担与考试压力，也将传导至高二甚至是高一学生身上。所以，对于上海来说，“3＋3”高考模式较之“3＋1”模式，必然会增加学生的课业负担与考试压力。

三、关于两地走班教学状况

（一）走班教学适应性

如前一章所言，在本轮高考改革启动之前，浙江与上海就已有不少高中尝试走班教学。但从整体上看，两地多数高中主要还是以传统班级授课制为基本教学组织形式。新高考综合改革在更大范围、以更大力度推进了走班教学，在此背景下，浙江与上海两地绝大多数高中都对走班教学经历了一个从不适应到相对适应的过程。

关于这一方面的情况，浙江省杭州市一所省一级普通高中特色示范学校的校长所反映的情况具有一定代表性：

实施走班教学后，对场地的要求与以往相比有很大变化。我校有35种（选考）组合，学生只要选择其中一种，学校就要满足，所以对教学管理是一个很大的考验。第一年，学校很不习惯，特别是在管理上。原来只有文理两种选择，现在有几十种。刚开始走班时，学校很担心，也很忧虑，包括家长会怎么开、作业怎么收、作业怎么讲评等，都要重新考虑。后来，学校借助信息化手段解决了包括排课、管理等方面的困难。每个年级都配备了教学秘书，辅助课堂管理和作业管理。学生的自由选择度大大提高了。（走班教学）对学生没有什么不利影响，我觉得学生也很适应。这节课在这个教室，下节课在自修课教室，再下节课又到别的教室，学生反而更喜欢这种形式。三年下来，走班制对学校管理和学生心理来说都不成问题了，大家都很适应。

当然，所谓“适应”，也只能说是一种“相对适应”。走班教学终究是对传统教学组织形式的一种颠覆，仍有不少高中的校长和教师对走班教学还不是特别适应。笔者认为，再经过几年的走班教学实践，多数高中必然会更加适应这种教学组织形式。

（二）走班教学下的排课工作

在以行政班为基础的传统班级授课制中，一班一课表，排课比较简单。新高考综合改革实行“7选3”或“6选3”的选科模式，使走班教学的排课成为一项十分复杂且极具挑战性的工作。这一点，浙江高中的反映尤为突出。根据浙江“7选3”选考制度设计，科目组合达35种之多，“一生一课表”直接加剧了学校排课工作的复杂性。

浙江省杭州市一所省一级普通高中特色示范学校的校长在谈到该校排课时称：

当时，学校在教务方面遇到的最大挑战就是排课表。一个学期、两个学段，意味着一个学期每个学生要有两张课表。而课表既有选修课又有必修课，还有走班教室分配。刚开始，教务处请过十家公司来做课表。这十家公司都不知道怎么排，一是因为这项工作本身难度大，二是因为这些公司对学校的管理也不是很了解。全省不同的学校有不同的需求，每个学校的选科情况、人数都不同，有的学校可能选技术的人比较多，有的学校可能选历史的人特别多。学生选科不同，课表的排法也就完全不同。经过一年的磨合，现在排课基本上有了一个“套版”，在这个基础上再由教务处老师根据实际情况进行调整补充。现在，学校排课已经比较顺了，效率大大提高。原来的课表排法比较单一，现在可以个性化地做到一人一张课表。

从笔者对浙江进行的调研来看，计算机排课基本上解决了90%左右的工作，剩余部分仍需借助人工完成。随着走班教学实践的推进，特别是排课经验的积累，现在浙江的高中基本上都可以比较好地解决排课问题了。

上海“6选3”选考组合数为20种，不及浙江复杂。从上海的调研情况来看，关于这一问题的反映不多。当然，“6选3”下的排课工作较之以行政班为基础的传统班级授课制也要复杂得多。

（三）学校规模大小对于走班教学的影响

从浙江、上海两地的调研来看，高中规模过大或过小都会给走班教学造成很大的困难。规模过大，直接增加了走班教学的复杂性，两地不少高中都反映了这一问题。但如果规模过小的话，实行走班教学将增加一定成本。

上海市普陀区一所中学校长所反映的该校情况具有一定代表性：

规模大的学校，可能觉得规模小一点的学校实行走班教学比较方便。但是，像我校只有120人，就有其他问题，如成本问题。要满足不同需求，班额就得比较小，比如十几人或者是二十几人。班级人数减少，成本肯定就增加了。以前“3+1”（模式）时，一个班可以安排30—40人。现在，开不同层次的课的话，十几个学生可能就要开一个班。学校现在有18种组合，这就意味着班额肯定是比较小的。

四、关于两地高中的师资需求变化

浙江与上海两地新高考综合改革带来了高中不同科目的师资需求变化。以浙江为例，一方面，走班教学总体上要求增加教师总量；另一方面，随着选考人数的变化，不同科目的师资需求也不断变动。比如，一个明显的趋势是物理选考人数下降、技术选考人数增加，结果造成高中物理教师相对剩余，而技术教师则又相对比较缺乏。再者，由于浙江实行学段制，即一学年、两学期、四学段，因而又出现了教师工作的“潮汐性”现象。不少参与调研座谈的浙江高中校长和地方教育局负责人都提到了这类问题。

上海市高中的师资需求变化情况也比较复杂。同样，一方面走班教学总体上要求增加教师总量；另一方面，不同科目选考人数不同及其变化造成师资需求变化不定。与浙江类似，上海考生选考物理的人数也出现了下降趋势，导致部分高中的物理教师相对剩余。另外，上海也有自身的特殊性：从“3 + 1”模式变成“3 + 3”模式，直接造成了高中教师总需求的增加；可以在高二下学期参加地理和生命科学学科的学考等级性考试，使不少学校出现两个科目“选考热”的现象，结果造成这些学校地理和生命科学学科的师资需求急剧增加。

比如，上海市浦东新区一所中学校长所反映的结构性师资短缺现象就具有一定代表性：

实行“3+1”模式时，学校不重视地理和生命科学，因为学校觉得，学生学地理和生命科学，对高考录取来说可能意义不是特别大。但是现在实行“3+3”模式，学校不能不重视地理和生命科学。对学校而言，首先要解决的就是师资问题。

再如，上海市虹口区一所市实验性示范性学校校长也表示学校的地理和生命科学教师比较缺乏：

学校师资很紧张，特别是地理和生命科学学科。学校采取的方法是增大班额，原来是30个人一个班，现在扩充为40几个人一个班。由于学生高一就可以参加生命科学学科的合格考，所以过去三年，我校高一、高二、高三都开设了生命科学课。我们将已经退休的老教师重新聘请回来，以补充生命科学学科教师的缺口。

关于新高考综合改革所带来的师资短缺问题，笔者还将在第六章作进一步的探讨，此处不再细述。

五、关于浙江学考与选考、上海学考等级考的考试时间

（一）浙江学考与选考考试时间

根据浙江新高考综合改革制度设计，其学考与选考安排在每年的10月与4月。这样，学段制成为浙江高中教育阶段一种新的制度安排。从调研来看，绝大多数校长认为，考试时间安排在每年的10月和4月，对学校教学秩序形成了较大的冲击，因而普遍建议调整至每年的1月和6月。

比如，浙江省金华市一所浙江省一级普通高中特色示范学校的校长称：

考试时间定在期中，有如下问题：第一，时间跨度问题。现在学生10月14日、15日考完后，需要等一个月才知道成绩。知道成绩后，有些学生不再参加考试，有些还要参加考试，学校需要对此进行教学评估。第二，师资调配问题。高一学年，学校要开足7门课，所以任课教师严重不足；高二学年，学生10月考试后，有些学生不再学习某些学科，那这些学科的任课教师就空闲了。到了高三学年，学生再经过一次考试，又有些学科的任课教师空闲了。在等待分数的10月到11月期间，作为校长，我如何安排空闲的教师呢？总不能10月17号安排一次，等11月15号成绩出来后，再去安排一次吧。假如考试时间调整到寒暑假，那我就有充分的时间做准备，以保持正常的教学秩序了。

再如，浙江省杭州市一所高中的校长主要从学生视角谈了学考与选考考试时间安排在10月和4月带来的若干问题：

将学考、选考的时间定在10月和4月，我觉得会对学生产生以下影响：第一，学生要在寒暑假拼命学习、准备考试；第二，从考试结束到成绩公布，这一个月时间属于观望期，学生需要决定是否参加“二考”（即同一科目的第二次考试机会），那么这段时间的教学势必会受到影响；第三，参加4月考试的学生，刚考完，心态还没调整好，紧接着就要参加6月的高考，时间过于紧张。我认为，将考试时间调整到1月和6月，应该能较好地解决上述问题。

（二）上海学考等级性考试的时间

从调研来看，上海仅有少数高中校长建议将学考等级性考试统一安排在高三学年下学期。

比如，上海市虹口区一所市实验性示范性学校的校长称：

现在，有的学生将等级考安排在高二，有的安排在高三。从学校的角度来说，希望学生能够全部安排到高三参加等级考。上海的方案导向是很清楚的，但是家长的考虑很实际。比如有的学生不太喜欢地理，也不想把地理作为将来的选考科目或专业方向，但这些学生的家长为减轻孩子在高三的压力，努力督促孩子在高二参加地理等级考。如果把所有科目的等级考全部安排在高三的话，就不存在这个问题了。并且，这也便于一些校本特色课程的开设。

此外，在调研中，有个别高中校长认为，外语两次考试的制度设计没有必要。其主要理由是从1月到6月期间，考生的英语水准必定有一个大的提升，第二次考试成绩肯定更高。不过，绝大多数高中校长都没有质疑外语两次考试的制度设计。

六、关于两地不同年级考生之间的跨级赋分

（一）浙江省高二、高三考生之间的跨级赋分

在浙江新高考综合改革方案下，至2016年10月，首次出现高二、高三学生学考、选考跨级赋分的现象。同时，由于浙江同一科目学考与选考的“合卷”设计，其跨级赋分事实上不仅仅是高二、高三学生在某一科目的学考之间、选考之间共同赋分，还包括高二学生某一学考科目与高三学生某一选考科目的学考成绩之间一体赋分的问题。对于这种不同年级学生共同考试、跨级赋分的制度安排，不少高中校长和地方教育局负责人表示不理解，建议分开赋分。

例如，浙江省金华市一所省一级普通高中特色示范学校的校长表示：

真正到了高三，有的学生就忙着高考了，不愿意再来参加学考或选考了。因此，两个年级合在一起考试并不合理。

浙江省海宁市一所高中的副校长也认为：

两个年级的学生共同参加考试，然后放在同一个模型中去评价，（我）觉得这样无论对高二还是高三学生来说，都是不合理、不公平的。我认为考试时间可以（放在）一起，但是考试的评价、评级赋分应该一级一级来。

以上所列若干高中校长关于不同年级考生分开赋分的建议，必须辅之以相应的配套改革。调整跨级赋分制度之所以比较复杂，一是在于浙江同一科目学考、选考“合卷”的制度设计；二是需要考虑预防不同年级考生分开赋分可能引发部分考生“抢跑”或者“赶考”的行为，也就是说需要考虑避免再度出现考试竞争不充分的问题，以及其他诸如学校违规“赶进度”、考生分数不等值等风险。

（二）上海市高二、高三考生之间的跨级赋分

如本节前面所言，上海市2015级高中生进入高二学年下学期时，地理和生命科学两科目也出现高二、高三学生共同考试、跨级赋分的现象。上海市高中校长的调研座谈会上，部分校长反映，不少家长希望取消不同年级考生一体赋分的机制，调整为分开赋分。

七、关于上海学考等级性考试科目的分值设置

根据上海新高考综合改革方案，语、数、外每门分值区间为0—150分，而每门学考等级性考试科目分值区间为40—70分（学考合格即为40分）。从分值来看，学考等级性考试科目相对较低。上海部分高中校长认为，这样的分值设置是存在问题的。

比如，上海市一所市实验性示范性学校的校长指出：

我校对高一和高二的教学作了适当的分类。高一时，学校全部开设一样的基础课，到了高二，将打算参加等级考的学生分出来，但未进行分层。另外，依据现有的招考制度，语、数、外将在高考中起到决定性的作用。由于目前的分值设置，学生的等级性考试分数“被压扁”了，通过等级性考试获得竞争优势非常困难，所以肯定要将大部分精力投放到语、数、外的考试上。从追求语、数、外成绩最优的角度来讲，校长承担了各方面的压力。任课老师会抱怨被加课，学生则表示需要更多的课时，家长也会因对比各学校的课时安排而产生意见。

再如，上海市宝山区一所中学的校长称：

新高考可能不利于理科人才的培养。为什么？简单讲，从分数来看，语文和外语加起来，总分有300分。外语今后可能是语、数、外中最被重视的一科，因为外语可以两考。两考设计是很好，但大家可能每一次考试都很重视，因此可能会花很多时间。而数、理、化全考，总分也不过210分。210分对300分，孰多孰少，一目了然。可能会导致将来学理科的孩子减少，这一问题值得重视。

可以看出，两位校长都认为上海高考等级考科目分值设置偏低，结果可能会导致学生高度重视语、数、外三科目。其中一位校长直接指出这种分值设置可能会对未来基础理科人才的培养与选拔带来不利影响。

以上呈现的主要是高中校长对新高考综合改革实践的基本看法，个别意见来自地方教育局负责人。应该说，走班教学的排课工作尽管比较复杂，但经过几年试点，已经基本上不成问题了。学生的课业负担和考试压力整体上在高三学年有所减轻。当然，实际上是转移到了高二甚至高一学年，所以现在高一、高二学生的学业负担比之以往是明显增加了。

关于浙江学考、选考时间安排在每年10月、4月对教学秩序带来的影响，浙江省教育厅、教育考试院已经于2017年暑假期间启动了调研，全面征询包括高中校长、教师、学生在内的意见与建议。从调研反馈来看，校长和教师普遍希望安排在1月和6月，而学生则普遍希望不要进行调整。在师生意见明显不一致的情况下，只能综合考量、谨慎推进，力争探讨出一个各方都相对满意的调整方案。至于浙江、上海两地高二、高三学生共同考试、跨级赋分的基本制度设计，随着学生的选择日趋理性，可能所有学生都会选择在高三学年参加选考、学考等级性考试。若是如此，那么跨级赋分现象自然也就不存在了。当然，学生究竟如何选择，只能等待实践来检验。事实上，浙江省基于绝大多数学生都选择在高三参加选考，已经考虑调整选考考试时间，将其安排在高三学年，这样就可以避免跨级赋分问题了。上海在这一方面目前暂未有调整计划，还是“将选择权交给学生”，让他们自主选择考试时间。根据学生的实际选择情况，以后再综合考虑是否有必要进行方案调整。

最后，需要指出的是，笔者对浙江和上海两地高中校长、地方教育局负责人、普通任课教师进行的访谈调查，还涉及诸如高中走班教学软硬件需求、新高考综合改革中的功利性选择行为、综合素质评价实践及将其纳入高校招生评价的利弊等内容。关于这几方面的问题，本书将在第六章予以专门探讨。

第五章

试点省市高校选考科目规定与招生录取政策

2017年是全国新一轮高考改革开启后的首次高考之年。如果说2014年至2016年期间，教育学界对浙江、上海高考试点改革的关注点主要集中在高中阶段教育，即新高考制度下的高中教育教学变革，那么，随着首批学生进入高三学年，考生志愿填报、高校招生录取已然成为人们关注的新重点。新高考元年，浙江与上海两试点省市高度重视高考录取工作。高中和教育行政部门则必然高度重视本校、本地区的高考及录取状况。就学术研究而言，应当以一种更加宏观的视野关注、探究两地高考招生及录取工作的整体状况。

第一节
高校不同专业的选考科目规定

新高考综合改革的一个基本价值取向是增加高校的选择权，这实际上也是多年以来学界所呼吁的扩大高校办学自主权的一个重要部分。所谓增加高校的选择权，首先是赋予高校自主确定不同招生专业的科目选考规定的权限。本节简要介绍在浙江、上海两地招生专业（类）的选考科目若干基本统计数据，并通过分析各高校不同专业的科目选考范围，提炼、归纳在两地招生专业选考科目规定的基本特点。

一、浙江与上海新高考招生方案关于选考科目的基本规定

2014年出台的《国务院关于深化考试招生制度改革的实施意见》提出："高校要根据自身办学定位和专业培养目标，研究提出对考生高中学业水平考试科目报考要求和综合素质评价使用办法。"其后，《浙江省深化高校考试招生制度综合改革试点方案》规定："高校根据自身办学定位和专业培养目标，分专业类或专业确定选考科目范围，但至多不超过3门，并在招生2年前向社会公布；考生选考科目只需1门在高校选考科目范围之内，就能报考该专业(类)。高校没有确定选考科目范围的，考生在报考时无科目限制。"《上海市深化高等学校考试招生综合改革实施方案》规定："普通本科院校可根据办学特色和定位，以及不同学科专业人才培养需要，从思想政治、历史、地理、物理、化学、生命科学6门普通高中学业水平等级性考试科目中，分学科大类（或专业）自主提出选考科目范围，但最多不超过3门。学生满足其中任何1门，即符合报考条件。对于没有提出选考科目要求的高等学校，学生在报考该校时无科目限制。"浙江与上海两地关于考生选考科目的基本规定一致，某一专业（类）的选考科目数为0—3门。

具体说来，高校指定为0门的专业（类），没有任何科目选考要求，考生无论选考哪几门科目都可以报考；指定为1门的，考生只有选考了该科目

才能报考该专业（类）；指定为2—3门的，考生选考科目中只需1门符合即可报考该专业（类）。由于选考科目设定为2—3门的专业（类）不是要求考生必须同时选考这几门科目，而是只要满足其中1门即可，因而，选考科目设定为1门的专业（类）要求最为严苛。

二、在浙江招生专业（类）的选考科目范围基本统计

2017年，在浙江省招生的全国1368所高校的选考科目范围涵盖了2.37万个专业（类）。从招生高校来看，有500余所没有提出选考科目要求；各高校所有专业（类）中，不限选考科目者占54%；设限选考科目者占46%，其中设限范围为1门的占5%，2门的占8%，3门的占33%。在各校所提选考科目要求的专业（类）中，选择最多的是物理，涉及设限专业（类）的81%；其次是化学，涉及64%；再次是技术，涉及36%；生物、历史、地理、思想政治分别涉及32%、19%、15%、13%。据统计，考生选考物理即可报考（包括高校设限选考科目为物理和没有设限选考科目，下同）的专业（类）达到91%，化学达到83.5%，生物达到68.8%，思想政治达到59.7%，历史达到62.8%，地理达到60.9%，技术达到70.6%。考生选考任何3个科目，至少可以报考约66%的专业（类）。①在传统文理分科模式下，文科考生只可报考约34%的专业（类），理科考生只可报考约66%的专业（类）。显然，新高考方案实施后，考生的专业选择面比在传统文理分科背景下大大拓宽。

根据浙江省教育考试院的统计数据，2018年拟在浙江招生的高校有1360所，选考科目范围涵盖了2.49万个专业（类），不限选考科目的占55.9%，设限选考科目的占44.1%。其中，设限范围为1门的占4.9%，2门的占8.2%，3门的占30.9%。各高校提出选考科目要求的专业（类）中，选择最多的是物理，涉及设限专业（类）的81%；其次是化学，涉及63.9%；再次是技术，涉及36.3%；生物、历史、地理、思想政治，分别涉及33.1%、17.7%、14.7%、12.2%。考生选考物理即可报考（包括高校设限选考科目为物理和没有设限选考科目，下同）的专业（类）达到91.6%，化学达到

① 浙江2017年高校选考科目公布[EB/OL]. [2015-03-02]. http://old.www.moe.edu.cn//publicfiles/business/htmlfiles/moe/s5147/201503/184332.html.

84.1%，生物达到70.5%，思想政治达到61.3%，历史达到63.7%，地理达到62.4%，技术达到71.9%。总体上看，这些比例与2017年大体一致。部分高校的某些专业（类）的科目选考要求较之2017年出现一定变化。比如，北京大学电子信息类专业（包括计算机科学与技术、电子信息科学与技术、微电子科学与工程、智能科学与技术、通信工程），2017年在浙江招生选考科目要求为物理，2018年则调整为物理、技术，增加了技术一科。浙江大学科技与创意设计试验班2017年选考科目为物理、技术，2018年则调整为物理，删除了技术。这意味着，考生如果只选考技术将不能报考这一试验班。再如，中国人民大学国际政治类专业2017年选考科目为思想政治、物理、历史，信息资源管理类2017年选考科目为历史、物理，农业经济管理类2017年选考科目为历史、物理。这三个专业类2018年选考科目要求均改为“不限”。不过，总体而言，2018年在浙江招生专业的科目选考要求与2017年相比变化不大。

通过分析浙江省教育考试院网站所提供在2017年、2018年在浙江招生专业的科目选考范围，可以发现若干值得重视的问题。比如四川大学，2017年在浙江招生专业（类）的科目选考要求，工程力学、软件工程为物理、技术、生物，电子信息类、信息安全、计算机类、物联网工程、材料类(中外合作办学)、材料类、土木类为物理、化学、技术，能源与动力工程、水利类为物理、化学、生物，城乡规划为思想政治、历史、地理。除此之外的所有专业（类），全都没有选考科目要求，其中包括化学类、生物科学类、机械设计制造及其自动化、过程装备与控制工程、机械类(中外合作办学)、无机非金属材料工程、高分子材料与工程、微电子科学与工程、化学工程与工艺、纺织工程、轻化工程、生物工程、基础医学(基地班)、临床医学(口腔医学)、口腔医学、预防医学、药学、临床药学、法医学、口腔医学技术、卫生检验与检疫、医学技术类等需要物理、化学或生物学科基础的专业（类）。一般说来，选考“政史地”传统文科科目组合的考生，通常不会报考理工类专业。但在选考制度设计下，考生的学科知识结构与所录取专业的内在不匹配性或者说匹配度低的问题是客观存在的。应该承认，究竟什么是“完全匹配”并不易界定，难以给出一个确定的判定标准，但是不匹配问题或者说匹配性差、匹配度低的问题又是客观存在的。

再以湘潭大学为例，2017年在浙江招生的所有专业（类），全都没有任何科目选考要求。这种情况，在与其办学水准大致相当的高等院校中应当说比较罕见。湘潭大学于1978年即获国务院批准为综合性全国重点大学，现在是湖南省与教育部、国家国防科技工业局重点共建学校。尽管设置选考要求也同样存在内在匹配性问题，同时不设置选考科目要求也并不必然意味着某专业所有报考、录取的考生完全不匹配，但作为一所办学水准较高的大学，没有提出任何科目选考要求，必然造成同一专业所录取学生的知识结构存在明显差异，进而带来课程设置与培养方面的棘手难题。更何况，其在浙江招生专业（类）还包括应用化学、机械设计制造及其自动化、工业设计、材料化学、新能源材料与器件、能源与动力工程、电子信息工程、通信工程、微电子科学与工程、计算机科学与技术、软件工程、土木工程、化学工程与工艺、环保设备工程、药学等大批理工类专业。

再者，部分边疆省份的原“211工程”大学，在浙江招生的所有专业均没有任何科目选考要求。比如，2017年新疆大学在浙江招生专业包括机械工程、软件工程、计算机科学与技术、土木工程等，青海大学则包括应用化学、机械设计制造及其自动化、材料成型及控制工程、机械电子工程、冶金工程、电气工程及其自动化、自动化、计算机科学与技术、土木工程、给排水科学与工程、水利水电工程、测绘工程、化学工程与工艺、制药工程、资源勘查工程、环境科学、环境生态工程、食品科学与工程、乳品工程、城乡规划、生物工程、农学、园艺、植物保护、动物医学、林学、草业科学、临床医学、麻醉学等专业。两所大学在浙江招生的这些理工类专业均没有任何科目选考要求。这两所大学的这些理工类专业录取的浙江学生必然会出现知识结构与录取专业所应具备知识结构之间内在匹配性差的问题。

三、上海市本科高校招生专业（类）的选考科目范围基本统计

在浙江与上海两地招生的高校，其不同专业（类）的选考科目要求存在差异，部分原因在于两地本身的选考科目不同，即浙江是“7选3”，而上海是“6选3”。浙江在选考科目中较之上海多出一门“技术”，有的高校在浙

江所招生的专业规定可以选考这一科目。除此之外，一方面同一高校在浙江与上海两地所招生的专业存在一定差异，另一方面即使是同一专业在两地招生的科目选考要求也不一致，甚至存在很大差异。

从上海各高校看，37所本科高校2017年共有1096个专业（类）在上海招生。其中，提出3门科目要求的有281个，共9种组合，分别为：①物理、化学、生命科学；②物理、化学、历史；③物理、化学、地理；④物理、思想政治、历史；⑤化学、思想政治、历史；⑥化学、思想政治、地理；⑦化学、历史、地理；⑧生命科学、历史、地理；⑨思想政治、历史、地理。涉及的专业（类）主要有理学、工学、医学等。3门科目要求中，最多的组合是物理、化学、生命科学，有217个专业（类）。其次是物理、化学、地理组合，有22个专业（类）。科目要求2门的有85个，仅有物理、化学一种组合，没有其他科目组合要求，涉及专业（类）主要有医学、生物、化工、机械类等。要求1门科目的有75个，全部仅对物理提出要求，涉及专业（类）主要有工科、电子信息、电气工程、机械类等。没有提出科目要求的有655个，涉及专业（类）主要有管理、法学、艺术等。[①]就6门选考科目而言，所有专业（类）中提出最多的选考科目是物理，有415个专业，占专业（类）总数的37.9%；其次是化学337个，占30.7%；再次是生物222个，占20.3%；地理、历史、思想政治分别为47个、41个、26个。[②]

根据上海市教育委员会网站所提供的“2017年全国本科高校专业（类）选考科目范围”，上海市没有提出选考科目要求的高校包括上海对外经贸大学、上海纽约大学、华东政法大学、上海体育学院、上海戏剧学院、上海音乐学院、上海立信会计学院、上海政法学院、上海杉达学院、上海建桥学院、上海视觉艺术学院、上海兴伟学院、上海外国语大学贤达经济人文学院、上海师范大学天华学院等高校。像上海海事大学的航海技术、轮机工程、船舶电子电气工程、机械类（大类招生）、电气类（大类招生）几个专业（类）的选考科目为物理、化学、地理，但其机械类(中外合作办学)、材

① 上海市本科高校专业（类）对2017年高考选考科目要求公布[EB/OL]. [2015-02-04]. http://sh.people.com.cn/n/2015/0204/c176739-23789995.html.

② 上海37所高校2017年高考选考科目要求公布[EB/OL]. [2015-02-03]. http://edu.sina.com.cn/gaokao/2015-02-03/1602456870.shtml.

料科学与工程、能源与动力工程、电气类(中外合作办学)、电子信息类、网络工程、计算机类、港口航道与海岸工程、交通运输类、船舶与海洋工程、安全科学与工程类专业（类）等，都没有任何科目选考要求，考生无论选考哪3门科目都可报考这些专业（类）。

四、在浙江、上海两地招生专业（类）选考科目规定的基本特点

通过分析2017年、2018年在浙江、上海两地招生专业（类）的选考科目规定，可以发现其呈现出如下几个基本特点：

1. 从专业（类）看，文科类专业要求总体而言相对比较宽松，甚至完全不限选考科目；理工类专业选考要求相对较多，限制更多。高水平大学特别是“一流大学建设高校”的理工类招生专业，大多设置了科目选考要求。不过，正如前文所言，四川大学在两地招生的多个理工类专业均无科目选考要求。再如，厦门大学在浙江招生的电子信息科学与技术专业，也没有科目选考要求。

2. 部分边疆省份的原“211工程”大学，如新疆大学、青海大学2017年与2018年在两地招生的所有专业，包括部分理工类专业，均无科目选考要求。部分办学历史较长、办学水准较高的本科院校，如湘潭大学、内蒙古科技大学等在浙江招生的所有专业包括不少理工类专业，也没有任何科目选考要求。但这样的情况，相对比较少见。

3. 一般说来，理工类专业的选考科目范围，在上海招生的高校大多是从物理、化学、生命科学中选择0—3门作为选考科目范围，在浙江招生的高校多是从物理、化学、生物、技术中选择0—3门作为选考科目范围。同一招生专业，不同高校的科目选考要求不尽一致，有的高校无任何限制，有的高校设置了1—3门作为选考科目范围。

以2017年在浙江招生的电子信息科学与技术专业为例（见表5-1），北京大学规定选考科目为物理，复旦大学规定为物理、化学，宁波大学规定为物理、技术，四川大学规定为物理、化学、技术，上海理工大学规定为物理、化学、生物，中南大学规定为物理、技术、生物，云南师范大学商学院规定为物理、地理、技术，青海民族大学规定为物理、技术、思想政治，兰州大学规定为物

理、地理、生物，厦门大学则无任何科目选考要求。这种情形在文科类专业也同样存在。比如哲学专业，各个高校科目选考要求也是不尽一致（见表5-2）。而像西北大学的法学专业，选考科目为物理、化学、生物。如果考生选考为思想政治、历史、地理传统文科组合，那么将无法报考西北大学法学专业。

再者，部分理工类高校没有一个专业将选考科目限制为物理1门，也即所有专业都不要求必考物理，浙江理工大学、杭州电子科技大学等都是如此。

表5-1 2017年在浙江招生的电子信息科学与技术专业科目选考范围统计

选考科目	院校
物理	北京大学、上海交通大学、哈尔滨工业大学、南开大学、西北大学、中国海洋大学、东北师范大学、华中师范大学、北京邮电大学、北京林业大学、华北电力大学(保定)、山西大学、内蒙古工业大学、吉林农业大学、长春理工大学光电信息学院、南京航空航天大学、扬州大学、苏州大学文正学院、浙江科技学院、合肥工业大学(宣城校区)、青岛理工大学、临沂大学、桂林电子科技大学、西安邮电大学
物理、化学	复旦大学、武汉大学、北京师范大学、重庆大学、苏州大学、中国矿业大学、上海大学、南京工程学院、天津城建大学
物理、技术	宁波大学、武汉理工大学、武汉纺织大学、湖南师范大学、华南农业大学、成都信息工程学院、重庆邮电大学、桂林电子科技大学信息科技学院、昆明理工大学、泉州师范学院、阜阳师范学院
物理、化学、技术	四川大学、山东大学、吉林大学、电子科技大学、西安工业大学、西安电子科技大学、华东师范大学、南昌航空大学、郑州大学、贵州大学、云南大学、天津理工大学、南开大学滨海学院、河北联合大学、河北师范大学、华北电力大学科技学院、大同大学、沈阳化工大学、大连海事大学、东北电力大学、吉林建筑大学、哈尔滨理工大学、黑龙江科技大学、东北石油大学、齐齐哈尔大学、南京大学金陵学院、浙江理工大学、中国计量大学、杭州电子科技大学信息工程学院、浙江理工大学科技与艺术学院、安徽工程大学、山东大学威海分校、河南理工大学、河南工业大学、新乡学院、武汉轻工大学、湖北师范学院、衡阳师范学院、长沙理工大学、吉林大学珠海学院、重庆理工大学、兰州理工大学

续表

选考科目	院校
物理、化学、生物	上海理工大学、杭州电子科技大学、温州大学、内蒙古大学、北华大学、长春科技学院、淮北师范大学、江西理工大学、郑州轻工业学院、湖南工业大学、重庆师范大学、陕西理工学院、商洛学院
物理、技术、生物	中南大学、沈阳理工大学、长春理工大学、南京农业大学
物理、地理、技术	云南师范大学商学院
物理、技术、思想政治	青海民族大学
物理、地理、生物	兰州大学
无选考要求	厦门大学、天津师范大学、山西农业大学、河南农业大学、天津理工大学中环信息学院、东北师范大学人文学院、三江学院、青岛农业大学海都学院、重庆邮电大学移通学院、昆明理工大学津桥学院

表5-2　2017年在浙江招生的哲学专业科目选考范围统计

选考科目	院校
不限	北京大学、武汉大学、中山大学、山东大学、南开大学、厦门大学、华东师范大学、大连理工大学、兰州大学、中国政法大学、同济大学、东北大学、华侨大学、南昌大学、湖南科技大学、湖南师范大学、华南农业大学、西南政法大学、西北大学、西安电子科技大学、山西大学、黑龙江大学、解放军陆军军官学院
思想政治、历史、地理	东南大学、江苏师范大学、浙江工商大学、郑州大学、华中师范大学、重庆大学、西安交通大学、山西大学
思想政治、历史、物理	云南大学
历史、思想政治	中国人民大学
历史、物理、化学	复旦大学、吉林大学
物理、化学	上海大学(理科试验班“理学工学类”)

4. 部分新建公立本科地方院校在浙江、上海招生的所有专业，包括理工类专业，均没有任何科目选考要求；相反，不少独立学院的理工类专业则设

置了相应的科目选考要求。多数理工类专科招生专业无任何科目选考要求，少数设置了一定的要求。民办高校大多没有设置科目选考要求，但部分独立学院设置了科目选考要求。因而，不能一概认为独立学院都没有设置科目选考要求。此外，部分独立学院的母体大学设置了科目选考要求，而该独立学院本身则没有设置相关要求；部分独立学院某些专业的科目选考要求与其母体大学相同。

5. 同一高校在浙江、上海招生专业相同，但选考科目要求不相同，这是一个值得重视的现象。比如，新疆农业大学2017年在浙江招生专业包括电气工程及其自动化、土木工程、水利水电工程、化学工程与工艺、食品质量与安全、农学、园艺、动物科学、动植物检疫、会计学，这些专业全都设置了科目选考要求，并且均为1门。但其在上海招生的所有专业则无任何科目选考要求，包括电气工程及其自动化、电子信息科学与技术、计算机科学与技术、物联网工程、土木工程、水利水电工程、水文与水资源工程、化学工程与工艺、交通运输、交通工程、农业机械化及其自动化、农业电气化、农业建筑环境与能源工程、农业水利工程、环境科学、食品科学与工程、食品质量与安全农学、园艺等专业。不难发现，新疆农业大学同一专业在浙江与上海招生的科目选考要求不一致，而且这种差别并非涉及“技术”一科，即不在于两地选考科目总数是“6门”还是“7门”。大连大学也是属于这种情形，但其在两地招生科目选考宽严恰好相反：在浙江招生专业没有任何选考限制，在上海招生专业反而有一定选考要求。

6. 部分农业、农林类高校的专业选考要求比较宽松，甚至所有在浙江、上海招生的专业都没有任何限制，包括若干理工类专业。比如，山东农业大学、河南农业大学、福建农林大学三所高校，2017年在浙江招生的专业包括：自动化、土木工程（装饰工程方向）、建筑环境与能源应用工程、给排水科学与工程、水文与水资源工程、测绘工程、遥感科学与技术、机械设计制造及其自动化、电子信息科学与技术、计算机科学与技术、环境工程以及农学、园艺、农业资源与环境等专业（类），均没有任何科目选考要求。

总的说来，在浙江、上海两地招生高校数量多，专业数量更多。不同高校不同专业的科目选考范围不尽一致，不同高校同一专业的科目选考范围也不尽一致，甚至是同一高校的同一专业在浙江与上海两地所定科目选考范围也不相同。这一方面彰显了高校在招生方面的自主性，但另一方面也反映出部分高校在这一方面还比较缺乏自觉性，尤其是不少理工类专业没有任何科目选考要求的现象值得重视与警惕。在“3 + 3”自由选考制度下，即使设定了1—3门科目选考范围都可能出现考生的知识结构与录取专业所要求知识结构契合度低的问题。没有设定任何科目选考要求的理工类专业，所录取的考生知识结构与录取专业所要求知识结构契合度低的问题往往更加严重。从这一意义上说，加强考生知识结构与录取专业所要求知识结构契合性的研究，应该成为新高考综合改革系统工程的一项重要内容。

第二节
两地志愿填报与录取基本方案

2017年1月3日，浙江省高等学校招生委员会印发了《浙江省2017年普通高校招生录取工作方案》的通知（浙高招委〔2017〕1号）。2017年3月17日，上海市教育考试院发布了《上海市2017年普通高等学校招生志愿填报与投档录取实施办法》（沪教考院〔2017〕17号）。分析两地新高考招生录取方案可以发现，较之以往，两地在志愿填报与投档办法方面均发生较大变化，都具有十分明显的创新性。

一、浙江新高考志愿填报与录取方案

2017年，浙江省新高考分普通、艺术、体育三类进行录取。其中，普通类录取的变革之处主要体现在三大方面：一是从分批次录取到分段录取；二是从院校平行志愿到专业平行志愿；三是可填报志愿数量达到80个。

（一）取消录取批次、实行分段录取是浙江新高考的重要创新之一

2017年浙江省高考招生，统一高考普通类录取不再分第一、二、三批进行。但为平稳过渡起见，浙江借鉴了之前第一、二、三批的录取经验而采取分段录取的方式。所谓分段录取，是指分第一段、第二段、第三段填报录取，分别对应实考人数的20%、60%（累计）、90%（累计）。第一、二、三段比例划分的依据是2016年第一、二、三批次的录取率。2016年，浙江高考第一批录取率为17.45%，第二批为57%(累计)，第三批为89.7%（累计）。从具体分数看，2017年浙江新高考三段录取所对应的分数节点分别为577分、480分、359分。可以看到，2017年分段录取比例略高于2016年第一、二、三批录取率。根据2016年第一、二、三批录取比例而实行分段填报录取，一方面有利于防止高分考生因志愿填报不当而导致落差太大的问题，另一方面也有助于防止出现高水平大学各专业之间分差过大的问题。[①]

① 冯成火. 以生为本　平稳过渡　决战决胜——2017年浙江省高校招生录取规则意蕴解析[J]. 中国考试，2017(4)：20.

浙江新高考由于实行“7选3”模式，不同考生的选考科目可能不同，不同高校对选考科目的要求也可能不尽相同，故实际上已无传统意义上的名次，考生名次相应地为考生位次所取代。考生位次是新高考在不分文理和批次、实行专业平行志愿、分段投档录取规则基础上，根据某类所有实考考生成绩形成的全省排位。传统高考考生名次则是原高考基于文理分科、分批招生录取规则而形成，是分文理两类、分批排名，因而同一个考生可能有多个名次。而在新高考下，同一个考生在同一类别里只有一个位次。在选考科目符合要求的前提下，位次在前的考生先投档；位次相同，则志愿顺序在前的考生先投档，全部相同的则全部投档。

（二）从院校平行志愿到专业平行志愿：浙江新高考志愿填报与录取的又一重要创新

专业平行志愿是指新高考招生同一类别、同一段中若干具有相对平行关系的专业（类）志愿，以一所院校的一个专业（类）为志愿单位，按照“分数优先、遵循志愿”的原则进行投档。不同于以往以院校为志愿单位投档的院校平行志愿，专业平行志愿投档时直接投档到某院校某专业（类），因此也就不存在专业服从调剂问题。当然，新高考实行选考后，不同专业对学生选考科目的要求不一致，以院校为单位的传统投档模式实际上也已无法实施。从院校平行志愿到专业平行志愿，很大程度上体现了以生为本的招生录取原则，具有重要的创新意义。一方面这种投档方式可以解决长期以来一直困扰我们的考生不能被录取到自己喜欢专业的问题，扩大考生在录取环节的选择权，让考生“录其所愿”；另一方面也有利于倒逼高校优化专业结构、加强专业内涵建设、办出专业特色，有利于改变高等院校专业设置的同质化现象。

在志愿数量方面，新高考考生最多可以填报80个。浙江省之所以将高考志愿上限设定为80个，主要是基于改革初期志愿数量“宜多不宜少”的考虑，同时认为这样有利于新、老办法的平稳衔接，有助于兼顾有的考生“看重学校”、有的考生“看重专业”等不同的偏好。80个志愿对院校专业来说没有先后之分，无论是第1还是第80个志愿填报的，一旦投到该院校专业，系统显示的志愿均为一志愿。但对考生来说，则有先后之分。专业平行志愿投档依据考生的位次和志愿顺序进行。计算机对考生所填报的80个志愿依次进行检索，先检索第1志愿，符合条件就投档，不符合条件即检索第2志愿，依此类推。一旦检索到符合条件的志愿并投档，后续志愿立即同时失效。80个志愿中，即使有多个符合条件的志愿，也只有一次投档机会，只投档到排在最前面的符合条件的志愿。这样对考生来说，精心安排志愿次序便十分重要。

在投档比例方面，浙江也呈现新变革，实行1∶1投档。以考生符合所填报志愿的选考科目范围为前提，根据考生高考总分实行专业平行志愿投档，直接投到考生所填报的具体院校的具体专业（类）。高考总分相同的考生依据位次、志愿顺序投档，全部相同者一并投档。考生位次按普通类所有考生高考总分由高到低排序确定。高考总分相同时先后按文化总分、语文数学总分、语文或数学单科成绩、外语单科成绩、选考科目单科成绩高低排序，全部相同者为同位次。需要注意的是，普通类专业平行志愿投档后也有退档风险，比如考生体检、单科成绩、外语语种、英语口试、学考等级、综合素质评价等因素不符合院校要求，那么即有可能造成退档。这些要求由院校根据招生需要自主设定，并在招生章程中公布，但在投档系统中则不设置限制投档条件，一旦投档到某个院校的考生不符合该院校招生章程要求，便会被退档。

浙江的投档录取规则明确规定，每一段专业平行志愿均实行一轮投档，考生只有一次投档机会，一旦被投档到其中一个专业志愿，其余专业志愿便当即失效。若投档后被退档，其他专业志愿也不能再投档，只能参加剩余计划的下一段志愿填报和投档。

二、上海新高考志愿填报与录取方案

（一）合并本科第一、二录取批次是2016年上海新高考招生制度的一项重要改革

2014年《上海市深化高等学校考试招生综合改革实施方案》规定："2016年起，合并本科第一、第二招生批次，并按照学生的高考总分和院校志愿，分学校实行平行志愿投档和录取。"因而，上海合并本科第一、二录取批次，并不是始于2017年，而是提前至2016年。

合并本科第一、二录取批次，是上海市落实《国务院关于深化考试招生制度改革的实施意见》的具体体现，无疑具有重要的意义。不同高校间的办学水准与发展实力差异固然客观存在，但高校录取划分一本和二本，最初其实是为了方便录取而作的一种技术性安排，并非有意固化高校之间的身份层级。然而，随着时间的推移，一、二本录取批次成为一种划分高校层次的标签。上海率先在新高考综合改革中合并一、二本录取批次，有利于促进高校提升办学水准，增强办学活力。与此同时，其积极影响还在于推进形成一个更加公平、合理的高等教育生态环境。

（二）以院校专业组为基本单位：上海新高考本科段志愿填报的模式创新

上海新高考本科招生分为提前部分和普通部分。提前部分按录取顺序包括综合评价批次、零志愿批次、本科提前批次、本科艺体类批次（与本科提前批次同时进行招生）、地方农村专项计划批次和特殊类型招生。普通部分即指本科普通批次。

在本科段，上海新高考以院校专业组为基本单位进行录取。院校专业组由院校根据不同专业（含专业或大类）的科目要求和人才培养需要进行设置，一所院校可以设置一个或多个院校专业组，每个院校专业组内可包含数量不等的专业。院校专业组设置的基本原则是同一院校专业组内各专业的科目选考要求相同。同一院校科目要求相同的专业，可分设在不同的院校专业组中。从某种意义上说，院校专业组类似于过去文理分科模式下的“文科专业”“理科专业”“文理共招专业”。传统高考由于考生在填报志愿之前就已经分成文科生、理科生，所以在志愿填报时不需要再填“文科专业”“理科专业”“文理共招专业”。在新高考下，考生可以自由选择选考科目，选考组合不再像过去只分简单的文、理两类，由此出现了专业组。当然，院校专业组一定意义上也可以说是过去高考分为“文科专业”“理科专业”“文理共招专业”的一种新发展。

（三）上海本科段志愿填报数量与投档办法方面的创新

在志愿填报数量方面，提前部分中的综合评价批次设置 4 个平行志愿，零志愿批次设置 3 个平行志愿，本科提前批次设置 4 个顺序志愿，本科艺体类批次分为 2 个批次并各设置 2 个顺序志愿，地方农村专项计划批次设置 4

个顺序志愿，特殊类型招生设置“1 + 3”个平行志愿（特殊类型招生包括高校自主招生、高水平艺术团招生、高水平运动队招生，“1”为清华大学、北京大学特殊类型志愿，“3”为其他招生院校特殊类型志愿）。

本科普通批次设置共计24个平行志愿。由于本科志愿以院校专业组为单位设置，一个院校专业组即为一个独立的志愿，因此，所谓“24个平行志愿”是指24个院校专业组。由于每个院校专业组最多可以包含4个专业志愿，这样每位考生理论上最多可以填报96个专业志愿。如果再算上“选择服从调剂”的话，那么，考生的选择机会更多。较之过去，这样的志愿数量无疑大大增加了学生的选择。当然，新高考考生选择志愿调剂只能在同一院校专业组内部进行，不同院校专业组计划之间不能相互调剂。

上海市新高考根据各批次志愿性质，综合评价批次、零志愿批次、特殊类型招生和本科普通批次按照平行志愿方式投档；本科提前批次、本科艺体类批次和地方农村专项计划批次按照顺序志愿方式投档。零志愿批次和本科普通批次先进行模拟投档，再根据确定的院校专业组计划数按1∶1比例正式投档。综合评价批次按1∶1.5比例投档；本科提前批次原则上按1∶1.2比例投档，已有专门规定的按规定比例投档；本科艺体类批次中，专业统考成绩合格且高考成绩达到本科控制线65%的艺术类考生、专业统考成绩合格且达到本科控制线70%的体育类考生，以及专业校考合格且高考成绩达到教育部认可的院校自主划线的艺术类考生按考生志愿全部投档。另外，地方农村专项计划批次按1∶1.2比例投档。特殊类型招生不设投档比例，经教育部阳光高考平台公示通过后按考生所填报的志愿投档。

关于同分考生的排序，具体规则为：第1位序，比较语文加数学两门合计成绩高低，高者优先；第2位序，比较语文或数学中单科成绩高低，高者优先；第3位序，比较外语成绩高低，高者优先；第4位序，比较选考科目中单科成绩高低，高者优先；第5位序，比较选考科目中次高科成绩高低，高者优先；第6位序，比较考生志愿顺序，按各自顺序分别投档。志愿顺序相同的同分同位考生同时投档。

（四）上海新高考高职（专科）段志愿填报与投档办法

上海市高职（专科）阶段以院校为单位进行招生录取，录取的基本依据是考生语文、数学、外语3门统一高考科目成绩，同时参考考生高中综合素质评价信息。

高职（专科）段设有高职（专科）提前批次、高职（专科）艺术类批次和高职（专科）普通批次。其中，高职（专科）提前批次设置2个顺序志愿，高职（专科）艺术类批次设置4个顺序志愿，高职（专科）普通批次设置8个平行志愿。各批次均设1次征求志愿，统一设置在高职（专科）普通批次投档录取完毕后进行。每个院校志愿内设6个专业志愿。考生在每个院校志愿中均须选择愿否服从专业志愿调剂。这样，普通批次考生理论上最多可以填报48个专业志愿。同样，若是再加上选择服从调剂，那么考生的专业选择机会更多。

上海高考高职（专科）段根据考生统一高考科目成绩从高到低确定投档位序。同分考生的排序规则为：第1位序，比较语文加数学两门合计成绩高低，高者优先；第2位序，比较语文或数学中单科成绩高低，高者优先；第3位序，比较考生志愿顺序，按各自顺序分别投档。志愿顺序相同的同分同位考生同时投档。

从浙江与上海新高考志愿填报与投档办法来看，可以发现两地在取消录取批次、增加志愿填报数量等方面体现出一种共同的价值追求，即增加高考录取的科学性与公平性，彰显以生为本的招生理念。但两地具体录取方案更多体现出的是一种差异。其中，最明显的差异在于，浙江是以一所院校的一个专业（类）为志愿单位进行录取，上海则以院校专业组为基本单位进行录取；浙江不存在专业服从调剂问题，而上海则可以在同一院校专业组内部进行调剂等。两地新高考录取方案，可以说正如春兰秋菊，各有千秋。

第三节 两地新高考招生录取总体状况

考生志愿填报及录取状况是高中三年学习成绩的一种集中体现，直接决定考生能否获得以及获得何种高等教育入学机会，因而直接关系到千万考生的命运与前途。作为高考招生系统的最后一环，录取工作至为关键，平稳录取是新高考招生改革必须确保的一个根本要求。总体上看，2017年新高考元年，浙江与上海两地的志愿填报与录取工作比较平稳、顺利，也都取得了比较好的改革效果。

一、2017年浙江新高考招生录取基本状况

由于新高考志愿填报与录取改革幅度较大，为了确保平稳录取，浙江省教育厅、浙江省教育考试院一方面注重加强培训与宣讲，另一方面高度重视组织模拟演练。2017年1月3日，浙江省高等学校招生委员会印发了《浙江省2017年普通高校招生录取工作方案》的通知（浙高招委〔2017〕1号）。其后，浙江省教育厅、浙江省教育考试院作了一系列的宣传解读，以便让学生、高校熟悉志愿填报、录取流程与录取规则，并且先后进行了三次志愿填报与高校录取的演练工作。其中，第一次是在2017年春节之前，第二次是在“五一”前后，第三次是在高考成绩发布后的第一周之内。在模拟演练中，特别注重包括投档率、同一高校录取考生的分差等问题。模拟实践表明，三次演练有效地提高了学生志愿填报的熟悉度与效率，提升了高校录取工作的效率，为后来的正式填报志愿与录取工作奠定了比较好的基础。

（一）考生志愿填报与录取基本特点

总体而言，2017年浙江省高考志愿填报与录取工作比较高效、顺利，并且呈现出“四高一低”的特点：

第一，志愿填报率高。普通类三段平均志愿填报率为96.9%，其中一段志愿填报率达到99.6%。大约70%考生填报了60个以上的志愿。

第二，志愿投档率高。普通类平均志愿投档率接近95.0%。其中，一段达到99.6%，42000名考生只有173个人未投出。二段达到92%，三段达到96%，远远高于往年的投档率。以最低的二段投档率92%来看，也是高出2016年第二批89%投出率3个百分点。

第三，志愿满足率高。事实上，投出率高也就意味着志愿满足率高。第一、二段上线填报了志愿但未能投档的考生人数，相比原高考相应批次明显减少；三段首轮投档后公办院校专业基本完成了招生。

第四，考生的选考科目与高校设置的专业要求匹配度高，既满足了学生按生涯规划选课、升学的要求，也满足了高校的招生需要。

第五，退档率低。由于是直接投档到专业，所以不存在“专业服从与否”的问题。这样，“不服从专业调剂而退档”的现象不复存在。真正因不符合院校录取条件而被退档的人数很少，三段的平均退档率是2016年的1/12，其中一段退档率约0.35‰。

在专业录取分差方面，原“985工程”“211工程”高校中，64%的分差比原来缩小了，分差扩大的学校不到30%，专业分差超过40分的约占7%。像中医药类高校，由于医药类录取分数很高，而非医非药类分数较低，所以分差比较大。其他像综合类、理工类、财经类大学，一般专业分差都不大。总体上看，高校普遍反映具有一种“获得感”。

（二）客观、理性认识一段考生报考独立学院及考生“滑档”现象

2017年，浙江省少数一段考生填报了独立学院，一度引起热议。不少人认为这种志愿填报不匹配，即考生能力与所报考院校不相符合，或者说是考生“吃亏”了。确实，假如按照传统的观点，如此高的分数报考独立学院确实不匹配，因为按照原来的分批录取，那么应该在第一批内填报、录取。但我们也应该看到，其实一段考生报考独立学院，正是体现了新高考综合改革的初衷——打破高校之间固有的身份壁垒。这里实际上存在着一种悖论：一方面，人们认为高校办学水平客观上存在着差异，考生的高考成绩应该与所报考院校的办学水平相匹配；另一方面，人们又认为这样固化了高校的身份，造成高校之间招生的不公。我们一直在批判招生录取方面的高校身份壁垒问题，然而一旦出现以上现象，人们似乎又都忘记了

新高考综合改革的初衷。

根据浙江省教育考试院的调查，填报了独立学院的部分一段考生，其实原本就打算就读所填报学校，并非是因为没有区分清楚独立学院与其母体校关系而导致的误填。这种情况尽管与人们的一般认知差异很大，甚至是颠覆了大多数人的认知，但确实是存在的。这也提醒我们，应当全面、理性、客观地评价新高考综合改革。

此外，浙江省个别二段考生在媒体上发表有关"滑档"的事件。同样，我们也应客观、理性看待这一现象。2017年，浙江省二段考生大约有7000多人"滑档"。如果只看表面，人数确实不少。但如上文所言，2017年二段投档率达92%，高出2016年第二批89%投出率3个百分点。实际上，2016年第二批未能投出的考生约有11000多人。很显然，对比一下，我们必须承认：2017年二段考生滑档人数明显少于2016年第二批"滑档"考生数。据浙江省教育考试院的分析，二段考生未投出的7000多人，所填报志愿数明显少于投出者，平均约少填15个志愿。这一事件提醒我们，确实应该谨慎、理性看待媒体上有关高考的报道。

（三）新高考综合改革与复读市场的复苏

2017年浙江省新高考元年，高复班招生呈现明显的升温景象。从《钱江晚报》根据杭州市仅有的两家高复学校——建人高复学校和求是高复学校——所做调查来看，不论是高复生的报名人数，还是高分复读生的人数，都明显多于2016年。建人高复学校校长称，2017年该校暑期补课班的报名人数与2016年相比增长了一倍多。"高考前就已经有50多名学生来报名了，暑假里第一期共5个班，有250名左右的学生；第二期暑期班安排在8月初，按照往年人数估算，预计会达到300人左右。"[①]求是高复学校的招生形势同样也是明显好于去年。并且，两所学校所招高分高复生比较多，大约为去年的两倍之多。杭州某传统重点高中的一名学生，2017年高考总成绩为648分，其中三门选考科目成绩分别为100分、97分、94分，且均为高三学年取得的成绩，同样也选择了复读。

浙江省选择高复的考生，部分是因为"滑档"没有获得高等教育入学机

① 考了648分还说"考砸了"，这位重高女生选择再战一年[N]. 钱江晚报，2017-08-01（B0011）.

会，部分则是因被录取院校不理想而选择复读。当然，高复班升温折射出的一个潜在事实是，浙江新高考制度对于复读生尤其是那些选考科目获得较高等级分数者比较有利。按照浙江新高考制度，每门选考科目最多可以考试两次，成绩有效期为两年。具体说，选考科目有效期是以考生参加6月全国统一高考首日为基准日期，倒推两年计算。假如，某考生2018年参加统一高考，那么其外语和选考科目成绩必须是2016年6月7日及以后参加考试获得的才有效。换言之，如果2017届某考生是在高三学年即2016年10月或2017年4月参加选考，尤其是获得了自己认为的理想等级分数，那么其选择复读而再次参加2018年高考的话，便不需要再参加选考科目的考试，而可以把主要精力集中到语、数、外科目上。正是在这种背景下，部分考生甚至是高分考生也选择了复读。

二、2016年、2017年上海新高考招生录取基本状况

（一）2016年高考一、二本成功合并录取

上海市在2016年即合并了一、二本录取，从录取结果来看是比较成功的。

第一，高校的投档满足率大幅提高。以原一本批次招生院校参加志愿征集的数据为例，2015年有35所院校（理科）参加征求志愿，其中上海2所，外省市33所；2016年实行一、二本合并后，参加征求志愿的原一本院校文科2所，理科4所。一、二本合并，也使得未完成招生计划的高水平大学大幅减少。2016年，仅有哈尔滨工程大学1所院校因单科成绩要求导致生源不足（2015年则为13所院校）。由于地域原因，兰州大学、西北农林科技大学、石河子大学等往年一本征求志愿的“常客”，2016年均在征求志愿前完成了招生计划。尤其在本科提前批次，像中国人民公安大学、国际关系学院、中国武警学院等院校都招到了具有专业志愿的考生，而不必受制于原来的一本线。

第二，考生志愿满足率大幅提高。一、二本合并后扩大了考生的选择范围，增加了录取机会。往年一本批次可以填报4个院校志愿，二本批次可以填报6个院校志愿，2016年每个考生均可根据自身情况填报10个院校志愿，

志愿的有效性大大增加。从录取结果看，志愿的总满足率为95.16%，其中，第3、4、5、6、7、8志愿满足率最高，第1、2、9、10志愿满足率相对较低。这也比较符合一般考生“冲一冲、稳一稳、保一保”的填报策略。

（二）2017年新高考志愿填报与录取基本状况

作为试点省市之一，上海市一直高度重视新高考综合改革，各项工作稳步推进，形成了一系列制度性安排。在高考录取阶段，为了实现平稳录取、顺利录取、高效录取，上海市同样也是高度重视新高考志愿填报与录取方案的宣传与解读工作，还多次组织学生、高校模拟演练志愿填报与录取工作。为了保证所有考生全都能够参与模拟演练，甚至采取了“家长签字”这样的保障措施。以上措施的推行，使上海市最终比较平稳、顺利、高效地完成了2017年的新高考志愿填报与录取工作。

在科目不分文理的基础上，2017年上海新高考本科阶段以院校专业组为志愿填报及投档基本单位，且志愿填报时间从考前填报调整为考后知分、知线、知位填报。从志愿填报及录取情况来看，考生、高中、高校均能较好地理解并接受以院校专业组为投档基本单位的新招生录取模式。根据上海市教育考试院提供的资料，其投档录取结果呈现出如下几个特点：

第一，考后填报志愿，考生基于高考成绩分布等各项信息，可以更加从容地分析高校的招生信息，使得志愿填报的针对性、精准度显著提高。从正式填报数据分析看，超过50%的考生填满了24个院校专业组志愿，绝大多数考生都能比较好地采用“冲一冲、稳一稳、保一保”的平行志愿填报策略。投档结果显示，满足第1志愿至第3志愿的考生约占12%，满足第4志愿至第10志愿的考生约占50%，满足第11志愿至第17志愿的考生约占27%，满足第18志愿至第24志愿的考生约占10%。

第二，院校位序未出现较大变化。尽管今年的高考总分构成、志愿填报时间、投档录取办法等不同于往年，但从结果来看，上海高校的整体位序并未发生改变，外省市高水平大学的整体位序也基本保持稳定。这说明，考生对高校的认知度延续了往年的心理定位。此外，由于实行了以院校专业组为核心的志愿填报和投档录取方案，不同高校的各个院校专业组之间呈现投档分数高低交错的现象，考生在专业选择权上的自主性得到了体现。

第三，绝大多数院校的专业组分差不大，整体保持稳定。在上海市的高校中，如复旦大学2个院校专业组间分差仅3分，同济大学3个院校专业组间分差仅5分，华东理工大学2个院校专业组间分差仅1分。外省市院校中，中国人民大学3个院校专业组分差仅1分，浙江大学2个院校专业组间分差仅1分，厦门大学4个院校专业组间分差仅5分。个别高校的院校专业组投档线之间分差比较大，如医学类、农林类等院校。这与高校在各院校专业组内设置的专业有较大关系，属于正常情况。在本科普通批505所招生院校990个院校专业组中，分差超过20分的只有30所，所占比例是较低的。

第四，外省市高水平大学均一次投满，生源充足且良好。这主要得益于两个方面：一是外省市高水平大学积极在上海开展宣传，使得考生和家长对高校的认知度不断提高；二是本市考生对接受优质高等教育的愿望逐年加强。

第五，本科普通批次退档考生数仅为10人，比去年同期大幅减少。由于本科普通批设置二次征求志愿，因此，仅有13所院校（16个院校专业组）未完成招生计划134人。其中，上海兴伟学院因学费较高未完成招生计划46人，其他12所外省市院校因投档生源不足未能完成招生计划。

第六，有效解决了文、理科生源结构不均衡的问题。按照文、理科招生的模式，高校每年都面临生源和计划之间的不均衡问题。这种不均衡一旦过大，就会造成文科生源多、计划少，或者理科生源多、计划少，不仅不利于高校招生及社会的稳定，也容易引起考生及家长的质疑。采用院校专业组招生模式之后，所有考生不再分文理，统一按高考分数从高到低排队，逐一检索并进行投档录取，从而有效地解决了文、理科生源和文、理科计划之间的不平衡问题。

2017年上海市新高考综合改革的一系列新政扩大了考生的选择范围，通过以院校专业组为志愿填报和投档录取基本单位、考后出分志愿填报等举措，使得本科线上未被录取考生人数、退档考生人数均创了新低。

从志愿填报以及录取来看，浙江与上海两地的高考改革都是比较成功的。2017年的高考录取工作，总体上实现了“平稳落地”。高考改革是一项复杂的系统工程，高校录取新生只是综合改革的环节之一。高考改革的研究视线，不应单纯止于其对基础教育尤其是高中教育的影响，还应密切关注高校录取新生之后的培养环节。尤其是在“3+3”自由选考制度下，考生选考科目与录取专业所要求知识结构与基础的内在匹配性问题开始凸现，应当予以高度重视。从浙江、上海两地高校的反馈来看，部分理工类专业已经要求未选考物理或化学的学生自行修习此类课程。由于新高考录取学生的培养实践尚未展开，一些可能存在的问题尚未得以充分展现，因而相关研究工作只能等以后再进行。

第六章

新高考综合改革的问题剖析

新高考综合改革作为中华人民共和国成立以来牵涉面最广、力度最大、影响最为深刻的一次尝试，对促进与深化高中新课程改革、推动高中教学组织形式变革、增加学生与高校的选择权等，都具有重大的积极意义。但高考改革是一项系统工程，一方面需要政府不同部门、高中及高校、学生及家长等之间相互协调与合作；另一方面高考系统内含着若干基本矛盾，为解决某一问题而进行的改革，往往同时又滋生出新问题，或者是老问题的“新变种”。因而，任何一次高考改革都无法做到“零弊端”。同样，浙江与上海两试点省市在推进新高考综合改革过程中也不可避免地遇到若干困难。本章从新高考综合改革的供给侧问题、学生与学校的功利性选择以及综合素质评价的实践困境三方面，讨论两地试点改革所面临的问题。

第一节
新高考综合改革的供给侧问题

走班教学，与传统行政班与教学班合而为一的教学组织形式相比，意味着教学班数量的增加。由此，增加教室和实验仪器、设备等硬件资源，以及教师资源等软件资源成为一种必然。另外，在走班教学下，学科教师较之以往也需要承担更多的诸如德育、咨询乃至管理等方面的任务。某种意义上，这也是教师数量不足的一种体现。从浙江与上海两地新高考综合改革来看，多数高中都或多或少面临教室、实验室、教师数量不足的困难。由此来看，两地都应该加大教育财政投入，加强新高考综合改革各类资源的有效供给。

一、走班教学下的教室、实验室等硬件资源供给不足问题

从硬件资源看，一所学校具有充足的教室、实验室，是实施走班教学的必要前提。传统以行政班为基础的教学组织形式，对教室、实验室等的要求相对来说不如走班教学高。从以行政班为基础的教学向走班教学转变，必然要求增加教室、实验室等基础硬件资源，否则无法有效实施走班教学。对于实验课而言，在走班教学下如果缺失了必要的实验室以及相应的仪器、设备，那么这一类课程很可能异化为空洞的理论说教，学生无法真正获得实验的机会，实验类课程的授课效果必然大打折扣。从整体上看，目前我国高中的教室数量大多难以满足大规模走班教学的需要，即使将活动教室、备用教室等全部利用起来仍存在一定缺口。另外，大多数普通高中尤其是偏远地区的高中，现有的实验仪器、设备同样也难以满足走班教学的需求。

以教室数量为例，浙江与上海两地新高考综合改革背景下的高中走班教学对教室数量的需求都明显增加了。上海“6选3”模式下，考生选考科目组合有20种之多；浙江“7选3”模式下，考生选考科目组合更是高达35种之多。如果完全满足学生的选择，那么势必出现多种组合。比如，在浙江不少高中的学生选考组合达到30种以上，像杭州师范大学附属中学、浙江师

范大学附属中学等学校都是如此。“如果一个年级有500名学生，按照传统的编班形式，每个班50人，也就是10个班，但是，按照‘6选3’的模式，理论上就可能有20个班，每个班平均25人，也就需要20个教室。如果是‘7选3’，其组合形式会更加复杂，对教室数量的要求就会更多。换一个角度看，按照6科或7科不重复的原则单独排课，结果会怎样呢？无疑，因为学生选考科目的多样组合，至少6个或7个学科的上课时间是不能重复的，而且是不可能均衡的，自然也就需要更多的教室。”①

从浙江、上海两地高中走班教学的现状来看，不少学校反映从行政班教学向走班教学转变，教室数量大约需要增加1—2倍。“根据省厅相关文件精神和我校实际估算，必修分层走班教学真正落实到位，走班教室需要与行政班教室达到1.5∶1的比例，也就是说，1个行政班需要配备1.5个教室。这对于我们这些原本就没有空置教室的学校而言，是一个难以解决的问题。二是实验设备不足。技术学科从原先只需要参加学业水平考试到现在被纳入到高考中，需要加试两个模块，这就需要学校对原有的通用技术实验室和计算机房进行升级和配套建设。”② “一般学校除了物化生、政史地等少数组合可以组成三科完全相同的行政班外，其他组合基本都要选科走班。还有一种情况，学生也必须走班：《浙江省深化普通高中课程改革方案》中规定，必修和选修科目可参加两次考试，取最高等级计入。这样，在第一次考试中自认为发挥不理想的学生，一般都会选择下一次重考。2016年10月全省每门学科重考学生比例近30%。这些重修学生在第一次考试后，必然也要走班上课。”③上海建平中学提出，如果教室数量能够增加30%，那么分层走班教学的运作将会更加顺畅，学生学习成长的空间将会更加广阔。④浦东复旦附中分校走班教学对教室的需求也是大约增加了30%。“以一个年级200名学生为例，正常分班是5个教学班，可是，实施

① 唐刚.高考改革背景下走班制教学的困境与出路[J].今日教育，2017(3)：32.

② 邓加富.新高考背景下高中教育的挑战与探索——以浙江省青田中学为例[J].中小学管理，2015(6)：13.

③ 赵守拙."走班制"实践中的问题综述与应对策略思考——以浙江实验区为例[J].今日教育，2017(3)：28.

④ 上海高中走班报告3 建平中学：保证每个学生都选到合适的课[EB/OL].[2015-06-03].http://wx.paigu.com/a/12062/48005939.html.

走班制分层教学后，出现了38个不同的常规学科教学班，学校的二十几间教室不再以‘高一（1）班’‘高二（1）班’这样的方式命名，代之以‘语文教室’‘数学教室’‘英语教室’这样的名称。虽然38个班级不可能同时上课，但是学科教室的特点，让学校必须保证不同学科不交叉，对教室和教师的需求也增加了30%左右。”①

上海市松江区一所市实验性示范性学校的校长所反映的走班教学对教室、实验室等的需求，具有一定代表性，值得引起重视：

还有教室这个硬件资源。我校地处郊区，可以达到1:2的配置水平。我校现在有36个班级，但实际上可用的教室达到72个，所以教室数量是没有问题的。如果达不到这个水平的话，走班教学必然要受影响。我校占地面积有150亩，市区学校很难有这么大。另外，分层走班模式对实验学科产生了很大的影响。过去实验学科上课，可以按照排定的顺序到实验室上实验课。而走班都是同时上课，这样的话，几个实验班怎么可能一下子走到几个相同的实验室开展相同的实验？这个事情是比较麻烦的。长期如此，将对实验学科的培养目标产生很大影响。前一阶段，上海很多学校进行了很多创新实验，包括学科教室的建设。现在受到走班教学的影响后，很多学校又回到了“用粉笔代替实验”的状态。

上海、浙江等地实行选课走班的高中，每个教学班平均20—40人。而在经济欠发达地区，教学设施相对落后，六七十人的大班级普遍存在。上海、浙江等经济发达省市完全实施走班教学尚且存在教室、实验仪器与设备等方面的不足，更何况中西部省份的落后地区，其硬件资源无疑面临更大挑战。

教室、实验室等硬件资源是实施走班教学的现实基础，浙江、上海两地多数高中都面临这种硬件资源的制约。为了解决这一方面的困难，不少学校尝试挖掘校内潜力，充分调用学校现有的教室、实验室、阅览室甚至办公室，以尽力满足走班教学的需要。有条件的学校还通过改建或扩建教学楼或外迁、新增校区等方式来增加教室数量。这种通过改建或扩建增加教室和实

① 虞晓贞. 刍议“走班制”下的学校管理创新——以浦东复旦附中分校为例[J]. 教育参考，2016（3）：75.

验室来补充硬件资源不足的做法，并不一定能够有效解决所有缺口问题。有的学校因为硬件资源和师资力量的不足而无法满足学生的选课需求，不得已只能提供几种简单的选课“套餐”组合。

二、走班教学下师资短缺的矛盾

走班教学增加了学生选择教师的权利，使教师成为一种“被选择”对象。无论是分类走班教学还是分层走班教学，学生选课都是意味着选择某位教师的课程。学生“选择”教师，有助于激活教师的专业发展，促使教师不断提升授课水平。不过，走班教学对师资的影响首先还是表现在“量”的方面，即直接造成师资需求总量的增加。

（一）师资总体短缺及其结构性矛盾与波动性变化

1. 师资总体短缺

走班教学由于增加了教学班数量，自然也就需要增加师资总量。在满足学生选课需求的情况下，一般说来教学班的数量必然大大超过行政班数量，由此，必然需要增加师资总量。除非学校限于师资、教室、实验室等各类软硬件资源而限制学生的选科意愿，否则，只要实施走班教学，尤其是要比较充分地满足学生的选科意愿，那么势必要求各高中增加教师数量。由于浙江、上海的高中普遍实行走班教学，因而，两地均不同程度地面临教师数量短缺的问题，增加师资总量成为两地一致的需求。

2. 不同科目选考学生数量的横向结构性变动造成的师资需求变化

在自由选考制度下，由于兴趣、能力、师资授课水平、专业科目选考要求、高考分数等多方面的不同考量，不同科目的选考人数呈现一定差异。某些科目的师资需求大幅增加，而某些科目的师资需求又大幅减少。不同科目师资需求的结构性变动，给高中造成了很大的挑战。“假设一所学校有500名高三学生，按照以前的文理分科模式，理科6个班，文科4个班，需要的理化生教师各为2—3名，政史地教师各为2名。按照‘6选3’的选考模式来看，学生自主选择，理论上无法料定多少学生选某一学科，可能会有500名学生选择某一学科，也可能没有一个学生选择某一学科。于是，有的（学科）教师可能会严重不足，有的学科可能会有老师没事干。”[①]“学科班级规模变小，班级数量变多，教师任教科目增加，工作量加大等；同时，由于实行‘7选3’科目学业水平考试，所以学科教师在不同时段、不同学校、不同学科的需求量会出现‘不足’或‘富余’的‘潮汐现象’。”[②]浙江由于实行学段制，学考、选考时间安排在每年的4月、10月，师资需求的“潮汐现象”十分明显。上海学考合格性考试与等级性考试安排在每年的5月，不像浙江那样实行比较明显的学段制，但师资需求也存在一定的“潮汐现象”。

再如，由于物理学科本身高度抽象，学习相对耗时，在自由选考及等级赋分制下，大量考生纷纷放弃物理，这样就造成了不少学校物理教师相对剩余的问题。这种现象，在浙江与上海两地都存在。浙江省2018届、2019届考生选考技术一科者大幅增加，导致了技术教师总需求增加。技术科师资不足实际上成了一个全省性的普遍问题。上海新高考综合改革，由于地理和生命科学两门学考等级性考试可以在高二下学期进行，不少学校选考这两科的学生大幅增加，补充这两门学科的师资也成为这些学校的迫切需求。

3. 同一学校不同年份各学科选考人数的波动性造成的师资需求变化

由于不同科目竞争难易的差异，同一学校的学生选考各科目的人数，在不同年份可能出现变化。由此，同一学校不同届次的师资需求便可能存在一定差异，与上一届学生选考情况相匹配的师资可能无法适应下一届学生的需求。

此外，走班教学给教师调课带来了很大的限制，不少高中校长反映“教师请假、调课非常困难”，甚至是“只要不倒下，就得来上课”。这样来看，走班教学不仅造成了师资总需求的增加，而且为教师因临时突发情况而需要请假、调课等行为带来了很大困难。

① 唐刚．高考改革背景下走班制教学的困境与出路[J]. 今日教育，2017(3)：32-33.

② 邓加富．新高考背景下高中教育的挑战与探索——以浙江省青田中学为例[J]. 中小学管理，2015(6)：12.

（二）解决师资短缺的若干做法

1. 聘请校外兼职教师

在解决走班教学下的高中师资短缺问题方面，不少学校都面临一个普遍的制度障碍，即编制限制。这说明高考改革确实是一项综合改革，有的问题仅仅靠教育部门是无法解决的。在受制于这一短期内恐怕难以解决的制度障碍下，聘请兼职教师成为一种不得已的选择，这是浙江、上海两省市的高中所采取的一种比较普遍的办法。

关于聘请校外兼职教师的具体做法，有的学校是临时借用初中教师，有的学校是重新聘请已退休的教师。有的学校尽管尚有编制名额，但也存在一个能否及时完成招聘的问题。也有部分高中通过“共享互助”的方式来解决某些学科教师不足的问题。比如，宁波市骆驼中学从 2015 年开始就与区内其他高中进行这方面的合作，有效解决了师资短缺的燃眉之急。[①]不过，根据笔者的调研，多数高中校长认为这种校际共享师资的办法可能存在一定的实施障碍。比如，上海市虹口区一中学校长称，“经过中考分层之后，高中是分层次的，初中我们说‘均衡法’教学，但高中一定不是。比如一位喜欢在A层次学校教学的老师，他可能不喜欢到B层次的学校去上课。”“校际的支持与共享，还存在一个绩效工资的问题。比如，请一个外来老师，我们肯定要给他发工资，但是本校老师可能会觉得校长把学校的钱花到了校外老师身上，心理上不愿接受。”如此等等。

2. 校内教师转岗

以浙江省为例，有不少学校安排相对富余的物理教师来承担技术科的教学，特别是承担通用技术课程的教学，这显然不是一种理想的解决办法。问题的关键还在于，如果以后物理科报考人数回升，已转行改教技术的物理教师是否还能够再胜任物理教学？他们对物理知识点的把握、对物理教学的掌控还能否保持原有水准？这种学科教师转岗改教其他科目教学的办法，充其量只能是一种权宜之计。尤其是对于物理教师个人而言，一方面他们需要面对学科专业知识的差异，但又必须跨越学科知识的畛域；

---

① 赵守拙. “走班制”实践中的问题综述与应对策略思考——以浙江实验区为例[J]. 今日教育，2017（3）：30.

另一方面，有的教师在情感上也不愿放弃原有物理学科的教学。

我们不得不面对、不能不反思的几个问题是：无法内部挖潜的学校如何有效解决诸如教师、教室、实验室等缺口？走班教学的理想图景是什么？依靠聘请校外兼职教师、已退休教师的走班教学，是否是走班教学的理想图景？依靠校内物理教师转岗改授技术课，是否是走班教学的理想图景？所以说，新高考综合改革是一项庞大而复杂的系统工程，仅仅依靠教育部门无法有效解决各种制约与障碍，需要地方政府以一种宏观的视野，推进不同职能部门的协同合作。唯其如此，才有可能为走班教学创造尽可能完善的条件，顺利推进新高考综合改革。

第二节 学生与学校的功利性选择

人有趋利避害的本能，这一点在高考改革中体现得淋漓尽致。每一次高考改革，总是伴随着根源于趋利避害这一人的本能的功利主义现象。这种功利主义现象集中表现为应试主义行为，而其矛盾与奇特之处还在于：试图消灭应试主义风气的高考改革几乎都无法有效达成这一目标，并且往往又滋生出应试主义的新变种。应试主义现象反映的是高中、教师、学生及家长等的功利主义追求。在浙江与上海新高考综合改革中，考生及家长、教师、高中等也同样出现了功利主义行为。相对于高校而言，高中校内的功利主义现象更值得引起我们的关注与重视。

一、考试时间维度上的功利主义行为："赶考"现象

新高考综合改革的基本理念之一在于强调选择性，即增加学生与高校的选择权。选择的基本前提之一是选择的自由，只有首先赋予自由选择权，才能真正实现教育与考试的选择性。对于学生来说，选择的自由主要体现在选择考试科目与考试时间两大方面。就浙江新高考综合改革来看，由于其为每一选考科目提供两次考试机会，并且在高二、高三两学年前后提供共计四次考试节点安排，因而，某次考试的考生群体存在着一种"不确定性"。而在等级赋分制下，某一考生选考科目的等级分数不仅取决于自身的实际水平或说绝对水平，同时还取决于其在当次考试考生群体中的相对位置。上海新高考制度的这种"不确定性"也同样存在。比如，上海2014级高中生可以在高二学年下学期即2016年5月参加地理与生命科学的学考等级性考试，因而也存在考试竞争不够充分的问题。从等级赋分来看，同样也存在中等能力考生"过度受益"的可能性。新高考制度实施初期的"不确定性"，为考生们带来了一定的投机空间。在自由选择考试科目与考试时间的制度设计下，考生纷纷及早"赶考"的现象便出现了。

从考试时间上看，由于“分散性”的制度设计，浙江、上海出现了“赶考”甚至是为“赶考”而违规教学的现象。比如，在2015年10月的浙江省首次选考考试中，某高中高二年级某班全班40人参加了化学考试，结果不仅10名考生获得满分，而且全班平均分高达96分。此种“赶考”行为，不能认为属于违规，因为既然制度规定考生可以在高二参加选考科目的考试，那么，自然应该允许具有这种意愿的考生参加考试。当然，随着以后考试竞争趋向充分，通过选择考试时间而进行错位竞争的投机空间不复存在。这是因为，自2015级高中生开始，假如他们选择在高二参加选考，就将与高三考生共同赋分。一般说来，高二与高三学生共同考试、共同赋分，前者处于相对不利地位。正是在这种背景下，不少考生以及高中校长、地方教育局工作人员反映，希望取消高二、高三共同赋分的制度设计，相应调整为分开赋分。不过，这种呼吁主要还不是出于减少“高二学年参加考试的投机空间”的考量，而是在于希望借助高二、高三分开赋分将高二某科目的学考与高三参加选考考生的该科学考分开赋分（因为学考与选考“合卷”设计）。浙江学考、选考制度设计确实比较复杂。若是高二、高三考生共同考试、分开赋分，那么客观上势必又将滋生出“赶考”空间与机会，考试竞争不充分、一些考生考试“过度受益”的现象必然再度出现。

上海新高考制度设计在一定程度上相对拔高了语、数、外必考科目的分值与地位，矮化了选考科目的分值，故有的考生选择将更多时间与精力投入到语、数、外必考科目的学习上，以便争取获得尽可能高的考试成绩。对于上海学生而言，由于在高二参加地理或者生命科学等级性考试，可以为高三的语、数、外必考科目及其他学考等级性考试科目留出更多的学习时间，因而大量考生纷纷选择这两科作为等级性考试科目。显然，这也是一种功利性的考量。在高二完成1门甚至2门学考等级性考试，意味着到了高三学年备考科目就是“3+2”，甚至是“3+1”了。这种策略有助于提高语、数、外三门高考必考科目的成绩，同时“+2”或者“+1”科目也可争取相对更多的时间备考。

上海市黄浦区某区实验性示范性学校的校长称，该校2017届选考地理的学生都选择在高三参加考试，但2018届学生一致要求在高二参加该科等级性考试。

改革以后，我们倒是没有“要怎么样考，就怎么样去教”，真的是按照大的架构去设计。2014年开始，经过层层动员、宣传以后，我们根据学校的自身特点，为学生个性化的需求、个性化的发展提供了更好的服务。高一学生入学后，就实行分层走班教学试点，同时开设了校本课程和特色课程。调研下来，我们发现我校可能是上海市唯一一所将地理等级性考试放在高三学年的学校。学生都选择在高三学年去考，没有人高二就去考，为什么？学生不急啊！他们愿意慢慢地学，慢慢地积累。开始，学生和家长高度认同这一做法。但第二年发生变化了。2014级学生已经升到高三了，2015级学生也就是现在高二的学生坐不住了，都要求高二必须考掉地理。

上海普陀区一所中学的校长表达了自己的一种见解：同一选考科目，对于区重点中学学生而言，选择在高二参加考试相对更为有利；对于市重点中学学生来说，则选择在高三参加考试相对更为有利。不论这种见解正确与否，至少反映出区重点学校及学生普遍认为在高二参加考试相对有利，因而也就一致选择在高二完成考试的心态与现实。

不同水平学生的选择倾向是不一样的。生命科学和地理放在高二考，对于区重点学校来说，他们是相对受益者；但对于市重点学校，则安排在高三相对更加有利。比如，我如果跟刘翔比赛赛跑，我肯定跑不过他。但跑2秒和跑10秒的结果是不一样的。跑2秒，他可能只把我落下10米，但跑10秒落下的距离就非常大了。经过中考的分化，不同学校学生的能力存在客观差异。我校的学生和家长希望在高二把生命科学和地理考掉，或至少考毕一门，这样到高三时学生的时间就更充裕一点。他们的考虑是在三门选考科目中，“两门保分数，一门保专业”。所以，在我们区重点学校，家长希望孩子高二就考掉生命科学和地理，这是现实。你说他们功利，但他们有选择的自由，这是他们的权利。

随着2015级学生进入高二下学期参加学考等级性考试以后，高二与高三学生共同参加地理与生命科学等级性考试成为一种新常态。整体而言，在共同考试、共同赋分的规则下，高二考生相对处于不利的位置。从这一意义上说，跨级赋分制度可能有助于消除不充分的考试竞争。但从笔者在上海进行的调研来看，不少家长呼吁调整高二和高三学生共同考试、共同赋分的制度，将其修改为共同考试、分开赋分。与浙江类似，如果上海地理与生命科学两科目实行高二、高三考生分开赋分，那么也将诱导选考这两个科目的考生在高二参加等级性考试，从而又造成竞争不充分的问题。当然，也可能出现多数考生选择在高二参加考试，其结果是考试竞争比较充分，但“赶考”行为可能同时带来教学上的“赶进度”，并最终可能造成学生在高三学年这两门学考等级考考试形同虚设的问题。

二、考试科目维度上的功利主义行为：“轻视学考非选考科目”与“错位竞争”

综上所述，浙江新高考综合改革随着2015级学生进入高二学年之后，无论学考还是选考科目，都出现了高二、高三学生共同考试、共同赋分的现象，并且成为一种常态。对于上海而言，则是地理与生命科学两门学考等级性考试高二、高三学生共同考试、共同赋分成为一种常态。在不同年级学生跨级赋分的制度设计下，一般说来高二学生处于相对不利的位置，假如不调整这一规则，那么高二选择参加选考、学考等级性考试的人数将大幅减少，最终可能所剩无几。理论上，浙江所有考生可能选择在高三学年参加选考科目的考试，而上海所有选考地理和生命科学的考生可能全都选择在高三参加等级性考试。由此，高二学年“赶考”的考生可能急剧减少，甚至可能不复存在。但这并不意味着考试的功利性行为也都一并消失。除了时间维度的“赶考”外，功利主义倾向还表现在对不同科目的重视程度和选考科目的具体选择上。

（一）高度重视选考科目，相对轻视学考非选考科目

考试在中国教育中的“指挥棒”功能，历来十分强大。高考考什么，学生学什么。高考注重考查什么内容，学生便重视学习什么内容。高考的“指挥棒”功能，甚至向下延伸至义务教育阶段，间接甚至是直接影响到义务教育段学生的学习。高考有利于引导学生勤苦向学，尽可能提升其知识与能力，此为“指挥棒”效应的积极方面。但同时其又存在消极的一面。高考考试内容不可能面面俱到，故考生不可能对所有的学习内容一视同仁。从科目

来看，由于并非所有的学考科目都纳入高校招生评价体系，因而不与高考“硬挂钩”的科目势必被考生忽视。整体而言，浙江“7选3”之外的学考科目，上海所有科目的学考合格性考试，相对而言容易为考生忽视。尤其是浙江的学考、上海的学考合格考，大体上与过去的高中会考性质类似，门槛较低，考试比较容易通过，这样，考生忽视这些科目学习的弊端便比较突出。

实际上，在语、数、外三门必考科目之外，浙江考生必然更加重视选考科目，相对忽视非选考科目；上海考生则相对更加重视学考等级考，而忽视非选考科目的学考合格考。浙江学考在合格基础之上再分A、B、C、D四个等级，而上海学考合格考只分合格、不合格，因而，上海考生对学考合格考的重视程度，相对不如浙江考生对学考的重视程度。或者说，相对而言，浙江学考成绩由于分为多个等级，并且高校自主招生、“三位一体”等类别招生整体上十分看重学考的优秀等级数，因而，对于有意向参加这些类别招生的考生而言，他们也十分重视学考，希望能够获得尽可能多的A等。这是我们应该承认的一个事实。但另一方面，能够参加自主招生、“三位一体”招生的考生，毕竟只是全体考生的一小部分，因此，大多数考生相对不重视学考也是一个客观事实。尤其是浙江考生，一般在高二学年甚至是高二第一学期即完成非选考科目的学考，那么，他们在其后一年半的时间，基本上不会再花费时间学习这些科目。这样长期中断某一科目学习的备考策略，应该说也是有违教育规律的。在这一方面，上海基本情形与浙江类似。

新高考综合改革从某种意义上说倡导的是一种“扬长”教育。但在功利主义心态的驱使下，“扬长”意味着“避短”，甚至是“弃短”。因而，选择同时意味着放弃，选择的自由也包括了忽视乃至放弃某科目学习的自由。当然，非选考科目也并非必然是考生都不擅长的科目，有的考生可能各科成绩或至少4科成绩比较均衡。问题在于，从考试科目上看，一个考生在选择了3门选考科目的同时，某种意义上也就意味着其势必要相对忽视其他科目。所以，在“7选3”或“6选3”自由选考制度下，学生的学习基本上都是一种有所偏重的“偏科学习”。

（二）错位竞争现象

一方面，理、化、生、政、史、地、技几门科目本身学习难易程度不同。文科学习需要记忆的知识比较多，而理科尤其是物理、化学等需要科学推理的内容比较多。因而，就文科学习来说，只要花费尽可能多的时间，一般总是可以掌握更多的知识点，结果也比较有利于考试。另一方面，文科科目的考试与理科科目的考试在评卷上也存在明显差异，这主要在于文科科目的考试存在大量主观题。在文科主观题上考生或多或少都可以答出与正确答案有着一定关联的内容，因而，多多少少总是可以得到一定分数。但理科试题的答案比较客观，不像文科主观题可以或多或少得到一定分数。这样，在自由选考的制度设计下，出现了考生“弃理选文”的功利主义倾向，并且目前还呈现一种愈演愈烈的趋势。

无论是浙江还是上海，在新高考综合改革中都出现了考生“弃理选文”，尤其是弃选物理这一本身高度抽象而且学习耗时科目的问题。以浙江为例，2017届即新高考综合改革背景下的首届毕业生，高考报名共29.13万人，其中普通高考25.01万人，单独考试招生4.12万人，总量比去年减少1.6万人。在普高考生中，选考思想政治的为10.47万人，占比41.87%；选考历史的为10.88万人，占比43.48%；选考地理的为11.95万人，占比47.79%；选考物理的为8.95万人，占比35.78%；选考化学的为12.5万人，占比50%；选考生物的为12.53万人，占比50.08%；选考技术的为7.28万人，占比29.12%。2017年下半年，浙江省新高考学考、选考报名于9月23日结束。据统计，此次浙江省共有51.6万余名考生报名参加11月2日至4日的学考、选考考试。在报考选考的26.4万余学生中，选考物理者为7.4万余人。其中，2018届高三学生选考物理的为7.3万余人。从数据来看，2018届考生选考物理人数较之2017届有所下降。

其实，从2017年高考录取情况来看，选考物理的考生选报高校专业的范围最广，可报考约91%的专业（类），录取结果整体上也比较理想。根据浙江省教育考试院公布的数据，2017年浙江新高考元年，在第一段5.03万录取的考生中选考物理者达59%；选考物理的考生本科录取率为72%，比非选物理考生高21个百分点；在被原“985工程”“211工程”高校录取的浙江考生中，选考物理的人数达到74%。其中，“985工程”高校录取的考生中，选考物理的比例更是达到79%。不难看出，在全省高考位次比较靠前的考生中，选考物理的比例明显高于未选考物理的。然而，即便如此，在等级赋分制下学生出于高考收益最大化的主观考量，还是出现了弃选物理的现象。这种现象，在传统重点高中相对不是特别明显，但在一般的优高、普高，特别是原来一本升学率低的薄弱高中，则相当明显。

在自由选考和等级赋分制下，物理一科陷入了一种恶性循环。由于物理知识本身比较抽象，学习相对更加耗时，加上文理科评卷存在的差异（体现于主观题的评分），考生纷纷放弃选择物理。甚至一些特别知名的高中也出现了学生放弃物理，转而选考其他科目的现象。由于选考人数逐渐减少，最终选考物理者大多属于“学优生”，考生能力整体上属于中上水平甚至是上游水平。在这样一种背景下，选考物理考生的原始考试成绩将呈正偏态分布，等级赋分制对他们来说十分不利。由此，考生人数势必进一步减少，而人数减少又将进一步加剧等级赋分的“失灵”，最终结果是物理一科人才的选拔与培养遭受严重影响。这是自由选考和等级赋分制下物理一科陷入恶性循环的基本情况。[①]与此同时，由于一般地方普通院校，甚至是边疆省份的某些原“211工程”高校，在浙江、上海招生的部分理工科专业没有任何科目选考要求，于是高校招生中出现了没有选考物理或是化学的学生被需要具有较好物理、化学基础的专业录取的情形。也就是说，在自由选考制度下存在考生知识结构与报考、录取专业基础知识不相匹配或者说内在匹配度差的问题。这一问题在本书上一章已经涉及，不再赘述。

三、高中的若干功利性做法

以上所论考试时间维度上的“赶考”现象，以及考试科目维度上的功

---

① 2017年11月28日，浙江省教育厅公布了《关于进一步深化高考综合改革试点的若干意见》，其中提到：为确保学生专业学习基础与国家人才培养需要相适应，需建立选考科目保障机制。当某些科目选考人数少于保障数量时，以保障数量为基数从高到低进行等级赋分。保障数量按国家相关学科人才培养需求确定，其中物理科目保障数量按高校授理学、工学学位专业2013—2017年在浙江高考录取的平均人数确定为6.5万。这是满足省内外高校在浙江选拔培养理工类专业人才最基本的生源所需。当其他科目出现类似情况时，参照建立相关保障机制。保障机制适用于各年级段学生。鉴于2016级学生基本未确定选考科目且绝大部分未参加选考科目考试，同时，从2019年招生起，高校将结合培养目标要求，优化相关专业选考科目设置，因此，将允许2016级学生有一次重新选择学考和选考科目的机会。已确定选考科目并参加了考试的2015级学生保持不变。

利主义行为——“轻视学考非选考科目”与“错位竞争”现象，更多的是从学生的角度分析新高考综合改革中的功利主义倾向。当然，学生本身的选择与策略，与学校的指导、引导、劝导、诱导乃至强行限制不无关系。从学校层面来看，浙江与上海两地都存在着一定程度的功利主义倾向，并且不少直接违背了高中新课改和新高考综合改革的基本理念与基本规定。比如，部分高中为了高考收益最大化而实施的过度功利化的违规行为有：第一，并开科目超过要求。高一年级每学期开设的学考科目超过8门，抢赶教学进度，严重增加学生课业负担；第二，限制学生选择权。在高一年级结束时，强制要求学生确定所有3门选考科目，限制学生自主选择时间，或用所谓的“选考套餐”限制学生的选择范围；第三，挤压选修课程课时，各年级每周选修课程课时比例少于20%，或用考试科目暗中替代，甚至搞“阴阳课表”；第四，考试前全面停课复习，在学考选考前，不执行既定的教学安排，全面停课，集中时间搞“学考会战”；第五，延长教学时间，增加课时，占用学生晚间和节假日时间组织复习；第六，诱导或要求学生参加社会培训机构举办的各类迎考补习班。还有一线教师反映，原本规定的知识拓展、职业技能、兴趣特长、社会实践等选修课程，变成了高考学科强化班，导致语、数、外教师的课时量成倍增加。①

再如，上海市虹口区一所区实验性示范性学校校长称，从高二开始进行学考等级性考试对他们的校本特色课程造成了很大的冲击：

等级考全部安排在高三的话，便于一些校本特色课程的开设。我校在高一没有开设生命科学，有的学校开设了，这样他们的学生就可以在高二参加生命科学的等级考。我校之所以高一不开设生命科学，一是考虑到初中和高中课程的衔接对于学生来说是一个比较大的挑战；二是部分生命科学课程是需要化学基础的，如果化学课程还没有学过，学生就会有很大的压力。另外，在高考新政之前，我校是一个有艺术特色的学校，设置了一年半的艺术专修课程，一周两节课。等级考安排在高二，高二的课时需要就增加了……非常影响我校校本特色课程的开设。我校之所以没有在高一开设生命科学课，一个原因也是为了开设校本特色课程。

① 赵守拙. 浙江实验区“走班制”实施中的问题及其应对[J]. 教学与管理，2017(6)：22.

上海市宝山区一所区实验性示范性学校校长坦称，该校在考试过多的背景下，已经没有办法开设培养学生个性特长的课程：

考试太多，挤占了学生个性特长的培养空间。我校是区重点学校，处于中档水平。从初中升入高中，学生感觉数学、物理、化学的学习一下子难起来了。学生在高一就要全力准备这些科目的学习。高二，2个等级考，5个合格考，高三从春考开始就是一系列的考试。没有发展学生创新性思维的空间和时间了。只举行一次考试还好，高一、高二的时候，学生还有大量的时间发展个性特长。我担心的是，中国教育的长板就是基本知识技能，改革会不会导致“长板更长，短板更短”？我们的考试制度设计很好，但是一操作起来，由于应试趋利的复杂性，就容易出问题了。我们应该通过制度设计，“让短板长一点”，“让长板短一点”。

正如本节开头所言，趋利避害是人的一种本能。在作为教育利益关键分配节点的高考中，人的这一本能被发挥到了极致。我们不能只是简单地批判学生、家长、高中功利，这丝毫无助于实际问题的解决。更何况，新高考综合改革本来就赋予了考生自由选择考试科目与考试时间的权利，因而选考什么科目及具体选择什么时间考试，都是考生的自由与权利。在现有基本制度设计下，除了高校设置不同专业的具体选考要求外，学校以及教育行政与管理部门都不应限制学生自由选择科目及考试时间的权利。教育行政与管理部门有权利同时也有义务纠正高中的违规行为，但学生个人的功利主义行为，只能依靠选考、学考等级性考试制度的调整与改进，如推迟考试时间、减少考试次数、通过技术手段保障物理科目选考人数等来逐渐引导转变。这样的制度调整尽管不可能完全消除应试主义风气，但至少可以极大地减少现有的功利主义行为，甚至可以直接消除某些投机空间，最终提升新高考制度的科学性与公平性。

第三节
综合素质评价的实践困境

2014年12月16日，《教育部关于加强和改进普通高中学生综合素质评价的意见》（教基二〔2014〕11号，以下简称《评价意见》）发布。[①]作为《国务院关于深化考试招生制度改革的实施意见》的重要配套政策，《评价意见》正是针对以往高中综合素质评价实践中所存在的某些不足而作出的一种调整与完善。中国人民大学附属中学校长刘彭芝认为，《评价意见》具体阐述了“思想品德”的评价内容，切实避免了评价流于形式；《评价意见》增加“艺术素养”，具有重大尝试意义；“学业水平”部分的评价内容层次分明，具有很强的指导性；评价程序环节清楚，体现出规范、严谨、递进的特点。[②]就文本内容而言，《评价意见》确实体现出一定的创新。但从浙江与上海两地普通高中学生综合素质评价三年来的具体实践看，这一试点改革仍存在若干困难。两地在这一改革中所面临的困难，既体现出一定共性，也存在一定差异。

一、两地在普通高中综合素质评价方面的基本规定

2015年4月13日，浙江省教育厅发布了《浙江省教育厅关于完善浙江省普通高中学生成长记录与综合素质评价的意见》。[③]2015年4月15日，上海市教委发布了《上海市普通高中学生综合素质评价实施办法（试行）》。[④]两地普通高中学生综合素质评价意见都是在新高考综合改革背景下，依据《评价

① 教育部关于加强和改进普通高中学生综合素质评价的意见[EB/OL]. [2014-12-10]. http://old.moe.gov.cn//publicfiles/business/htmlfiles/moe/s4559/201412/181667.html.

② 高中学生综合素质评价:对基础教育影响深远[EB/OL]. [2014-12-16] http://edu.qq.com/a/20141216/032061.htm.

③ 浙江省教育厅关于完善浙江省普通高中学生成长记录与综合素质评价的意见[EB/OL]. [2015-04-22]. http://www.zjedu.gov.cn/news/142966877625715976.html.

④ 上海市普通高中学生综合素质评价实施办法（试行）[EB/OL]. [2016-09-14].https://www.shmeea.edu.cn/page/17112/20160914/3532.html.

意见》并结合两地新高考综合改革方案，在各自多年已有实践经验的基础上制订而成，并且几乎是同时发布。《评价意见》将普通高中学生综合素质评价分为思想品德、学业水平、身心健康、艺术素养、社会实践五大方面，浙江完全依据了教育部的文本框架，也是将学生综合素质评价分为这五个方面。上海在具体表述与分项上稍作调整，分为品德发展与公民素养、修习课程与学业成绩、身心健康与艺术素养、创新精神与实践能力四大方面。

浙江与上海两地在综合素质评价方面的一个重要差异在于前者分不同等第，而后者则不分。根据《浙江省教育厅关于完善浙江省普通高中学生成长记录与综合素质评价的意见》，“学校要通过民主评议方式，组织学生和教师对每一个学生的品德表现、运动健康、艺术素养、创新实践逐项进行评定。评议采用学生互评和教师评议相结合的办法，依照事先约定比例合成评定结果，其中学生互评权重不低于70%”。品德表现、运动健康、艺术素养、创新实践每项评价结果分为三个等第，分别用A、B、C表示，代表“优秀”“好”“尚需努力”三个层次。同时规定，各地区应充分考虑所属学校的类别、特色，合理确定各校测评项目的等第比例。以市或县级区域为单位，A等比例不超过学籍人数的25%，C等比例不超过5%；有多科目合成的评定项目，每一科目各学年均需控制适当比例，确保多科目合成后符合总体比例要求。

二、高中生综合素质评价纳入高校招生评价体系的若干矛盾

总体上看，浙江与上海普通高中学生综合素质评价纳入高校招生评价体系，至少存在投入成本巨大与使用范围有限的矛盾、综合素质评价划分等第的科学性与公平性矛盾、不同高中的认可度与支持度矛盾、综合素质纳入高校招生评价的城乡公平性矛盾。

（一）投入成本巨大与使用范围有限的矛盾

以上海市高中生综合素质评价实践为例，为了扎实有效推进这一系统工程，上海市教委成立了中小学生综合素质评价工作领导小组，负责统筹协调校内外资源，形成教育、宣传、科技、文广、体育、团委等单位的跨部门合力，为学生志愿服务（公益劳动）、体育艺术科技活动、研究性学习活动等

提供支持。全市建立了1800多个学生社会实践基地，提供了40余万个社会实践岗位。在志愿服务方面，上海市2017届每一个高中毕业生的社会实践都不少于90天，志愿者服务基本达到60学时，达标率达99.9%以上（全市仅有2名学生未完成）。在研究性学习方面，2017届学生共完成研究性学习报告50473份，基本实现“人人有课题”，范围覆盖科技创新、社科人文、艺术、体育、环保等领域，各区和高中通过建设创新实验室（已覆盖83%公办高中）等为研究性学习提供平台。而为确保研究性学习的真实性，上海市教委开发了高中生研究性学习课题真实性认证平台，通过移动终端在线视频答辩形式开展第三方认证试点，对6685名高中生研究性学习课题的真实性进行认证。在综合素质评价方面，至2017年暑期，上海市教委已累计对16.32万学生（含高一、高二、高三）进行综合素质评价信息记录，记录信息2035.5万条，包括学生的研究性学习报告、军事训练信息、农村社会实践信息、志愿服务合格信息、自我介绍信息等内容。这些数据与信息仅是反映了总体上的工作投入。实际上，具体到每一所高中，综合素质评价都需要花费相当大的时间与精力，尤其是志愿服务（公益劳动）、社会实践、参与调查研究、研究性课题等尤为耗时。在志愿服务、社会实践环节，学校所能联系到的支持单位相对有限，因而，还经常需要发动、请求学生家长，尽可能利用家长资源为本校学生提供志愿服务、社会实践基地。对于学生而言，则需要花费大量的时间与精力来完成综合素质评价所包括的各个维度，尤其是其中的志愿服务、社会实践等环节。当然，通过参与、完成这些环节，学生获益良多。

然而，与高中师生、教育行政部门在综合素质评价方面做了大量人力、物力、财力以及时间投入不相匹配的是，高校招生对综合素质评价信息的使用范围十分有限。

《上海市普通高中学生综合素质评价实施办法（试行）》在“评价结果应用”部分指出，“循序渐进、积极稳妥地推进综合素质评价信息在高校招生中的使用。2017年起，推动高等学校在自主招生过程中，试行综合素质评价信息作为高等学校自主招生的参考”。《浙江省教育厅关于完善浙江省普通高中学生成长记录与综合素质评价的意见》在这一方面未作明确说明。

目前，上海市主要是在高校自主招生、“综合评价”以及其他某些特殊类型招生中使用综合素质评价信息；浙江省主要是在自主招生、“三位一体”及其他少量特殊类型招生中使用综合素质评价信息。上海市的综合评价招生与浙江省的“三位一体”评价招生比较类似，某种意义上其实都是属于自主招生。相反，在统一高考招生方面，两地几乎都没有实质性地参考、使用高中生综合素质评价信息。总体上看，无论是浙江还是上海，统一高考招生都是两地学生升学的主渠道。就此而言，两地高校招生对综合素质评价信息的参考与使用显然都十分有限。这是当前高中实施综合素质评价并将其纳入高校招生评价体系所面临的一个突出矛盾。高中、教育行政部门等多方投入了如此巨大的时间、人力、财力、物力成本，而高校对高中生综合素质评价信息的参考与使用却又如此有限，这样一种矛盾势必影响高中践行高中综合素质评价的动力。尤其是中等层次及以下的薄弱高中，因为他们较少有参加自主招生、“综合评价”及“三位一体”招生的机会。这样的学校自然容易产生质疑：我们花这么大的力气来做如此复杂的综合素质评价，其意义在哪里？这确实是值得反思的一个重要问题。

对高校而言，他们也有一定的苦衷：高校录取时间比较有限，在如此短的时间内如何有效参考、使用综合素质评价信息，这是一大难题。

（二）综合素质评价划分等第的科学性与公平性矛盾

这一方面是浙江省普通高中学生综合素质评价实践所存在的问题。不少高中校长都提出质疑，认为综合素质评价划分等第不科学，降低了公平性。

浙江省杭州市一所浙江省一级普通高中特色示范学校的校长认为：

综合素质评价引领了高中学生的发展，也与学校倡导的文化理念相一致。××中学学生在这方面表现很好，占有很大的优势，在“三位一体”招生中起了很大的作用。我校2017届学生的“985”高校录取率相对前两届有所提升……我校能够提供学生参加各种活动的原始记录。但是，如果最终要做量化处理，我觉得非常困难。这是否科学合理，很难说。比如思想品德，根据要求要有25%为优秀，这个评定的难度很大。

浙江省杭州市某浙江省一级普通高中特色示范学校校长认为：

我觉得综合素质评价非常好地发挥了评价的功能，同时也提高了学生的自我管理水平。尤其是过程性评价，较好地促进了学生的发展。存在的问题就是等第评定，（这）还是比较困难的。如果一定要坚持等第评定的话，是否还可以加上一些描述性的语言？比如我拿了一个B等，但是我在其他方面表现得很好，也应该得到体现。我们按照自己了解的情况，仅用A、B、C对学生进行评定，这种方式过于简单了。

浙江省温州市一所省一级普通高中特色示范学校校长认为：

不同办学水平的学校，培养的毕业生的水平明显不同。用同样的比例划定A等，这不公平。建议各地根据不同学校的办学水平对A等比例进行区别。

关于综合素质评价，有学者认为不应该划分等第。综合素质评价的本质应是一种鉴赏性评定，而非等级评价。“我们认为，针对学生的整体综合素质而言，其并无高低之分，亦无优劣之别。”[①]“如果我们仍然沿袭以分数线性排序来褒贬学生的思路，试图把综合评价的结果折合成分值，通过评价把学生划分成三、六、九等，那么综合素质评价只会徒有虚名，而无法达到真正发现和培养学生良好个性的目的。”[②]笔者赞同这种看法。综合素质评价划分不同等第的做法，确实值得斟酌。这是浙江省普通高中综合素质评价改革应当予以重视与改进的一个重要问题。

（三）不同高中的认可度与支持度矛盾

正如以上所言，目前浙江与上海高中生综合评价信息主要是在自主招生、“三位一体”、综合评价以及某些特殊类别的招生中使用。这些类别的招生不只是将综合素质评价作为一般性的参考，事实上还是作为一种重要参考，甚至是作为某种具有决定性意义的参考。在作为高校招生主要方式的统一高考招生中，则几乎没有或者说没有实质性地参考、使用综合素质评价信息。浙江、上海两地的自主招生、“三位一体”招生、综合评价招生，所录取的学生大多又是来自中等偏上水平的高中，来自中等及以下水平高中的学生很少能获得此类录取机会。这样导致的一个必然结果是，中等偏上水平的高中更加认可与支持高中综合素质评价实践，而中等偏下水平的高中则相对缺

① 王洪席. 高中学生综合素质评价：误读与澄清[J]. 中国教育学刊，2016(3)：66.

② 尹后庆. 发现和认识学生是综合素质评价的根本目的[J]. 中小学教材教学，2015(5)：16.

乏热情，甚至是不愿进行这种改革。与之相关联的是，中等偏上水平的高中十分支持自主招生、“三位一体”招生、综合评价招生改革，因而普遍希望进一步扩大这些类别的招生比例；而中等偏下水平的高中则大多不希望扩大这些类别的招生规模，甚至认为只有统一高考招生最公平。高水平大学的招生总数是一定的，扩大了自主招生、“三位一体”招生、综合评价招生比例，必然意味着统一高考招生名额的减少，最终加剧统一高考招生的竞争程度。

上海市黄浦区某区实验性示范性学校校长对高中生综合素质评价纳入高校招生体系的看法具有一定代表性：

我校每个学生的学业报告自述都写得很好。但是，你看得奖的栏目，基本是空白，为什么？因为这些栏目的舞台本来就不大，我校的学生很少能介入。你让他填报什么？试问高校，又如何依据综合素质评价呢？

上海市一所区实验性示范性学校的学生尚且在综合素质评价中没有什么奖项可填，其他同等层次以及更低层次高中的情形恐怕也大抵如此，甚至更差。上海市虹口区一民办中学校长也是直言“没有动力”开展高中生综合素质评价：

学校花了很大力气，专门设置了学生实践志愿辅导员和综合素质评价录入员。学生综合素质评价的具体意见，很多是由班主任来撰写，但班主任的撰写能力不同。录入员如果看到不太像样的评语，还要进行调整……既然学校投了这么大力气，如果高校不采用的话，那么肯定会影响学校的积极性。尤其是像我校，基本不存在“自招线”上的考生。就目前来看，综合素质评价根本用不上。那么，我们花这么大力气来做这个东西的实际意义在哪里？

“没有动力”开展高中生综合素质评价，其实在中下水平的高中是一个普遍存在的问题，兹不赘述。

（四）综合素质纳入高校招生评价的城乡公平性矛盾

这一点与上面所论不同高中的认可度与支持度矛盾密切相关。从根本上说，这是源于中国城乡之间教育、经济及社会发展的不平衡。众所周知，城乡间高中的发展水平存在明显差距，尤其是发达城市的优质高中与落后地区的薄弱高中之间差距更大。农村高中总体上多是薄弱学校，通常难以与城市高中竞争，因而，在心理上相对不愿支持综合素质评价改革。

另外，综合素质评价指标相对来说对城市考生更为有利，这一判断也得到其他研究的支持。“从结果来看，基础教育的不均衡性发展、城乡发展差异等一系列客观因素使学生综合素质结构不同，如果综合素质评价标准是城市取向的、重点中学取向的、东部省区取向的，那么，将使社会背景不同的弱势学生处境不利，综合素质评价将加剧已有的社会不平等。事实也正如此，当下的综合素质评价不利于农村教育发展，在本来就比城市远远落后的农村基础教育不利影响下，综合素质评价将进一步降低农村学生在高校的比例，产生与‘经济的城乡二元结构’高度关联的‘教育的城乡二元结构’。”①

尽管近年来农村高中数量出现了减少的趋势，但仍应当重视综合素质评价纳入高校招生评价的城乡公平性矛盾。浙江的城乡经济发展水平总体上还比较均衡，即便如此，经济落后地区、薄弱高中终究都还是一种客观存在，因而也就存在综合素质评价纳入高校招生的城乡公平性矛盾。其他中西部省份，城乡教育、经济发展水平差异更大，因而更应重视这种城乡差异及公平性矛盾。

综上，高中综合素质评价是一项巨大的系统工程，高中、教育行政部门、企事业单位等各部门都需要一定的投入，包括时间投入、经费投入、人力投入等各种投入。尤其志愿服务、社会实践，作为综合素质评价工作中最复杂、最耗时、最耗力的一大部分，不是高中自身可以解决完成的事情，需要不同社会部门提供相应的支持，否则或者无从开展，或者成效大打折扣。新高考综合改革应当重视不同部门之间的协同合作。与此同时，应当逐步探索高校如何扩大使用高中生综合评价信息，解决不同高中的认可度与支持度矛盾以及综合素质纳入高校招生评价的城乡公平性矛盾。

① 符太胜，谢章莲．高考改革中综合素质评价的两难困境与政策建议[J]. 教育理论与实践，2011（2）：15.

第七章

新高考综合改革的理论思考与启示

理论来源于实践。新高考综合改革纲领性文件《国务院关于深化考试招生制度改革的实施意见》，既是现阶段中国高考招生实践需要的一种文本表达，同时又是对过去国家一系列有关考试招生制度理论的继承与发展。以《国务院关于深化考试招生制度改革的实施意见》为基本理论依据而制定的《浙江省深化高校考试招生制度综合改革试点方案》和《上海市深化高等学校考试招生综合改革实施方案》，必然也都是为解决高考招生实践所存弊端而形成的理论方案。实践是检验真理的唯一标准，新高考综合改革基本理论的适应性如何，还需要诉诸实践。本节的基本旨趣在于，反思会考、学考与高考功能定位，科目的选择性与分数可比性，科目分值与考试次数及时间，并结合浙江与上海两地高考试点改革实践，讨论高考改革共识的达成与落实方略。

第一节
会考、学考与高考功能定位

高中学业水平考试纳入高校招生评价，与高考“硬挂钩”，是新高考综合改革的一项基本内容。其用意在于通过这一制度设计克服长期存在的“一考定终身”问题，以及通过增加过程性评价提升高校招生的科学性。那么，高中会考与高中学业水平考试，二者的差异是什么？从会考到学考，根本的变化在哪里？浙江与上海正在试点的学业水平考试纳入高校招生评价的实践，能够为我们提供何种理论启示？这实际上涉及的是高中会考、学考的性质与功能定位，以及二者和高考功能与关系定位的问题。

一、会考的基本性质与功能

正如本书第一章第三节所言，中国教育会考制度的历史渊源可以追溯至传统的科举考试。高中会考在近代即已存在，其直接前身是清末新式学堂中的毕业考试。当前中国大陆高中会考制度的重建，始于20世纪80年代。就字面含义而言，所谓某考生参加“会考”，意指其“会同”其他考生参加由教育行政部门组织的考试，即一种“会同考试”。从性质上看，高中会考是一种用以检查学生是否达到毕业水平的达标性考试，因而是一种标准参照考试，简称“水平考试”。高中会考的这一性质决定了其基本功能是鉴定功能，即检查、鉴定学生是否达到毕业水准；而没有被实质性纳入高校招生评价体系，即没有被人为赋予选拔功能。

事实上，20世纪80年代提出建立高中会考制度的初衷，即在于将毕业考试与升学考试分开进行。1983年，教育部提出“毕业考试要和升学考试分开进行，有条件的地方可按基本教材命题，试行初、高中毕业会考”。就高中会考而言，1989年，《国家教委关于试行普通高中毕业会考制度的意见》明确指出：“普通高中毕业会考是国家认可的省级考试。它是水平考试，与高校招生选拔考试具有根本不同的性质。会考是检查、评估高中阶段教学质量、考核高中毕业生文化课学习是否合格的一种手段。”[①]1990年，《国家教委关于在普通高中实行毕业会考制度的意见》再次就普通高中毕业会考的性质和功能指出：“普通高中毕业会考是国家承认的省级普通高中文化课毕业水平考试。它是检查、评价普通高中教学质量的一种手段，也是考核普通高中学生文化课学习是否达到必修课教学大纲规定的基本要求的重要手段，是与高校招生选拔考试具有不同性质的考试。”[②]在推动素质教育的大背景下，教育部于2000年出台了《关于普通高中毕业会考制度改革的意见》。这一意见对高中会考的性质和功能定位与以往相同，即只是一种标准参照考试，其结果仅用以评判学生的学业水准是否达到毕业要求，而不与高考挂钩，不纳入高校招生评价体系。“继续实施普通高中会考的地方要在省级教育行政部门的指导下，以全面实施素质教育为宗旨，进行会考制度的改革，适当减少会考科目，减轻学生过重的课业负担，加强对学生实验能力和其他实践能力的考查；淡化会考成绩与高考报名、录取的联系。”“无论由学校自行组织毕业考试，还是继续实施毕业会考，都要根据普通高中学科大纲、教材，坚持毕业水平考试的性质。”[③]“坚持毕业水平考试的性质”，清楚地说明高中会考的基本性质仍是一种标准参照考试。

高中会考功能与高考功能基本上可以说是泾渭分明，前者负责高中生毕业达标测试，后者负责高校招生选拔测试。正因二者性质存在根本差异，所以，会考成绩基本只是作为高中毕业文凭的授予依据，而没有实质纳入高校招生评价体系。

二、从会考到学考：一种重要的功能升级

高中会考由于不与高考、高校招生“硬挂钩”，在普遍重视高考的背景下，就越来越被弱化。为了有效推进素质教育，推进高中课程改革，同时也为了解决高中会考有名无实的尴尬处境，教育部要求增加过程性评价，会考开始向学业水平考试转型。

① 杨学为．高考文献（下）[M]．北京：高等教育出版社，2003：423.

② 杨学为．高考文献（下）[M]．北京：高等教育出版社，2003：454.

③ 关于普通高中毕业会考制度改革的意见[EB/OL]．[2000-03-15] http://www.gov.cn/gongbao/content/2000/content_60266.htm.

那么，从高中会考到高中学业水平考试转型究竟意味着什么？这一转型，承载着人们何种认识与期待？既然人们认为高中学业水平考试应该与高中会考不同，那么二者的不同之处即应然差异是什么？而在实然层面，高中学业水平考试与高中会考的差异又在哪里？这些问题，原本在全国各个省份出台高中学业水平考试时即应予以回答，在今天，似乎已不再需要追问。但事实上，在笔者看来，我们在这些方面的认识其实还是不够充分、清晰。有的省份在停止高中会考、实施高中学业水平考试这一转变中，并未认真思考、更未厘清这些问题。从这一意义上说，仍有分析、反思这些问题的必要性。尤其在当前浙江、上海试点高中学业水平考试纳入高校招生评价“两依据，一参考”的改革下，这种反思与追问应该说更有必要，意义也更为显明。

首先，在高中会考向学考转变的过程中，从具体概念的使用中可以获得有益启思。自2005年之后，各省开始出台高中学业水平考试的相关文件。从概念名称上来看，全国多数省份称这种考试为“普通高中学业水平考试”。2006年宁夏出台的相应文件称为“普通高中学生学业水平测试”，2006年江苏相关文件称为“普通高中学业水平测试”。这两种名称与“普通高中学业水平考试”基本一致，差别只是在于是使用“考试”还是使用“测试”。但也仍有几个省份沿用了以往“会考”的说法。比如，福建2006年的文件称其为“普通高中学生学业基础会考”，浙江省2006年文件称“普通高中会考”，北京市2007年文件称“普通高中新课程会考”，海南省2007年文件称“基础会考”。[①]后来，这些省份纷纷放弃了“会考”的说法，普遍称之为“高中学业水平考试”。从这一点来看，其实无论沿用原来的“会考”概念还是换用新的“学业水平考试”，都是可以的。具体称法如何，并不影响会考的创新与发展。像福建、浙江等最初沿用“会考”说法的几个省份，并未因为使用这一概念而影响其考试实践。由于教育部采用了“学业水平考试”这一概念，尤其是2010年《国家中长期教育改革和发展规划纲要（2010—2020年）》、2014年《国务院关于深化考试招生制度改革的实施意见》、2014年《教育部关于普通高中学业水平考试的实施意见》等文件使用

① 李欣．高中学业水平考试的中美比较研究[M]．福州：福建教育出版社，2012：30-31．

这一概念，因而，沿用“会考”概念的省份也纷纷放弃这种说法，改称“学业水平考试”。从各省的实践来看，具体名称的不同并非二者的本质差异。

其次，高中会考与高中学业水平考试的差异，主要也不是在于结果是否以不同等级呈现。以前的高中会考，考试科目以等级形式呈现，考查科目简单地分为合格与不合格。现在的高中学业水平考试，同样也是以不同等级呈现。按2014年《教育部关于普通高中学业水平考试的实施意见》，纳入高校招生的三门学业水平考试科目，“以等级呈现成绩的一般分为五个等级，位次由高到低为A、B、C、D、E。原则上各省（区、市）各等级人数所占比例依次为：A等级15%，B等级30%，C等级30%，D、E等级共25%。E等级为不合格，具体比例由各省（区、市）根据基本教学质量要求和命题情况等确定”[①]。其他科目一般以“合格、不合格”呈现。显然，如果说现在的高中学业水平考试有区分度，那么便不能说过去的会考没有任何区分度，因为会考也分为不同等级。从二者都以不同等级呈现结果来看，应该说现在的高中学业水平考试与过去的高中会考都有一定的区分度。而如果承认以往的高中会考有一定区分度，只是相对比较有限，那么，我们是否也应警惕：当前的高中学业水平考试固然也有一定区分度，但也可能相对不足呢？过去我们一致的认识是高中会考为一种标准参照考试，其根本功能在于鉴定功能，与作为选拔性考试的高考存在本质上的差异，因而，两者“不兼容”，难以将二者进行“硬挂钩”。现在，我们将高中学业水平考试纳入高校招生评价体系，是否也可能存在两者“不兼容”的问题？这是一个值得警惕与思考的问题。尤其是在首批进行新高考试点的浙江与上海两地，其“+3”科目都存在一定的区分度问题。其中，浙江的问题主要在于其学考与选考“合卷”的制度设计，而上海的问题则主要在于其学考等级性考试分值相对偏低，尤其是分值区间只有30分。“+3”科目区分度的问题，在2017年两地高考招生实践中已经有所反映。

再次，所谓的“省级考试”还是“国家考试”，或者说是否是“国家教育考试”，也非高中会考与学考的本质差异。其实，以所谓“省级考试”和

---

① 教育部关于普通高中学业水平考试的实施意见[EB/OL]. [2014-12-10]. http://old.moe.gov.cn/publicfiles/business/htmlfiles/moe/s4559/201412/181664.html.

"国家考试"来区分高中会考与学考，本身就是一种混乱不清的辨析。事实上，无论是高中会考还是学考，都是由各省级教育行政部门负责组织的"国家教育考试"，也可简称"国家考试"。2014年《教育部关于普通高中学业水平考试的实施意见》指出："学业水平考试是根据国家普通高中课程标准和教育考试规定，由省级教育行政部门组织实施的考试，主要衡量学生达到国家规定学习要求的程度，是保障教育教学质量的一项重要制度。"而正如1990年国家教委《关于在普通高中实行毕业会考制度的意见》所指出的那样，"普通高中毕业会考是国家承认的省级普通高中文化课毕业水平考试"。高中会考与学考都是由省级教育行政部门组织的考试。2014年《国家教育考试违规处理办法》没有明确列出"高中学业水平考试"，但未列出并不必然意味着高中学业水平考试不是国家教育考试。2016年《教育部关于加强普通高中学业水平考试考务管理的意见》已经明确提出："学业水平考试是关系教育公平公正的一项国家教育考试。"[①]这说明，高中会考也是一种国家教育考试。1995年全国人大教科文卫委员会教育研究室所编《教育法学习宣传辅导》明确指出，国家教育考试包括高中毕业会考、高等学校统一招生考试、硕士和博士研究生统一招生考试、成人高等学校统一招生考试、高等教育自学考试等。[②]很显然，是否是国家教育考试，并非会考与选考的本质差异。

基于以上的梳理与辨析，笔者认为从高中会考到高中学考，主要是人为增加或者说人为赋予了一种选拔功能。与此同时，更加注重考试的诊断与反馈功能，从而为教育教学质量的提升与改进提供科学依据，也是高中学业水平考试较之以往高中会考的一个不同之处。毕竟以往的高中会考的功能主要是鉴定，即用以评判一个学生是否达到毕业水准，至于其诊断与反馈功能则不被重视。将高中学考纳入高校招生评价体系，实际上是人为赋予了学考一种选拔功能。这种纳入，意味着学考与高考的"硬挂钩"。也正是在这种背景下，高中学业水平考试的地位与作用开始越来越重要，也越来越受重视。

---

① 教育部关于加强普通高中学业水平考试考务管理的意见[EB/OL]. [2016-12-30]. http://www.moe.edu.cn/srcsite/A06/s3732/201701/t20170113_294769.html.

② 全国人大教科文卫委员会教育研究室. 教育法学习宣传辅导[M]. 北京：高等教育出版社，1995: 128.

2008年《教育部关于普通高中新课程省份深化高校招生考试改革的指导意见》指出："建立和完善对普通高中学生的综合评价制度，并逐步纳入高校招生选拔评价体系。各地要加快建设在国家指导下由各省份组织实施的普通高中学业水平考试和学生综合素质评价制度，切实做到可信可用，逐步发挥其对普通高中教育教学质量进行管理和监控，对高中学生学业水平和综合素质进行全面、客观评价，以及为高校招生选拔提供参考依据的作用。"① 2014年《教育部关于普通高中学业水平考试的实施意见》指出："考试成绩是学生毕业和升学的重要依据……学业水平考试成绩合格，作为普通高中学生毕业以及高中同等学力认定的主要依据。要将学生学业水平考试所有科目成绩提供给招生高校使用，具体要求和使用办法由各省（区、市）及高校确定。"各省在最初出台高中学业水平考试文件时，即说学考是高校招生的一种参考、依据，新高考综合改革更是明确要求高中学业水平考试必须纳入高校招生评价。由此，高中学业水平考试必须同时承担两个基本功能：鉴定与选拔。除此之外，还有导向功能与反馈功能。

当然，即便在当前的教育理论界，也仍有学者对于高中学业水平考试的定位与功能存在不同的认识与主张。比如，杨向东与崔允漷在对12个国家和地区高中学业水平考试进行理论分析的基础上指出，中国大陆的高中学业水平考试应当是一种达标考试，一种标准参照测验，而不是选拔性考试。②在笔者看来，在学考实行初期，其所发挥的其实仍只是原会考的基本达标测试功能。"目前我们努力设立的'高中学业水平考试'实际上是'基础水平考试'……以后还可以设立'拓展水平考试'。"③学考若与高考"软挂钩"，其势必如同会考一样被忽视。在江苏"3＋学业水平考试＋综合素质评价"的模式下，学考由于不计入考生总成绩而被忽视便是明证。事实上，在纳入高校招生总评价体系的背景下，学考功能与会考功能的差异才真正得以凸显。

① 教育部关于普通高中新课程省份深化高校招生考试改革的指导意见[EB/OL]. [2008-01-10]. http://old.moe.gov.cn//publicfiles/business/htmlfiles/moe/s3258/201001/xxgk_79887.html.

② 杨向东，崔允漷：关于高中学业水平考试的比较研究[J]. 全球教育展望，2010(4)：12.

③ 刘玉祥. 上海高校招生考试发展史纲[M]. 上海：上海交通大学出版社，2014：228.

三、浙江选考、上海学考与高考“硬挂钩”的启示

如上所述，为贯彻落实2014年《国务院关于深化考试招生制度改革的实施意见》而出台的《教育部关于普通高中学业水平考试的实施意见》，要求高中学业水平考试必须解决达标测试与选拔测试两个基本问题。在这一方面，上海与浙江正在试点两种不同的制度设计。

上海新的高中学考分为合格性考试与等级性考试。其合格性考试的功能大体与原来的高中会考相对应，属于一种基本达标考试；等级性考试则是一种甄别选拔考试，具有高考的选拔属性。笔者以为，上海的这种做法，再次验证了会考与高考泾渭分明的基本功能。抑或说，其基本思路依据的正是原来会考与高考的功能分异。在一定意义上也可以说，上海学考合格性考试承担了高中毕业水准的鉴定考试，因而与过去高中会考的基本功能大体一致；其学考等级性考试相当于原来高考选考科目。当然，上海之前实行“3＋1”科目模式，现在“＋1”改为“＋3”。名义上，“＋3”科目仍为学考，但也有称其为高考选考科目的，这种称法刚好与高考必考科目相对应。正如刘海峰所言，现在高中学业水平考试纳入高校招生评价体系，实际上具有了高考的选拔性质。上海新高考综合改革实践表明，这种划分合格性考试与等级性考试的制度设计，基本没有引起什么质疑与批判。

浙江省学考纳入高校招生评价方面，与上海市的制度设计存在很大的差异。表面看来，浙江的学考大致与上海的学考合格性考试相对应，选考与上海的学考等级性考试相对应。浙江“＋3”科目，在名义上称为“选考”科目，而不是“学考”。所谓“选考”科目，既可以理解为“从学业水平考试中选择出来纳入或作为高校招生评价体系的依据”，也可以理解为“高考选考科目”而与“高考必考科目”相对应。从实际使用来看，不仅媒体及社会民众经常称“选考”科目为“高考选考科目”，而且浙江省教育厅、教育考试院的文件中也使用“高考选考”的说法。而上海所谓的“高考科目”就是单指其必考科目，即语、数、外。在简单对应之外，浙江的学考、选考又与上海的学考合格性考试、等级性考试存在明显的不同。这种差异主要在于，前者同一科目的学考、选考以“合卷”为基本特征，后者则是完全分开。也

即，浙江省某一科目的选考试卷是在70分学考“必考题”基础上增加30分“加试题”而成，同一次同一科目学考与选考70%分值的试题完全相同。这种学考与选考“合卷”的制度设计引发了不少困惑与质疑。之前，教育理论界普遍认为会考与高考两种考试不应合并或者说难以合并，即难以通过一张试卷既用以基本达标测试又用以甄别选拔测试。浙江学考与选考“合卷”，所进行的恰是这种曾被认为“不应该”“不可能”的尝试。目前，不少学者认为浙江学考与选考通过“必考题+加试题”进行“合卷”的制度设计存在命题难度与区分度问题。根据笔者最近的调研，浙江省正在考虑改变学考与选考“合卷”的制度设计，将二者分开命题。

总的说来，如何通过高中学考实现基本达标测试与甄别选拔测试两个目的，同时尽可能减低考试压力、保证合理区分度，是全国新一轮教育考试改革的一个核心问题。在这一方面，浙江上海的新学考制度设计应该说可以为其他省份提供一种有益借鉴。

第二节
科目选择性与分数的可比性

增加科目的选择性是新高考综合改革的一个基本取向。从高考科目设置变革史来看，此次必考加选考的“3+3”科目改革是在之前“3+X”改革基础上的一种创新与发展。由于科目变革的复杂性，新一轮“3+3”改革出现了若干对矛盾，其中选择性与等值性、功利性的矛盾最为突出。在当前“3+3”模式下，选考科目需要采用相对分数制度，借助于选考制度的调整以及具体赋分规则的改进，可以在一定程度上缓解选择性与等值性、功利性的矛盾，增加分数的可比性。

一、增加科目选择性的三次尝试

纵观1977年高考制度恢复40年来的发展历程可以发现，增加高考科目的类别与选择性，进而增加学生及高校的选择权与选择空间，可以说一直贯穿于高考改革中。大致说来，前后至少有过三次增加高考科目选择性的重要尝试：第一次发生于20世纪90年代初；第二次发生于20世纪90年代末，即“3+X”科目改革；第三次也就是始于2014年的“3+3”科目改革。

早在20世纪80年代，教育界即形成了增加高考科目类别及选择性的共识，当时主要是由上海地区通过“3+1”模式进行了试点工作。不过，其后上海“3+1”模式并未成为20世纪90年代高考科目改革的范本。1990年国家教委出台的《关于改革高考科目设置及录取新生办法的意见（试行）》将高考科目设置为四个类别：第一组，政治、语文、历史、外语；第二组，数学、语文、物理、外语；第三组，数学、化学、生物、外语；第四组，数学、语文、地理、外语。[①]这样的制度设计，较之当时各省正在采用的“文六理七”的二元分科模式，无疑增加了科目的选择性。然而，这一意见仅试

① 国家教育委员会关于改革高考科目设置的通知[M]//杨学为. 高考文献（下）. 北京：高等教育出版社，2003:457-459.

点一年即被全面放弃。之后，全国各省普遍推行“3+2”模式，即在语文、数学、外语共同科目的基础上，文科类加考历史与政治，理科类加考物理、化学。“3+2”模式不仅没有增加科目的选择性，而且还将生物和地理删去，决定了其必然不可能长久持续下去。

1999年正式开启的“3+X”改革，实际上是国家在增加高考科目选择性方面所进行的第二次重要尝试。1999年《教育部关于进一步深化普通高等学校招生考试制度改革的意见》正式出台。这一意见，由教育部学生司、基础教育司和考试中心经过为期一年的联合调研而形成。当时，计划大约用三年左右时间推行“3+X”科目设置方案。“3”指语、数、外为每个考生必考科目，英语逐步增加听力测试，数学不再分文、理科；“X”指由高等学校根据本校层次、特点的要求，从理、化、生、政、史、地六个科目或综合科目中自行确定一门或几门考试科目；考生根据所报志愿参加高等学校（专业）所确定科目的考试。就制度设计而言，较之1990年国家教委《关于改革高考科目设置及录取新生办法的意见（试行）》，《教育部关于进一步深化普通高等学校招生考试制度改革的意见》通过“X”科目赋予了学生与高校更多的选择权与选择空间。

权力下放后，多元试点的局面出现，但一方面多数省份直接选用了“3+文综/理综”的分科模式，另一方面通过“X”赋予学生与高校单科科目或多科科目选择权的省份，绝大多数最终都转向了“3+文综/理综”模式。个别省份，如江苏，最终固然是没有选择“3+文综/理综”模式，但也是直接取消了高考科目的选择性——高考科目仅包括语、数、外三门统考科目。整体上看，除了上海比较特殊，一直采用“3+1”或“3+1+X”，其余省份可以说最后都不约而同地取消了学生可以自由选择某1门或2门高考单科科目的制度设计。从这一意义上说，1999年开启的“3+X”高考改革，在增加科目选择性、增加高校及学生选择权与选择空间方面，最终遇到了无法克服的困难。

全国最新一轮即第三次高考科目大改革，以2014年9月《国务院关于深化考试招生制度改革的实施意见》出台为正式启动标志。这一文件和20世纪90年代初与90年代末的第一、二次高考科目改革意见是由原国家教委、教育部发布不同，它是以国务院的名义直接发布的，并且由国家召集全国教育专家、学者经过多年的广泛调研而形成。在科目方面，新高考实行“3 + 3”模式。《国务院关于深化考试招生制度改革的实施意见》明确提出“增加学生的选择权”，规定考生高校入学总成绩由统一高考的语、数、外3个科目成绩和高中学业水平考试3个科目成绩组成；保持统一高考科目分值不变，不分文理科，外语科目提供两次考试机会；计入总成绩的学考科目，由考生根据报考院校要求和自身特长在政、史、地、理、化、生等科目中自主选择。根据改革规划，新高考“3 + 3”改革自2014年启动试点，2017年全面推进，到2020年基本建立起中国特色现代教育考试招生制度。

二、增加科目选择性的困境之一：分数等值难题

从浙江与上海新高考综合改革的经验来看，新高考“3 + 3”模式所遇到的困难与过去广东、江苏、广西几个省区所曾出现的问题十分类似，基本可以说是同类问题。概而言之，两地新高考招生制度下源于选择性的矛盾包括选考科目确定时间的矛盾、选择性与应试性的矛盾、选择性与全面性的矛盾、选择性与匹配性的矛盾、选择性与等值性的矛盾、选择性与功利性的矛盾等。其中，选择性与等值性、功利性的矛盾最为棘手。等值性与功利性互相纠缠，一方面等值性难题造成了考生选考的功利性，另一方面考生选考的功利性又反过来加剧了分数不等值难题。

为了解决“3 + 3”模式下报考同一专业考生选考科目不同的问题，浙江与上海新高考选考科目都采用了等级赋分制。两地等级赋分制的具体细则存在差异，但基本原理相同。等级赋分制，作为一种相对分数制度，一定意义上可以说是一种简化了的标准分制度。选考科目按等级赋分的确具有相对合理性，但不能忽视基于考生群体异质性等原因而造成的分数不等值问题。该问题表现有二：

一是同一科目不同次考试之间的分数不等值问题。在新高考选考制度下，由于不同次考试之间考生群体异质性的原因，分数不等值问题变得更加突出。浙江高考选考方面出现的“田忌赛马”竞争策略，一定程度上造成了

基于同一科目不同次考试之间考生群体异质性的分数不等值问题。很显然，“田忌赛马”选考策略同时削弱了高考招生的科学性与公平性。同样，上海新高考选考政策规定地理与生命科学在高二、高三下学期均可进行选考，这样也存在同一科目不同次考试之间的分数不等值问题。随着浙江考生的选择日趋理性，多数考生将选择在高三学年参加选考，但仍可能有少数考生选择在高二参加选考，如此必然造成高一、高二阶段教学组织困难以及效率低下的问题。

二是不同科目之间的分数不等值问题。由于考生选考科目不同，不可避免出现某一专业投档考生选考科目不同，并由此而引发分数不等值问题。如果某一选考科目某次出现高能力、高水平考生“扎堆”报考，那么，其中某些优秀考生可能获得低分；对于报考人数少，总体能力、水平较低或一般的选考科目来说，其中某些中等考生可能获得高分。也即，同一次考试不同科目的相同等级分数，其含金量可能不同；不同次数不同科目的相同等级分数，其含金量可能不同。因为每次测试的难度是很难掌控的，这个问题在涉及合成高考总分，或者在容许一年多次考试时将变得十分突出。①

无论是浙江还是上海，在高二、高三学生共同考试、跨级赋分的制度下，绝大多数考生将可能选择在高三学年参加选考或学考等级性考试。在这样的情况下，其分数不等值问题主要体现在第二类，即不同科目由于选考考生群体能力的差异，而造成的同一分数含金量不同的问题。而从具体科目来看，物理一科受到的冲击可能最为明显。

在高考分数制度方面，曾有研究者认为不同科目的原始分数具有不同的刻度与意义，不能直接相加，并因而主张采用标准分制度。作为一种相对性评价制度，高考标准分制度通过甄别、衡量某一考生在考生群体中的相对位置，可以在一定程度上解决分数的可比性与可加性问题。但是，这并不意味着标准分制度是一种完美无缺的分数制度。几乎所有试点省份纷纷弃用标准分而向原始分回归的历程使我们深刻认识到，不能绝对地认为标准分制度是一种更先进的分数制度，不能认为其负面影响一定小于原始

① 杨志明．高考原始分合成：问题与改进思路[J]. 教育测量与评价，2015(10)：61.

分制度，更不能简单认为其没有弊端抑或利大于弊。等级赋分制作为一种简化了的标准分制度，同样也存在不足之处。不同分数制度具有不同优点与缺点，相对分数制度与绝对分数制度都是利弊共存，没有任何弊端的完美分数制度是不存在的。

三、增加科目选择性的困境之二：选考功利主义

在自由选考制度下，当前浙江与上海第二、第三批试点学生，已经出现了比较明显的“弃理选文”现象，尤其是选考物理人数开始明显下降。考生选考的功利主义倾向，与等级赋分制密切相关，但这一分数制度并非其前提条件。也就是说，考生在确定高考选考科目上的功利主义倾向，不是等级赋分制的独有产物，即使采行原始分与标准分也同样会造成此类问题。

近十几年的高考改革经验表明，只要增加科目的类别及科目的选择性，无论采用等级赋分还是采用原始分抑或标准分制度，都将无可避免地造成学生避难趋易的行为，即客观上必然诱发考生舍弃物理等学习难度大且相对耗时的科目，从而造成选考理科科目考生减少、文科科目考生增加的问题。例如，江苏省在2003—2007年期间曾实行与新一轮“3＋3”相似的“3＋2”高考模式，当时“＋2”选考科目直接采用原始分数，由于物理一科本身高度抽象，学习、备考较之其他科目更加耗时，甚至还一度出现选考物理的考生平均分比选考地理的考生低20分的年份，这样，考生们纷纷舍弃物理、化学而选择其他相对容易的诸如地理、生物等科目，结果造成了文理选考人数与社会需求严重不相匹配的问题。2008年开始江苏又实行新的高考方案，但由于仅有语、数、外计入高考总分，其余科目仅以等级形式作为基本志愿填报门槛，结果同样造成考生避难趋易的选考行为，并且影响了物理等基础理科人才的培养与选拔。再如广东，在实行“3＋X”高考模式时采用了标准分制度，同样也产生考生弃理选文的现象。江苏、广东、浙江及上海几个省市的高考改革实践表明，在为考生提供多种选考组合并且可以自由选择考试科目的基本制度设计下，无论采用原始分数还是标准分数或等级分数，结果都难以避免考生避难趋易的选考行为。

在自由选考制度下，浙江高考选考、上海学考等级性考试采用等级赋分制只能说是一种相对科学、合理的制度。我们暂时还没有找到其他更加科学、合理的分数制度，事实上也无法找到一种没有任何弊端的替代制度。通过整个选考制度的调整，以及具体赋分规则的改进，可以部分消除两地等级赋分制的不足之处，从而使之更加科学、合理与完善。

第三节
科目分值与考试次数及时间

分值设置是高考科目系统改革的重要方面之一。不同科目的分值设置，不仅直接影响考生的重视程度，而且从长远来看可能会对不同学科人才的选拔与培养产生巨大的影响。在浙江、上海新高考综合改革中，选考科目的分值设计是一项重要变革内容。盘点与反思两地不同科目分值的设计及其影响，是全面分析、评价新高考综合改革不可或缺的重要组成部分，不仅关系两地新高考制度的调整与完善，而且可以为其他省份高考改革的跟进提供一种有益启示。

一、选考科目分值偏低及其调整思路

刘海峰指出，高考侧重语、数、外三科考查，对女生相对更为有利。[①]王金娜也认为，伴随着游戏规则的改变，高考场域统考科目日渐呈现出“文科偏向”，使高考制度的公平性降低，并使从家庭继承的文化资本转化为分数的可能性提高。[②]这种偏向一方面与文科本身的性质有关，另一方面也与高中新课程改革越来越强调语文素养和英语素养有关。高考统考科目的“文科偏向”相对有利于女生而对男生不利，并且在一定程度上造成一种“性别意识形态”与“性别不公”。

纵观浙江与上海新高考综合改革不难发现，与浙江相比，上海学考等级性考试科目分值区间偏小，因此，考生成绩相对密集，学考等级性考试科目对考生总成绩区分度的贡献率自然也降低了。换言之，语、数、外三门科目在考生总成绩中的比重与贡献大，其结果是过度弱化、矮化了选考科目的地位。比如物理和化学两门选考科目加起来总分值才140分，尚不及外语一科150分。这样的分值设计，将不可避免地对物理、化学等学科人才的选拔与

① 刘海峰. 高校招生考试制度改革研究[M]. 北京：经济科学出版社，2012：390.

② 王金娜. 高考统考科目的“文科偏向”与隐性教育不公平——基于场域—文化资本的视角[J]. 教育发展研究，2016(20)：10-11.

培养造成负面影响。在笔者看来，外语一科当然也十分重要，不宜降低其分值设置，或者说降低其分值设置势必面临很大的反对意见。但物理、化学作为选考科目，无论如何也不应该如此“不重要”，尤其是相对于外语一科来说，其分值不应如此之低。在当前的高考科目与分值设计下，上海考生将在高考“指挥棒”的引导下更加重视语、数、外的学习。不仅如此，对于高水平、研究型的大学，尤其是理工类大学及其专业而言，所招学生可能存在语、数、外分数高而物理、化学等科目分数低的问题。事实上，这种现象在上海交通大学2017年招生中已经部分出现了。其弊端在于，此类学生入学后的物理、化学学习可能出现一定困难。由此看来，适当提高高考选考科目的分值，是上海新高考制度设计调整应当予以重视的一个重要方面。

浙江高考选考科目的分值设置，其分值及区间应该说明显高于上海学考等级性考试的分值设置，但与语、数、外三门必考科目相比，分值区间仍相对略低。这样，不仅造成选考科目的区分度不足，而且也在事实上弱化、矮化了选考科目的地位。从长远影响来看，这种分值设置也可能对物理、化学等基础理科拔尖人才的培养与选拔带来不利影响。

为此，笔者认为，浙江与上海两地高考选考科目分值区间可以考虑提高到60—120分或60—130分。这种政策调整，几乎没有任何负面影响，尤其是不会对语、数、外学科产生任何实质性的不利影响，但可以从根本上提高选考科目的地位，引导考生加大对选考科目的重视程度，从而有助于物理、化学等基础理科拔尖人才的培养。

二、“分散性”考试制度设计的双刃效应及其调整建议

纵观教育考试制度的分析话语，“一考定终身”被视为统一高考制度的一大弊端。“一考定终身”的基本批判逻辑在于，仅凭一次考试便区分高下不仅不科学而且也不公平；同时“一考定终身”造成学生在高中阶段尤其是高三学年压力畸重。考生自身方面的偶然性因素，当然是影响考生考试表现的一种可能因素。但基于教育测量与评价的视野，考生自身方面的偶然性因素对考试整体上的科学性与公平性的影响其实十分有限，甚至可以说微乎其微。影响考试表现的考生自身方面的偶然性因素，其发生是一种小概率事

件，不可能在一次考试中大规模地出现，更不可能全部出现。高考作为一种选拔性考试，是公认的一种具有高区分度的考试。当然，近几年由于命题难度的降低，高水平研究型大学认为高考区分度下降也是一个客观事实。但是，这一方面并非“一考定终身”的批判依据。

基于以学生为中心、降低一次考试偶然性以及减低高三学业与考试压力的考量，“分散性”制度设计成为此次高考改革的一个基本方向。如此，原先的“一考定终身”转变为“多考定终身”。新高考综合改革的基本设计，即是试图通过“分散性”制度设计，具体说来是通过将高中学考作为选考科目纳入高校招生评价体系，来降低一次考试表现的偶然性并同时达到减轻学生高三学业与考试压力的目的。浙江与上海的试点经验表明，高三学生的学业负担与压力比以前确实有所降低。不过，这种“降低”并不是整体上的“减少”，而是将部分负担与压力转移到了高一、高二学年考生身上。这也正是“分散性”制度设计的一个初衷。但我们也应看到，从某种意义上说，高考压力是一个无限变量，其分散到哪一阶段，哪一阶段即增加了考生的压力与负担。现在高三学年压力较之传统高考模式固然有所减轻，可现在高一、高二学生的课业负担与考试压力比以前大大增加了。笔者在浙江新高考综合改革调研中发现，将选考考试时间安排至高三学年成为绝大多数高中校长和一线教师一致的呼声。上海新高考综合改革在选考科目方面的制度设计，是将等级性考试安排在高三下学期的5月，实际上也就是较之6月统一高考提前1个月，从时间上看这种纵向“分散性”相对有限。即便如此，还是有不少高中校长反映选考科目安排在高二下学期存在“过早”之弊，并且也普遍认为高考新政下的考试太多了。浙江与上海两地的试点改革实践提醒我们，在从“一考定终身”到“多考定终身”的高考综合改革中，时间节点是“分散性”考试制度设计中应当予以重视的一个关键变量。

在浙江省现行新高考综合改革方案下，考生在高二上学期即可参加选考科目的考试，其结果直接造成两大弊端：一是大多数考生感觉仓促而不报考，从而造成某一科目报考人数过少、考试竞争不充分的问题；二是直接造成高二与高三考生跨级竞争，共同赋分的问题。随着考生的选择日趋理性，多数考生将选择在高三参加选考，但仍可能有少数考生选择在高二进行选考，如此必然造成高一、高二阶段教学组织复杂困难以及效率低下的问题。有鉴于此，笔者建议浙江省应当推迟选考科目的考试时间，将选考科目的考试安排在高三学年，同时将选考次数安排减少至两次。这样，既有助于减少学生高一、高二学年的课业负担与考试压力，又可以有效避免考试竞争不充分问题，并且还有助于大幅度降低同一科目不同考次之间的分数不等值风险。

同时，笔者认为上海也可以考虑将地理和生命科学两门学考等级性考试统一安排在高三学年下学期，以便减少学生在高一、高二期间的学业负担与考试压力，同时也有助于消除因考试竞争不充分而带来的分数不等值风险。

三、选考及学考科目考试次数的“一”与“多”问题

《国务院关于深化考试招生制度改革的实施意见》中明确提出，在高中学考中“创造条件为有需要的学生提供同一科目参加两次考试的机会”。作为首批试点的上海规定每门学考合格考和等级性考试只有一次考试机会，浙江则为每门学考、选考科目提供两次考试机会。不仅如此，浙江分别在高二上、下学期与高三上、下学期安排四次考试，因而学生的选择空间更大。浙江试点改革经验表明，尽管多数考生比较认可将学考、选考时间安排在每年4月与10月，但这样的制度设计对高中阶段的教学秩序造成了严重的影响，不少高中校长和地方教育局负责人一致呼吁将选考科目调整至高三学年进行。问题的关键还在于，由于学考、选考同一科目提供两次考试机会，而安排节点则有四个，也即考生每门学考、选考科目两次考试可以在四个节点中选择两个，这样同一科目多次考试之间又存在等值与否的问题。选考科目固然是根据考生分数排名按比例实行等级赋分，但由于每次考试之间考生群体的异质性，不同次考试之间不可避免地存在分数等值与否的问题。

根据浙江省教育考试院的统计结果，在2017届毕业生中，生物是学考中利用两次考试机会比例最高的一科，但也仅有3%的学生参加了两次考试；利用率最低的两科是物理和化学，二者都不到1%。浙江省学考科目两次考试制度设计的试点经验表明，绝大多数学生在同一门学考科目上实际上很少利用第二次机会参加考试。

此外，目前广东省也计划为每门学考科目提供两次考试机会。《广东省教

育厅关于普通高中学业水平考试的实施办法》规定："思想政治、历史、地理、物理、化学和生物等6门科目，设合格性考试和等级性考试，其中，不计入高校招生录取总成绩的科目为合格性考试科目，计入高校招生录取总成绩的科目是等级性考试科目。""为有需要的学生提供参加同一科目两次考试机会，考试成绩以最好的一次作为最终考试结果，并允许学生更换一次等级性选考科目。"[①]根据浙江省的试点经验，广东以及其他计划为学考科目提供两次考试机会的省份，其学考制度如何设计才能规避可能对教学秩序形成的干扰以及同一科目不同次考试之间的分数不等值问题，应予以充分的重视。

① 广东省教育厅关于普通高中学业水平考试的实施办法[EB/OL]. [2016-09-06]. http://www.eeagd.edu.cn/portal/messages/1473152100647.html.

第四节
高考改革共识的达成与落实

从某种意义上说，高考改革是一个减少分歧、增加共识、达成共识、落实共识的过程。由于高考制度的复杂性，某些改革共识自理论、政策进入实践之后可能又引发争议，转而成为分歧。作为一种客观存在，高考改革分歧具有复杂性、灵敏性、广涉性、普遍性。基于此，高考改革共识成为一个无法回避也不应回避的重要学术论题。本节的旨趣在于以浙江、上海新高考综合改革为中心，从理论层面探讨高考改革共识的达成路径与落实方略。

一、何谓高考改革共识

“共识”，意指某种共同的认识、价值与主张。共识以分立、差异为前提和基础，“共”依赖于“非共”，“共”应该更多地理解为“公共”，非多元、差异状况下的一致不应该称为共识；同时，共识不是凝固的，其不仅可以拥有多副面孔，而且可以是历史地变化着的，已达成的共识可能扩大、加深，也可能相反。[①]

高考改革共识，即有关高考改革的共同认识、价值与主张，包括改革方向、改革原则、改革目标、改革举措等诸多方面。高考制度系统内在地蕴含着若干两难选择，不同的利益相关者基于自身的立场，往往认识不同、价值取向不同，改革主张也不尽相同，甚至完全对立。高考改革共识在很多情况下是以分歧为前提，没有分歧便无所谓共识的达成问题；同时高考改革共识具有历史性，而非一成不变。某一政策即使在制定阶段是一种共识，但随着高考改革实践的发展，也可能逐渐引发某种争议，转而演变成为一种分歧。

高考改革共识可分完全共识与不完全共识（或说有限共识）。在某些方面，高考改革可以达成完全共识，或者接近于一种完全共识。比如，高考时

① 沈湘平．价值共识是否及如何可能[J]. 哲学研究，2007(2)：107.

间从7月初调整至6月初，基本上可以说是一种完全共识。但在多数情况下，高考改革共识只能是一种不完全共识。近几年的高考科目及分值改革、自主招生政策、保送生政策、加分政策改革等，可以说每一项改革都伴随着一定争议与争论，相关政策的制定只能以一种有限共识为基本前提。不仅如此，某项高考改革即使在政策制定阶段是以较大范围甚至一种完全共识为依据，但进入实践之后也可能引发争议与分歧。

二、高考改革共识为何难以达成

高考改革共识之所以不易达成，从根本上说至少包含两大方面原因：一是因为高考招生制度系统自身蕴含着若干基本矛盾（或者说若干两难乃至多难问题）；二是在于不同利益相关者的利益诉求与价值分歧。

（一）高考招生制度系统内在矛盾

高考招生制度系统内生着若干基本矛盾，如统一考试与考查品行的矛盾、统一考试与选拔专才的矛盾、考试公平与区域公平的矛盾、保持难度与减轻负担的矛盾、考测能力与公平客观的矛盾、灵活多样与简便易行的矛盾、扩大自主与公平选才的矛盾、考出特色与经济高效的矛盾。[①]而由于高考制度高度复杂、灵敏，因此“一法立，一弊生”在高考系统中是一种十分常见的现象。一项改革政策在解决某一制度弊病的同时往往又滋生出新的问题。以浙江、上海试点改革为例，两地虽在赋予学生选择权、增加高校招生自主权、激活高中教学方式及高校学科与专业调整方面彰显出诸多创新性，但除以上基本矛盾之外又滋生出若干基于选择性的新矛盾，包括选考科目确定时间的矛盾、选择性与应试性的矛盾、选择性与全面性的矛盾、选择性与匹配性的矛盾、选择性与等值性的矛盾等。[②]高考招生系统自身的基本两难乃至多难问题，成为影响高考改革共识达成所无法绕过的客观障碍。

（二）不同利益相关者的价值分歧

作为最直接的利益相关者，教师与学生之间，不同地区、不同中学、不同科类的学生之间对新高考方案中同一个问题的观点可能因利益迥异而生成

① 刘海峰. 高考改革的理论思考[M]. 武汉：华中师范大学出版社，2007：117-132.

② 刘希伟. 新试点高考招生制度：价值、问题及政策建议[J]. 教育发展研究，2016(10)：2.

多元化的特征。[①]实际上，高考改革不仅涉及教育系统内部的利益调整，同时还涉及教育与市场、教育与政府之间的利益变动，以及不同教育专家之间的价值观博弈。

1. 不同考生及家长之间的价值分歧

以高考科目改革为例，以往大多省份实行文理分科模式，这一模式对于具有明显文理倾向的考生而言是利好的，对于其他考生则相对不利。新高考综合改革通过赋予学生自由选科权而从形式上彻底解决了文理分科与否的争论问题，其中浙江为“7选3”，上海为“6选3”。以浙江为例，2017届考生中，78%的考生突破了原来的文综、理综组合。这种赋予学生自由选择权的选考模式，对所有考生而言是公平公正的。然而，新的问题也随之产生，包括等级赋分以及分数不等值问题。从长远来看，“3 + 3”必考加选考模式可能对物理等基础理科人才的选拔、培养与储备带来难以估量的不利影响。根据笔者对浙江省2017届高中毕业生的问卷调查，选考物理一科的考生对高考选考科目等级赋分以及新高考综合改革的总体满意度，低于选考其他科目的考生。这表明，尽管新高考选考制度赋予了学生自由选择选考科目的权利，但在高中生内部仍存在对新高考综合改革认同度的差异。

再以浙江新高考选考制度设计为例，笔者调研发现有的学生认为这种制度设计有效地分散了考试压力，但的确也有学生认为新制度设计并未有效分散考试压力。而在首次选考科目的考试中，由于竞争没有达到稳定均衡状态，考生成绩出现了基于科目错位或时间错位的“拔高效应”。也即，有的考生获得了与其能力并不匹配的高分数，相对而言，等于其他考生的利益受损了。从改革舆情来看，考生和家长肯定与批判浙江新高考综合改革的声音同时并存。

此外，针对浙江省物理选考人数下降的问题，选考物理的考生及其家长普遍希望能够调整等级赋分办法，以便保障自身的利益。但是，未选考物理的考生则大多不支持这种保障物理的调整办法。这中间存在着十分激烈的争论，反映出不同考生及家长群体基于自身的利益考量而存在着难以

---

① 吴根洲，朱姝．高考改革：观点之争还是利益之争？——基于X省新高考方案调查的实证研究[J]. 教育学术月刊，2012(1)：21.

调和的价值分歧。

2. 不同高中校长之间的价值分歧

一方面，校长必须执行上级教育行政部门的改革指令；另一方面，上级教育行政部门的高考改革政策，在很多情况下仅是提供一种宏观指导，具体细则需要校长负责制订、推行。但高中校长的教育理念，包括高考改革理念，本身可能存在价值分歧。尤其是当某一改革对不同发展水准高中的升学利益造成影响时，校长们便可能对同一政策形成不同的价值判断。以浙江、上海新高考选考科目的等级赋分制度为例，优质高中选考物理考生的考试成绩可能因为“压低效应”而受损；薄弱高中考生采取避开与优质高中考生竞争的策略，其考试成绩可能因为“拔高效应”而受益。这样，不同高中校长、不同高中对新高考选考制度设计的价值判断便出现差异，受益者倾向认为新高考制度科学、合理，而利益受损者则倾向认为新高考制度不科学、不合理。

3. 不同高中教师之间的价值分歧

不同高中教师之间关于新高考综合改革的意见可能由于自身的利益诉求而不尽一致。一方面，不同学科的任课教师，可能因为不同高考科目的分值设置差异而对新高考综合改革形成不同的价值判断。比如，上海高考“3+1”模式时，语、数、外分值均为150分，其余的1门选考科目分值也是150分；而在新高考“3+3”模式中，语、数、外分值为150分，政、史、地、理、化、生“6选3”科目分值均为70分。新高考综合改革在事实上大大降低了政、史、地、理、化、生几科的地位，不少这些学科的任课教师都质疑这种分值设置的科学性与合理性。另一方面，由于新高考的选考制度设计，浙江与上海两省市的高中教师均不同程度出现结构性变化，有的学科教师因为选考学生人数多而需求量增大，有的学科教师因为选考学生人数少而需求量降低。高中学科教师需求的这种结构性变化，客观上使得某些学科的教师“受益”，而某些学科的教师利益“受损”。受益者与受损者对新高考综合改革的价值判断不可能完全一致，价值分歧成为一种必然结果。

4. 教师与学生之间的价值分歧

以往在高考改革的理论探讨中，教师与学生之间的价值分歧一般很少涉及，因为这两大群体对高考改革的认知与态度通常都是一致的，或者说至少不存在根本性的差异。但在本轮高考改革中，我们发现教师与学生两大群体也可能出现不同甚至是截然对立的看法。比如，对浙江在新高考综合改革背景下实施学段制，学考、选考考试时间安排在每年的4月和10月这一问题，高中教师及校长们大多认为这一时间安排对教学秩序造成了十分不利的影响，弊大于利，因而主张将考试时间调整至每年的1月与6月。然而，大多数学生认为这种时间安排可以减少学习与考试的紧张感，减轻学业与考试负担。根据浙江省教育考试院的调查，在接受问卷调查的教师中，大约70%的被调查者支持将学考、选考时间从现在的4月、10月调整为1月、6月，约30%的教师不支持这种调整；而在接受问卷调查的学生中，大约有70%的被调查者比较认同将学考、选考安排在每年4月和10月，只有大约30%的被调查者表示支持调整。在提倡以生为本的教育理念下，应当尽可能满足学生们的需求，这本身是没有什么疑义的，然而，当以生为本的制度设计可能给教学秩序造成冲击，而现阶段又还没有有效对策时，实际上这种设计的可行性与可操作性便要重新考虑。教师与学生之间的这种价值分歧为高考政策的调整带来了一种棘手的两难选择。

5. 不同教育学者之间的知识与价值分歧

不同教育学者，由于自身的知识背景以及关注点与出发点不同，对高考改革也往往存在不同的见解。以文理分科为例，杨叔子、朱永新、李培根等学者都主张取消分科，而刘海峰、张亚群等学者则主张应该或可以分科。以浙江新高考综合改革为例，在新方案发布之后，不少教育学者都充分肯定方案的创新价值，但也有学者担忧新政策在具体实践中可能走向异化，包括学生的选择权可能被中学老师所替代、“文理不分科”可能成纸面表述、中学有可能演化为“特色”鲜明的专科学校，甚至还可能对中国未来物理、化学等基础学科人才的培养带来不利影响。①

① 秦春华. 我对浙江高考改革试点方案的忧虑[N]. 中国青年报，2015-02-02(10).

6. 教育与政府部门及市场间的利益与价值分歧

近些年，由于受到国外大学招生考试“社会化”的影响，不少学者呼吁中国高考“社会化”。无论“社会化”是否是中国高考改革的应然方向，政府部门、教育考试管理部门、教育部门、公众基于各种考量可能都难以认同这种改革。这方面的典型案例是高考英语科目的分值问题。多年来，降低高考英语科目分值成为众多学者的一种共识，但国家最新一轮高考改革中，英语作为必考科目之一仍然保持了与语文、数学相同的分值，其中原因十分复杂，各方观点、立场不同无疑是重要原因之一。

三、如何达成高考改革共识

高考改革涉及不同利益相关人群及机构，其中所涉人群包括高中校长及教师、高中生及家长、高校教师、教育测量与考试评价专家、教育决策及管理人员、校外教育与考试培训市场从业人员等，其所涉及机构包括高中、高校、政府教育职能部门及校外教育与考试培训机构等，因此，高考改革是一个多方力量博弈的过程，具有相当的复杂性。正因如此，我们更应尽最大努力取得最大限度的共识，更应重视如何有效达成改革的共识。在高考改革所涉及相关人群中，高中校长及教师、高中生、高校招生工作人员、教育测量与考试评价专家无疑更为重要，教育决策及管理者应该更加重视这些群体的意见与建议。相对而言，校外教育与考试培训市场从业人员应该处于一种外围地位。当然，教育测量与考试评价专家与教育考试管理部门专业人员、高校招生专业工作人员、教育决策及管理人员等某些情况下存在身份重合问题。

笔者认为，在探讨、达成高考改革共识的过程中，决策及管理部门应该高度重视教育测量与考试评价研究专家、高校及其招生工作人员、高中校长及教师、高中生及家长的意见与建议。

高考作为一种教育测量与评价制度，具有相当强的专业性，教育测量与考试评价研究专家在高考改革中必须承担重要职责。尽管技治主义自身也遭遇到合法性危机[①]，但舍弃技治主义的教育改革可能成为空中楼阁；同样，

① 肖滨，费久浩．政策过程中的技治主义：整体性危机及其发生机制[J]. 中国行政管理，2017（3）：88.

以教育专家及教育行政官员为主的高考改革决策尽管也无可避免会引发一定争议，但离开了教育专家的高考改革很有可能造成更多、更大的问题。兹不赘言。

高校在高考改革中也属于重要角色，具体工作主要由招生部门工作人员承担。以往高考改革主要甚至可以说是过多地顾及了其对基础教育的影响，相反对高等教育的观照则明显不足。高考从根本上说是高校招生考试，理应首先从高等教育的人才选拔与培养这一基本目的出发，尤其是在高中教育毛入学率接近90%、高考升学率达到70%以上的情况下，高考改革更应充分观照高等教育。实际上，高考招生中的某些规律，一般说来只有高校招生人员才更了解。如传统文理分科模式下，物理是理科招生中被普遍看重的一个科目，包括化学、生物学等专业的招生都十分青睐物理成绩高的考生；而历史则是文科招生中被普遍重视的一个科目。如此等等，不一而足。高考改革应重视高校的意见。不过，必须承认，目前中国高校招生工作人员的教育测量与评价专业知识总体而言尚比较缺乏，未来应当加强高校招生队伍的专业化建设。

高中校长及教师同样属于重要群体。高中校长既了解上级教育行政部门的改革主张，又了解一线教育教学实践，在高考改革中发挥着关键的承接作用。而高中教师，特别是具有多年教学经验者，尽管可能不如高校人员了解招生规律，但对高考改革对高中教育教学的影响有着切身的认识与体验，对各种制度与政策的利弊效应具有较为理性的判断力与把握力。因此，在高考改革中，应当重视高中校长及教师的切身感受与意见。

高中生是高考最直接的面向对象与最核心的利益相关者，他们对高考改革的态度与看法十分重要。由于受制于自身的认知能力，高中生往往对高考改革方案尤其是其科学性的认识缺乏理性的判断能力。这一点决定了通过调查高中生群体的态度与看法来评价高考改革方案时，不应过高估计他们的认识。尤其是当涉及方案科学性方面的问题时，尽管可以调查他们的基本态度与想法，但不能以此来断定方案的科学性。比如，对于浙江、上海新高考选考科目等级赋分制的科学性问题，学科专业录取要求与考生知识构造间的内在匹配性及相关衍生问题，不仅高中生缺乏科学的认知，即使是一般的高中校长、教师乃至一般的教育研究者都缺乏专业的认识与判断。从这一意义上说，高中生及家长对新高考政策的感受与体验固然十分重要，但应予以理性看待与评估。

以上群体，以人数而言最多的无疑是高中生及家长。然而，高考共识不能完全以人数多寡为决策依据，一方面大多数高中生及家长不具有教育测量与评价的专业知识，另一方面高中生内部也存在不同甚至是完全相反的意见与建议。探讨、凝聚高考改革共识，应当广泛征集教育测量与考试专家、高校招生人员、高中校长及教师、高中生及家长以及其他相关社会人士的意见与建议，借助民主与集中两种方式，通过反复的论证与讨论，最终达成尽可能广泛的、一致的改革共识。

以浙江省新高考综合改革为例：根据教育部部署，浙江省自2013年7月启动了《浙江省深化高校考试招生制度综合改革试点方案》制定工作，先后召集20多场座谈会，广泛征求了省人大教科文卫委员会、省政协科教委员会，各市、县教育局长，本科高校、高职院校、普通高中和中职学校校长，考试招生机构负责人等600余人的意见。其中，浙江省绝大多数普通高中校长都参加了方案制定与研讨。浙江省教育考试院与教育厅多次向浙江省委省政府汇报，教育部领导先后至少召开四次会议专门研究浙江新高考方案。国务院有关领导还曾于2014年6月在上海召开新高考综合改革座谈会，专门听取上海、浙江汇报新高考综合改革方案。

浙江新高考综合改革方案的制定与出台过程十分典型地反映出高考改革共识达成的复杂性，教育测量与考试评价研究专家、高校及其招生工作人员、高中校长和教师、高中生及家长等高考改革重要相关群体均参与其中。通过如此广泛、深入的调查研究与系统论证而形成的共识，应该说具有较强的科学性、广泛性。

在高考改革中，我们应当注重总结经验，善于吸取教训。实际上，此次新高考综合改革中的诸多问题，比如学考与高考的定位问题、等级赋分的利弊问题、学生选考的功利性问题、学科专业录取要求与考生知识结构的内在匹配问题等，在过去广东、江苏等省份的高考改革中都曾存在。因此，我们必须充分借鉴过去高考改革的经验与教训，唯其如此，才可能形成更加科学、合理的高考改革方案，从而达成尽可能广泛的高考改革共识。

四、充分试点，稳妥推进：高考改革共识的落实方略

如前所言，由于高考制度系统自身内生的基本矛盾和不同利益相关者的价值分歧，我们几乎无法达成不存在任何弊端的高考改革共识。而更加吊诡之处在于，由于人的有限理性，理论层面的共识在进入实践之后，可能转而变成分歧。这一问题提醒我们高考改革应该采取渐进主义思路，否则在解决某一问题的同时可能又引发更多、更大的问题。先试点再推广是高考改革一种必要的基本战略。[①]不仅如此，试点不只是“试”与“不试”的问题，而且还存在是否充分的问题。充分的试点可以提供较为全面的经验、教训，相反，仓促、匆忙的试点不仅不科学，而且极有可能造成重大的教育改革风险。

检视40年来国家在高考科目方面所进行的几次大改革，不难得出我们应当增加试点时间进而增强试点的科学性、有效性、充分性这一结论。1989年《国家教委关于改革普通高等学校招生考试及录取新生办法的意见》、1990年《国家教委关于改革高考科目设置的通知》、1999年《教育部关于进一步深化普通高等学校招生考试制度改革的意见》、2014年《国务院关于深化考试招生制度改革的实施意见》，都是计划以三年时间全面推进并完成高考科目改革。作为国家层面的宏观高考改革，以上几大方案每次都是以一流教育专家为主进行顶层设计，但高考制度内生着若干基本矛盾，因此，即使教育专家再精心设计亦无法规避所有的改革风险。在笔者看来，以三年时间推进、完成全国层面的高考重大改革，仍显试点不够充分。三年试点时间，难以充分观察到高考改革对高中教育的影响——即使这种影响的利弊效应可能已经比较明显。

高考改革不应仅仅关注其对基础教育的影响，应进一步延长观察视线，跟踪考生在经过高考进入高校之后的学业发展与成才过程。即使在传统的简单文理分科框架之内，考生进入高校之后的学业发展与成才状况都应作为高考的效标变量，更何况以增加科目选择性、增加考生选择权与选择空间的科

① 刘海峰. 先试点再推广是稳妥之计[N]. 人民日报，2010-11-18(20).

目改革，直接、大幅地增加了考生进入高校之后的课程设置与教学组织的复杂性，而这从根本上决定了新高考综合改革必须高度重视高校录取新生之后的培养问题。尤其是新高考综合改革强调增加过程性评价，相关改革从高中第一年算起，这样三年时间实际上仅仅是截止到考生被高校录取。至于考生进入高校之后的培养问题，诸如课程设置、教学安排等究竟存在哪些挑战，应当如何解决学科专业录取要求与考生知识结构匹配的契合度这一重大问题，由于实践尚未展开，因而还无法进行实证研究。基于此，笔者认为，新高考综合改革的一个周期不应是3年，而至少应是七八年。高考招生改革的关注视线延伸至考生进入高校之后的培养及发展问题，实际上是新高考综合改革跟踪与评价研究的基本内容。

充分试点是落实高考改革共识的基本前提，稳步推进是落实高考改革共识的应然节奏。一个政策能否顺利地通过试点并推广实施，也与政策本身的特性有关，如实施该政策的“沉没成本”、复杂性、显著性、其与原有政策的相容性等。[①]新高考综合改革由于幅度大、力度大、影响广泛而深刻，其中充满了诸多不确定性，因此，在试点过程中更应以一种整体、动态的思维把握政策利弊，全面考虑不同利益相关者的意见与建议，凝聚关于改革的共识，进而为后续决策提供扎实、有效的依据与参照。

---

① 刘伟. 政策试点：发生机制与内在逻辑——基于我国公共部门绩效管理政策的案例研究[J]. 中国行政管理，2015(5)：118.

参考文献

一、中文文献

1.著（译）作

[1] 边新灿,新一轮高考改革的多视域考察——兼论浙江高考招生制度改革[M].北京:北京大学出版社,2017.
[2] 国联教育考察团.中国教育之改进[M].南京:国立编译馆,1932.
[3] 葛为民,等.新课程改革下——高考内容、形式改革的研究[M].北京:高等教育出版社,2014.
[4] (民国)教育部教育年鉴编纂委员会.第二次教育年鉴(二)[M].上海:商务印书馆,1948.
[5] 夸美纽斯.大教学论[M].傅任敢,译.北京:教育科学出版社,1999.
[6] 雷新勇.大规模教育考试:命题与评价[M].武汉:华东师范大学出版社,2007.
[7] 李立峰.中国高校招生中的区域公平问题研究[M].武汉:华中师范大学出版社,2007.
[8] 李木洲.高考改革的历史反思——基于制度变迁的视角[M].武汉:华中师范大学出版社,2016.
[9] 李欣.高中学业水平考试的中美比较研究[M].福州:福建教育出版社,2012.
[10] 刘海峰.考试历史的现实观照:融汇古今的教育研究[M].北京:北京师范大学出版社,2016.
[11] 刘海峰.高考改革的理论思考[M].武汉:华中师范大学出版社,2007.
[12] 刘海峰.高校招生考试制度改革研究[M].北京:经济科学出版社,2012.
[13] 刘海峰.高考改革论[M].杭州:浙江教育出版社,2013.
[14] 刘清华.高考与教育教学的关系研究[M].武汉:华中师范大学出版社,2007.
[15] 刘玉祥.上海高校招生考试发展史纲[M].上海:上海交通大学出版社,2014.
[16] 罗伯特·J.格雷戈里.心理测量:历史、原理及应用[M].施俊琦,等,译.北京:机械工业出版社,2013.
[17] 罗立祝.高校招生考试政策研究[M].武汉:华中师范大学出版社,2007.
[18] 潘懋元,刘海峰.中国近代教育史资料汇编·高等教育[M].上海:上海教育出

版社,2007.
[19] 全国人大教科文卫委员会教育研究室.教育法学习宣传辅导[M].北京:高等教育出版社,1995.
[20] 全国普通高中毕业会考工作协作会.中国高中会考十年[M].南昌:江西人民出版社,2000.
[21] 全国普通高中学业水平考试工作协作会.中国高中会考二十年(1990—2010)[M].南昌:江西人民出版社,2010.
[22] 舒新城.中国近代教育史资料(中册)[M].北京:人民教育出版社,1981.
[23] 王学珍,郭建荣.北京大学史料(第二卷 1912—1937)[M].北京:北京大学出版社,2000.
[24] 吴根洲.高考效度研究[M].武汉:华中师范大学出版社,2008.
[25] 吴根洲.科学与公平视野下的高考改革[M].南昌:江西人民出版社,2017.
[26] 鄢明明.大规模考试的演变与育人——论会考与高考的改革[M].武汉:湖北人民出版社,2004.
[27] 杨学为.高考文献(上)[M].北京:高等教育出版社,2003.
[28] 杨学为.高考文献(下)[M].北京:高等教育出版社,2003.
[29] 杨学为.中国高考史述论(1949—1999)[M].武汉:湖北人民出版社,2007.
[30] 郑若玲.高考思辨[M].北京:经济科学出版社,2013.
[31] 郑若玲,等.苦旅何以得纾解——高考改革困境与突破[M].南京:江苏教育出版社,2011.
[32] 《中国考试》杂志社.恢复高考30年(上)[M].北京:中国传媒大学出版社,2007.

2.期刊论文

[1] 北大、清华联合招生[J].全国学术工作咨询处月刊,1937(5).
[2] 本厅令知省立高中等十三校高中普通科毕业生免试升学浙大办法[J].浙江教育行政周刊,1933(12/13).
[3] 边新灿,陈蓉.全国30个省新一轮高考改革方案比较[J].中国考试,2017(3).
[4] 边新灿,蒋丽君,雷炜.论新高考改革的价值取向与两难抉择[J].中国高教研究,2017(4).
[5] 边新灿.高校招生制度改革的脉络、现状和走向——兼论公平和素质作为高考改革的两个坐标[J].浙江社会科学,2012(4).
[6] 边新灿.高校综合评价招生改革:演进逻辑、模式选择和对策分析[J].教育研

究,2017(7).
[7] 边新灿.公平选才和科学选才——高考改革两难价值取向的矛盾和统一[J].中国高教研究,2015(9).
[8] 边新灿.新一轮高考改革对大学教育的影响[J].中国高等教育,2015(1).
[9] 边新灿.新一轮高考改革对中学教育的影响及因应对策[J].中国教育学刊,2015(7).
[10] 边新灿.新一轮高考改革浙江、上海方案深度比较研究[J].中国考试,2015(2).
[11] 陈衡哲.青年的健康问题[J].健康生活,1935(4).
[12] 陈金芳.高考招生制度改革走向分析[J].教育研究,2011(10).
[13] 陈樾.中学会考亟应废除[J].现代教育评论,1937(5).
[14] 戴应观.现阶段中学教育与高等教育间存在之矛盾及其消除之拟议[J].高等教育季刊,1941(1).
[15] 德超.新旧中学学生毕业会考规程之比较研究[J].安徽教育,1933(9).
[16] 邓加富.新高考背景下高中教育的挑战与探索——以浙江省青田中学为例[J].中小学管理,2015(6).
[17] 董泽芳,李木洲.关于高考改革取向的思考[J].中国考试,2017(10).
[18] 樊本富.高考科目选择与创新人才培养[J].创新人才教育,2016(3).
[19] 樊本富.加强信息公开确保高校考试招生公平公正[J].中国考试，2017（6）.
[20] 废止中学及师范学校毕业考试仍举行期考令[J].法令周刊，1935（256）.
[21] 冯成火,吴东平.学考选考特性功能、质量控制及其完善——基于“浙江模式”的研究[J].教育发展研究，2017（4）.
[22] 冯成火.高考新政下高中课改的评价、问题与策略——基于浙江省的实践与探索[J].教育研究,2017(2).
[23] 冯成火.以生为本 平稳过渡 决战决胜——2017年浙江省高校招生录取规则意蕴解析[J].中国考试,2017(4).
[24] 冯科,聂海峰.高考录取机制的帕累托效率分析[J].经济科学,2007(3).
[25] 冯生尧.论专业分化的高中选修、高考选考和院系分招制度[J].课程・教材・教法,2011(4).
[26] 符太胜,谢章莲.高考改革中综合素质评价的两难困境与政策建议[J].教育理论与实践,2011(2).
[27] 傅维利.高考改革与高校责任主体的回归[J].中国高等教育,2015(12).
[28] 傅维利.我国高考改革的困境、出路及新方案设计[J].教育研究,2009(7).
[29] 顾镭.落实各项走班制度,保障走班顺利开展[J].上海课程教学研究,2017(4).

[30] 顾志跃.走班与差异教育[J].上海教育科研,2002(2).
[31] 郭祖超.对于国立各院校统一招生之管见[J].教与学月刊,1938(8).
[32] 韩艳梅.基于走班制的系统变革及其实践模式[J].中国教师,2015(24).
[33] 韩艳梅.新课程背景下学习组织方式的新探索——“走班制”的实施与管理[J].辽宁师范大学学报(社科版),2002(5).
[34] 胡惠闵,周坤亮.关注高中课程改革的根本性问题——钟启泉教授访谈[J].全球教育展望,2012(11).
[35] 嘉年.毕业会考风潮[J].正路,1933(2).
[36] 教务处丛讯[J].厦大校刊,1946,创刊号.
[37] 教育部山东师范大学基础教育课程研究中心调研组.高中课程改革的进展、问题与建议——基于山东省实验区的调查研究[J].山东师范大学学报(人文社会科学版),2006(6).
[38] 孔宇玮.小学走班制教学模式的实践与思考[J].上海教育科研,2003(4).
[39] 李凤,甘犁,杨小玲.高考志愿填报时间和录取机制研究[J].教育研究,2010(10).
[40] 李金波.新高考招生制度下的等级赋分制[J].教育测量与评价,2016(4).
[41] 李立峰.多维视野中社会考试改革与发展的思考——以上海为例[J].中国考试,2014(2).
[42] 李木洲,张悦.高考文理不分的历史逻辑与现实意蕴[J].湖北大学学报(哲学社会科学版),2017(4).
[43] 李荫71位中国科学院院士联名呼吁,务必十分重视生命科学[J].生物学杂志,1996(10).
[44] 刘宝剑.关于高中生选择高考科目的调查与思考[J].教育研究,2015(9).
[45] 刘海峰,李木洲.兼顾公平与科学的高考改革[J].中国考试,2015(9).
[46] 刘海峰.1952—2012:高考建制的花甲记忆[J].高等教育研究,2012(6)
[47] 刘海峰.高考改革的期望与现实[J].中国高等教育,2015(12).
[48] 刘丽群,刘一砖.我国十省(市)新课改高考方案述评[J].教育测量与评价,2009(6).
[49] 刘清华.自主招生联考大学亟需加强招生评价研究职能[J].大学教育科学,2011(3).
[50] 刘伟.政策试点:发生机制与内在逻辑——基于我国公共部门绩效管理政策的案例研究[J].中国行政管理,2015(5).
[51] 刘希伟.高考40年:科目改革探索历程及反思[J].华南师范大学学报(社会科学版),2017(5).

[52] 刘希伟.关于浙江新高考改革的若干思考[J].教育与考试,2016(3).
[53] 刘希伟.新试点高考招生制度:价值、问题及政策建议[J].教育发展研究,2016(10).
[54] 吕慈仙,乐传永.高校“三位一体”综合评价招生模式改革的分析——基于利益博弈的视角[J].教育研究,2014(1).
[55] 吕慈仙,李卫华.高校学生专业选择的影响因素分析——基于理性选择理论的视角[J].高等工程教育研究,2014(1).
[56] 马跃,韦小满.新一轮高考改革中的测验等值问题[J].考试研究.2015(5).
[57] 宁静.四大学联合招生应试记[J].学生之友,1941(6).
[58] 潘光旦.读二十七年度统一招生报告[J].今日评论,1939(9-10).
[59] 秦春华,林莉.高考改革与综合素质评价[J].中国大学教学,2015(7).
[60] 秦坚舟.读陈衡哲《青年的健康问题》对于会考的我见[J].河南政治,1935(3).
[61] 沈灌群.论中等教育与高等教育的联系[J].高等教育季刊,1942(4).
[62] 沈伟,曲琳.我国普通高中课程改革的反思与展望——杭州师范大学张华教授访谈[J].全球教育展望,2012(12).
[63] 沈湘平.价值共识是否及如何可能[J].哲学研究,2007(2).
[64] 石鸥.选择一种课程就是选择一种未来——关于高中多样化、选择性课程结构的几点认识[J].中国教育学刊,2003(2).
[65] 石钦.继会考之后的总考[J].学习,1940(6).
[66] 时晓玲.一位农村普高校长的课改思考与探索[J].浙江教育科学,2012(5).
[67] 唐刚.高考改革背景下走班制教学的困境与出路[J].今日教育,2017(3).
[68] 王博威,吴磊.我们的教改试验——农村高中“7 选 3”走班教学的实践与总结[J].浙江教育科学,2016(10).
[69] 王洪席.高中学生综合素质评价:误读与澄清[J].中国教育学刊,2016(3).
[70] 王金娜.高考统考科目的“文科偏向”与隐性教育不公平——基于场域—文化资本的视角[J].教育发展研究,2016(20).
[71] 王润,周先进.高中学业水平考试纳入高考体系的症结及其思考[J].教育探索,2014(10).
[72] 文东茅,鲍旭明,傅攸.等级赋分对高考区分度的影响——对浙江“九校联考”数据的模拟分析[J].中国高教研究,2015(6).
[73] 文东茅,林小英,马莉萍,等.高校招生能力建设与高考改革同行——对浙江高考改革试点的调查[J].中国高等教育,2015(12).
[74] 文东茅.高考改革方案对“唯分数论”的超越[J].中国高教研究,2014(10).

[75] 翁灵丽,刘希伟.新高考改革背景下的地方师范类院校招生对策研究——以浙江省为例[J].中国考试,2016(7).
[76] 吴根洲,樊本富.积极回应民意 力促高考公平[J].中国高等教育,2014(23).
[77] 吴根洲,朱姝.高考改革:观点之争还是利益之争?——基于X省新高考方案调查的实证研究[J].教育学术月刊,2012(1).
[78] 吴根洲、李灵琴.高考科目设置变革述论——基于统考科目与非统考科目的维度[J].河北师范大学学报(教育科学版),2013(9).
[79] 吴根洲.从统考到联考:高校招生考试的改革方向[J].江苏高教,2013(4).
[80] 吴根洲.专业优先投档:启动高校考试招生制度改革的“动力按钮”[J].江苏高教,2015(3).
[81] 肖滨,费久浩.政策过程中的技治主义:整体性危机及其发生机制[J].中国行政管理,2017(3).
[82] 谢维和.高考改革:定位、形态与变量[J].中国考试,2014(10).
[83] 杨向东,崔允漷.关于高中学业水平考试的比较研究[J].全球教育展望,2010(4).
[84] 杨志明.高考原始分合成:问题与改进思路[J].教育测量与评价,2015(10).
[85] 叶朝阳.结合普通中学教学的实际改革高考科目的设置[J].人民教育,1984(3).
[86] 尹后庆.发现和认识学生是综合素质评价的根本目的[J].中小学教材教学,2015(5).
[87] 虞晓贞.刍议“走班制”下的学校管理创新——以浦东复旦附中分校为例[J].教育参考,2016(3).
[88] 袁伯樵.中学会考与大学入学考试合并举行之检讨[J].教育通讯(汉口),1943(18).
[89] 袁振国,周彬.以改革姿态迎接新高考改革[J].人民教育,2016(14)
[90] 张亚群.高考综合改革目标的实现路径[J].教育发展研究,2015(18).
[91] 张志勇.考试招生制度改革的“国家意义”[J].人民教育,2014(19).
[92] 章建石.一项公平与效率兼备的高考改革为什么难以为继?——标准分制度的变迁及其折射的治理困境[J].北京师范大学学报(社会科学版),2016(1).
[93] 赵丽萍,周先进.综合素质评价纳入高考招生的困境及其超越[J].教育理论与实践,2015(2).
[94] 赵守拙.“走班制”实践中的问题综述与应对策略思考——以浙江实验区为例[J].今日教育,2017(3).
[95] 赵守拙.浙江实验区“走班制”实施中的问题及其应对[J].教学与管理,2017(6).

[96] 浙江大学近讯鳞爪[J]. 国命旬刊,1938(14).
[97] 郑若玲,陈斌. 高校招生综合评价录取改革的困境与出路[J]. 高等教育研究,2014(10).
[98] 郑若玲,万圆. 统一高考制度的问题及其成因评析[J]. 华中师范大学学报(人文社会科学版),2015(4).
[99] 郑若玲. 高考招生改革应与高中教育有机衔接[J]. 中国高等教育,2014(7).
[100]中小学学生毕业会考暂行规程[J]. 法令周刊,1932(105).
[101]中学学生毕业会考规程[J]. 法令周刊,1934(188).
[102]中学学生毕业会考委员会规程[J]. 法令周刊,1934(188).
[103]中央、武汉、浙江三大学联合招生[J]. 兴华周刊,1937(23).
[104]钟秉林. 积极稳妥地推进高等学校考试招生制度改革[J]. 高等教育研究,2012(9).
[105]钟秉林. 深化综合改革,应对高考招生制度改革新挑战[J]. 教育研究,2015(3).
[106]钟启泉. 布鲁姆的教学论及其现实意义[J]. 教育研究,1986(9).
[107]周海涛,景安磊. 新高考改革助推教育升级[J]. 教育研究,2015(8).
[108]周先进,张睦楚. 高考改革:高中生综合素质评价的“可为”与“难为”[J]. 全球教育望,2014(7).
[109]朱师逖. 大学统一招生能代替中学毕业会考吗[J]. 教与学月刊,1940(4).

3. 报纸

[1] 白戈. 青年底灾难[N]. 申报,第22032号,1934-08-20(19).
[2] 陈衡哲. 救救中学生[N]. 国闻周报,1935(38).
[3] 大学统一招生[N]. 燕京新闻. 1945-3-28(2).
[4] 高中毕业会考大学入学考试,教部订颁联合举行办法[N]. 申报,第24868号,1947-05-11(5).
[5] 郭华. 选课走班制:从“班”到“个人”[N]. 中国教育报,2014-05-21.
[6] 会考丛书各校踊跃采用[N]. 申报,第21498号,1932-02-18(16).
[7] 京市私中校长为会考再度请愿[N]. 申报,第21534号,1933-03-26(15).
[8] 李先荷. 救救中学生的问题在那里[N]. 申报,第22615号,1936-04-16(20).
[9] 刘海峰. 恢复高考40年的历史记忆[N]. 中国科学报,2017-01-24(5).
[10] 刘海峰. 先试点再推广是稳妥之计[N]. 人民日报,2010-11-18(20).
[11] 眉厓. 精与素之类[N]. 申报,第23491号,1939-07-24(13).
[12] 平心. 北大议定变更考试制度[N]. 申报,第17177号,1920-12-13(6).

[13] 秦春华.我对浙江高考改革试点方案的忧虑[N].中国青年报,2015-02-02(10).
[14] 上海学生联合会消息[N].申报,第16838号,1920-01-01(10).
[15] 五大学联合招生考试将分期举行[N].燕京新闻.1943,9(30).
[16] 一平.中学生学习担负和教学时间问题(一)[N].申报,第22439号,1935-10-14(16).

4.电子文献

[1] 高中学生综合素质评价:对基础教育影响深远[EB/OL].[2014-12-16]. http://edu.qq.com/a/20141216/032061.htm.
[2] 高中走班 浦东复旦附中分校:全员、全课程、全学段走班[EB/OL].[2015-05-21].http://www.vccoo.com/v/aaac35.
[3] 关于普通高中毕业会考制度改革的意见[EB/OL].[2000-03-15].http://www.gov.cn/gongbao/content/2000/content_60266.htm.
[4] 广东省教育厅关于普通高中学业水平考试的实施办法[EB/OL].[2016-09-06].http://www.eeagd.edu.cn/portal/messages/1473152100647.html.
[5] 国家中长期教育改革和发展规划纲要(2010—2020年)[EB/OL].[2017-07-29]. http://www.moe.edu.cn/srcsite/A01/s7048/2001007/t20100729_171904.html.
[6] 国务院关于深化考试招生制度改革的实施意见[EB/OL].[2014-09-04].http://www.gov.cn/zhengce/content/2014-09/04/content_9065.htm.
[7] 基础教育课程改革纲要(试行)[EB/OL].[2001-06-08].http://old.moe.gov.cn//publicfiles/business/htmlfiles/moe/moe_309/200412/4672.html.
[8] 教育部关于积极推进中小学评价与考试制度改革的通知[EB/OL].[2002-12-18].http://www.moe.gov.cn/srcsite/A26/s7054/200212/t20021218_78509.html.
[9] 教育部关于加强和改进普通高中学生综合素质评价的意见[EB/OL].[2014-12-10].http://old.moe.gov.cn//publicfiles/business/htmlfiles/moe/s4559/201412/181667.html.
[10] 教育部关于加强普通高中学业水平考试考务管理的意见[EB/OL]. [2016-12-30]. http://www.moe.edu.cn/srcsite/A06/s3732/201701/t20170113_294769.html.
[11] 教育部关于普通高中新课程省份深化高校招生考试改革的指导意见[EB/OL].[2008-01-10]. http://old.moe.gov.cn//publicfiles/business/htmlfiles/moe/s3258/201001/xxgk_79887.html.
[12] 教育部关于普通高中学业水平考试的实施意见[EB/OL].[2014-12-10].http://

old.moe.gov.cn/publicfiles/business/htmlfiles/moe/s4559/201412/181664.html.
[13] 上海37所高校2017年高考选考科目要求公布[EB/OL]. [2015−02−03].http://edu.sina.com.cn/gaokao/2015-02-03/1602456870.shtml.
[14] 上海高中走班报告2 大同中学:为每个学生私人订制独一无二的课程表[EB/OL].[2015-05-27].http://www.vccoo.com/v/b43f4e?source=rss.
[15] 上海高中走班报告3 建平中学: 保证每个学生都选到合适的课[EB/OL].[2015-06-03].http://wx.paigu.com/a/12062/48005939.html.
[16] 上海市本科高校专业(类)对2017年高考选考科目要求公布[EB/OL].[2015−02−04].http://sh.people.com.cn/n/2015/0204/c176739−23789995.html.
[17] 上海市普通高中学生综合素质评价实施办法(试行)[EB/OL].[2016−09−14].https://www.shmeea.edu.cn/page/17112/20160914/3532.html.
[18] 上海市深化高等学校考试招生综合改革实施方案[EB/OL].[2014−09−19].http://www.shanghai.gou.cn/nw2/nw2314/nw2319/nw11494/nw12331/nw12343/nw31887/u26aw40261.html.
[19] "我们需要什么样的高考" 调查:九成网友呼吁教育立法[EB/OL].[2014−08−15].http://learning.sohu.com/20140815/n403473869.shtml.
[20] 新课程改革要让更多人去了解——访全国政协委员姚本棠[EB/OL]. [2006−04−07].http://cpc.people.com.cn/GB/34727/56414/56459/56506/4281007. html.
[21] 浙江2017年高校选考科目公布[EB/OL]. [2015−03−02]. http://old.www.moe.edu.cn//publicfiles/business/htmlfiles/moe/s5147/201503/184332.html.
[22] 浙江省教育厅关于深化普通高中课程改革的通知[EB/OL].[2012−06−19].http://www.zjedu.gov.cn/news/21024.html.
[23] 浙江省教育厅关于完善浙江省普通高中学生成长记录与综合素质评价的意见[EB/OL].[2015−04−22].http://www.zjedu.gov.cn/news/142966877625715976.html.
[24] 浙江省深化高校考试招生制度综合改革试点方案[EB/OL].[2014−09−19].http://www.zjedu.gov.cn/news/26772.html.
[25] 中共中央关于全面深化改革若干重大问题的决定[EB/OL].[2013−11−15].http://www.gov.cn/jrzg/2013−11/15/content_2528179.htm.

二、英文文献

[1] B.Walker. Overcoming the Effects of Social Structure on College-going Behavior and Academic Performance: Texas and the Top 10% Solution[R]. Austin: University of the Texas, 2009.

[2] Charles Murray. Abolishing the SAT. In J. A. Soares (Ed.). SAT Wars: The Case for Test-optional College Admissions [M]. NY: Teachers College Press, 2012.

[3] Jen Kretchmar & Steve Farmer. How Much is Enough? Rethinking the Role of High School Courses in College Admission[J]. Journal of College Admission, Summer, 2013.

[4] J. A. Soares. The Future of College Admissions: Discussion [J]. Educational Psychologist,2012(1).

[5] Lindsay Daugherty. The Texas Ten Percent Plan's Impact on College Enrollment [J]. Education Next, Summer, 2014.

[6] Robert J. Sternberg: The Rainbow and Kaleidoscope Projects: A New Psychological Approach to Undergraduate Admissions [J]. European Psychologist, 2009(4).

[7] Winny Shen, etc. All Validities Are Not Created Equal: Determinants of Variation in SAT Validity Across Schools [J]. Applied Measurement in Education, 2012 (25).

附 录[①]

附录1 北京大学2017年在浙江省招生专业(类)选考科目范围

专业(类)名称	选考科目数	选考科目范围	类中所含专业
法学	2	物理、历史	
国际政治	2	思想政治、历史	国际政治、外交学与外事管理、国际政治经济学
社会学类	2	历史、地理	社会学、社会工作
地质学类	2	物理、化学	地球化学、地质学
环境科学	2	物理、化学	环境科学、生态学、自然地理与资源环境
城乡规划	2	物理、化学	城市规划(5年制工科)、人文地理与城乡规划
工科试验班类	1	物理	理论与应用力学、航空航天工程、工程结构分析、航空航天工程、能源与资源工程、生物医学工程、材料科学与工程
中国语言文学类	1	历史	中国语言文学、古典文献学、汉语言
考古学(文物保护)	1	化学	
历史学类	1	历史	历史学(中国史)、世界史、外国语言与外国历史

① 本附录包括19所高校2017年在浙江省招生专业（类）的选考科目范围，2所高校2017年在上海市招生专业（类）的选考科目范围。之所以主要选取高校在浙江省招生专业（类）的科目选考范围，主要是基于两方面考虑：其一，在浙江、上海两地招生的同一所高校的同一专业（类），绝大多数情况下选考科目范围是一致的，因而某高校在浙江招生专业（类）的选考科目范围，一般同时也是该校该专业（类）在上海招生专业（类）的选考科目范围；其二，其他省市的某一所高校在浙江、上海两地招生的专业（类），一般说来以前者居多。或者可以说，凡是在上海招生的专业（类），一般也在浙江同时招生。但不少高校在浙江招生的专业（类）多，在上海招生的专业（类）少。同时，还存在同一所高校的同一专业在浙江、上海两地招生的选考科目范围完全不同（除是否涉及“技术”一科外）的情况。本附录以新疆农业大学、大连大学2017年在浙江、上海两地招生专业（类）的选考科目范围为例，说明同一所高校同一专业（类）在两地选考科目要求不同的现象。

续表

专业(类)名称	选考科目数	选考科目范围	类中所含专业
数学类	1	物理	数学与应用数学(数学、概率统计、科学与工程计算、信息科学)、金融数学
物理学类	1	物理	物理学、大气与海洋科学
化学类	1	化学	化学、应用化学、材料化学、化学生物学
天文学(天体物理)	1	物理	
地球物理学类	1	物理	地球物理学、空间科学与技术、遥感与地理信息系统
生物科学类	1	生物	生物科学、生物技术
心理学类	1	物理	基础心理学、应用心理学
电子信息类	1	物理	计算机科学与技术、电子信息科学与技术、智能科学与技术、微电子科学与工程
环境科学与工程类	1	物理	环境科学、环境工程、环境管理
文科试验班类	0	不限	政治学、经济学与哲学、外国语言与外国历史
理科试验班类	0	不限	政治学、经济学与哲学、外国语言与外国历史、古生物学
哲学类	0	不限	哲学、宗教学、哲学(科技哲学与逻辑学方向)
经济学类	0	不限	经济学、金融学、国际经济与贸易、保险学(风险管理与保险学)、财政学、发展经济学
应用语言学	0	不限	
英语	0	不限	
新闻传播学类	0	不限	传播学、编辑出版学、广告学、新闻学
考古学	0	不限	考古学、博物馆学
信息管理与信息系统	0	不限	信息管理与信息系统、图书馆学
工商管理类	0	不限	市场营销、会计学、金融学
公共管理类	0	不限	行政管理、城市管理、政治学与行政学
艺术学理论类	0	不限	文化产业管理、戏剧影视文学、艺术史论

附录2 清华大学2017年在浙江省招生专业(类)选考科目范围

专业(类)名称	选考科目数	选考科目范围	类中所含专业
化学基础类	1	化学	药学、化学、材料科学与工程、化学工程与工业生物工程、高分子材料与工程、环境工程、环境工程(国际班)、生物科学
历史基础类	1	历史	社会科学试验班
物理基础类	1	物理	建筑学(含城乡规划)、建筑环境与能源应用工程、土木工程、水利水电工程、机械工程、机械工程(实验班)、测控技术与仪器、工业工程、能源与动力工程、车辆工程、航空航天工程(含钱学森力学班)、计算机科学与技术、自动化、软件工程、电气工程及其自动化、工程物理、工程物理(能源实验班)、核工程与核技术、生物医学工程、临床医学、数学与应用数学、物理学、数理基础科学、材料科学与工程、化学工程与工业生物工程、高分子材料与工程、社会科学试验班、环境工程、环境工程(国际班)、医学试验班、电子信息类
生物基础类	1	生物	生物科学
艺术史论	1	历史	
通用基础类	0	不限	经济与金融(国际班)、工商管理(会计学方向)、工商管理(信息管理与信息系统方向)、人文科学试验班、英语、英语(世界文学与文化实验班)、日语、法学、法学(国际班)、新闻学(新闻与传播)
美术学类	0	不限	中国画、绘画(油画)、绘画(壁画)、雕塑、摄影
设计学类	0	不限	服装与服饰设计、陶瓷艺术设计、视觉传达设计、环境设计、产品设计、产品设计(染织艺术设计)、艺术与科技(展示设计)、艺术与科技(信息设计)、动画、工艺美术(金属艺术)、工艺美术(漆艺)

附录3 哈尔滨工业大学2017年在浙江省招生专业(类)选考科目范围

专业(类)名称	选考科目数	选考科目范围	类中所含专业
化学类	2	物理、化学	应用化学、材料化学、核化工与核燃料工程
材料成型及控制工程	2	物理、化学	
材料科学与工程	2	物理、化学	
焊接技术与工程	2	物理、化学	
道路桥梁与渡河工程	2	物理、化学	
数学类	1	物理	数学与应用数学、信息与计算科学
物理学类	1	物理	应用物理学、核物理
工程力学	1	物理	
机械设计制造及其自动化	1	物理	
机械电子工程	1	物理	
测控技术与仪器	1	物理	
能源与动力工程	1	物理	
电气工程及其自动化	1	物理	
电子信息工程	1	物理	
电子科学与技术	1	物理	
通信工程	1	物理	
光电信息科学与工程	1	物理	
电子信息科学与技术	1	物理	
自动化	1	物理	
计算机科学与技术	1	物理	
土木工程	1	物理	
建筑环境与能源应用工程	1	物理	
给排水科学与工程	1	化学	
飞行器设计与工程	1	物理	
环境工程	1	化学	
建筑学	1	物理	
信息管理与信息系统	0	不限	

附录4 复旦大学2017年在浙江省招生专业(类)选考科目范围

专业(类)名称	选考科目数	选考科目范围	类中所含专业
社会科学试验班	3	物理、思想政治、历史	政治学与行政学、行政管理、国际政治、社会学、社会工作
哲学类	3	物理、化学、历史	哲学、宗教学
法学	3	物理、思想政治、历史	
历史学类	3	历史、思想政治、地理	历史学、旅游管理、文物与博物馆学
经济管理试验班	2	物理、化学	工商管理、市场营销、财务管理、会计学、管理科学、信息管理与信息系统、统计学、旅游管理
技术科学试验班	2	物理、化学	电子信息科学与技术、微电子科学与工程、通信工程、电气工程及其自动化、生物医学工程、光电信息科学与工程、信息安全、电子科学与技术、材料化学、材料物理、计算机科学与技术、理论与应用力学、飞行器设计与工程
自然科学试验班	2	物理、化学	物理学、理论与应用力学、材料物理、材料化学、电子科学与技术、化学、应用化学、高分子材料与工程、生物科学、生物技术、生态学、环境科学、心理学
经济学类	2	物理、化学	经济学、国际经济与贸易、金融学、财政学、保险学
数学类	2	物理、化学	数学与应用数学、信息与计算科学
软件工程	2	物理、化学	
保密管理	2	物理、化学	
核工程与核技术	1	物理	
中国语言文学类	0	不限	汉语言文学、汉语言
英语	0	不限	
俄语	0	不限	
德语	0	不限	

续表

专业(类)名称	选考科目数	选考科目范围	类中所含专业
法语	0	不限	
日语	0	不限	
朝鲜语	0	不限	
新闻学	0	不限	
新闻传播学类	0	不限	新闻学、广播电视学、传播学、广告学

附录5 上海交通大学2017年在浙江省招生专业(类)选考科目范围

专业(类)名称	选考科目数	选考科目范围	类中所含专业
护理学	3	物理、化学、生物	
公共管理类	3	思想政治、历史、地理	行政管理
化学类	2	物理、化学	化学、化学工程与工艺
生物技术(生物技术、生物科学、生命科学与技术基地班、生物学理科基地班)	2	物理、化学	
环境科学与工程	2	物理、化学	
自然保护与环境生态类	2	物理、化学	园林、资源环境科学、食品科学与工程、动物科学、植物科学与技术
临床医学	2	物理、化学	
临床医学(儿科方向)	2	物理、化学	
临床医学(本博连读)	2	物理、化学	
临床医学(本博连读法语班)	2	物理、化学	
临床医学(英语班)	2	物理、化学	
口腔医学(本硕连读)	2	物理、化学	
预防医学	2	物理、化学	

续表

专业(类)名称	选考科目数	选考科目范围	类中所含专业
食品卫生与营养学	2	物理、化学	
药学	2	物理、化学	
医学检验技术	2	物理、化学	
工科试验班类(包括海洋工程类、机械类、电子信息类、信息安全、软件工程、微电子科学与工程、材料科学与工程、生物医学工程、生物工程、航空航天工程)	1	物理	工科试验班(包括海洋工程类、机械类、电子信息类、信息安全、软件工程、微电子科学与工程、材料科学与工程、生物医学工程、生物工程、航空航天工程)
经济学类	1	物理	金融学、国际经济与贸易、经济学
数学与应用数学	1	物理	
物理学类(物理学、应用物理学、国际化人才培养试点班)	1	物理	物理学、应用物理学
机械工程(国际化人才培养试点班)(机械工程与自动化试点班、热能与动力工程试点班)	1	物理	
机械类(中外合作办学)(交大—巴黎高科卓越工程师学院)	1	物理	机械工程、能源与动力工程
机械类(中外合作办学)(交大密西根学院)	1	物理	机械工程
机械类	1	物理	机械工程、能源与动力工程、工业工程、核工程与核技术、新能源科学与工程
材料科学与工程	1	物理	
微电子科学与工程	1	物理	
电子信息科学与技术(IEEE试点班)	1	物理	
电子信息类(中外合作办学)(交大—巴黎高科卓越工程师学院)	1	物理	信息工程

续表

专业(类)名称	选考科目数	选考科目范围	类中所含专业
电子信息类(中外合作办学)(交大密西根学院)	1	物理	电子与计算机工程
电子信息类	1	物理	自动化、信息工程、电子科学与技术、计算机科学与技术、测控技术与仪器、电气工程及其自动化
软件工程	1	物理	
信息安全	1	物理	
土木类	1	物理	土木工程、工程力学
海洋工程类	1	物理	船舶与海洋工程、交通运输
航空航天工程	1	物理	
生物医学工程	1	物理	
建筑学	1	物理	
工商管理类	1	物理	工商管理、会计学
法学	0	不限	
汉语言文学	0	不限	
英语[英语(金融、商务)]	0	不限	
德语	0	不限	
日语	0	不限	
传播学	0	不限	
工业设计	0	不限	
公共事业管理	0	不限	
广播电视编导	0	不限	
设计学类	0	不限	视觉传达设计

附录6 南京大学2017年在浙江省招生专业(类)选考科目范围

专业(类)名称	选考科目数	选考科目范围	类中所含专业
经济学类	3	物理、思想政治、化学	经济学、金融学、国际经济与贸易、金融工程、保险学、财政学
数学类	3	物理、化学、生物	数学与应用数学、信息与计算科学、统计学
化学类	3	化学、物理、生物	化学、应用化学、分子科学与工程
生物科学类	3	生物、化学、物理	生物科学、生物技术、生态学
计算机科学与技术	3	物理、生物、技术	
软件工程	3	物理、化学、技术	
建筑学	3	物理、化学、地理	
城乡规划	3	物理、化学、地理	
临床医学	3	化学、物理、生物	
材料类	2	物理、化学	材料物理、材料化学、新能源科学与工程、光电信息科学与工程、生物医学工程
电子信息类	2	物理、化学	电子科学与技术、通信工程、微电子科学与工程、医学信息工程
环境科学与工程类	2	化学、物理	环境工程、环境科学
公共管理类	2	历史、思想政治	劳动与社会保障、行政管理、政治学与行政学、国际政治
物理学类	1	物理	物理学、应用物理学、声学
天文学类	1	物理	天文学、空间科学与技术
大气科学类	1	物理	大气科学、应用气象学
自动化类	1	物理	自动化、信息工程

续表

专业(类)名称	选考科目数	选考科目范围	类中所含专业
管理科学与工程类	1	物理	金融工程、工业工程
汉语言文学	0	不限	
英语	0	不限	
德语	0	不限	
西班牙语	0	不限	
新闻传播学类	0	不限	新闻学、广播电视学、广告学
历史学类(历史学、考古学、文物鉴定与修复)	0	不限	历史学、考古学
工商管理类	0	不限	工商管理、市场营销、会计学、财务管理、电子商务、人力资源管理

附录7　浙江大学2017年在浙江省招生专业(类)选考科目范围

专业(类)名称	选考科目数	选考科目范围	类中所含专业
人文科学试验班	3	历史、思想政治、地理	人文科学试验班
医学试验班类	3	物理、化学、生物	医学试验班
海洋科学	3	物理、化学、生物	
药学类	3	物理、化学、生物	药学、药物制剂
工科试验班(材料与化工)	2	物理、化学	工科试验班
科技与创意设计试验班	2	物理、技术	科技与创意设计试验班
理科试验班类(生命、环境、化学与地学)	2	物理、化学	理科试验班

续表

专业(类)名称	选考科目数	选考科目范围	类中所含专业
医学试验班	2	物理、化学	医学试验班
医学试验班类(口腔医学)	2	物理、化学	口腔医学
应用生物科学(农学)	2	物理、化学	
应用生物科学(生工食品)	2	物理、化学	
工科试验班(信息)	1	物理	工科试验班
工科试验班(建筑与土木)	1	物理	工科试验班
工科试验班(机械与能源)	1	物理	工科试验班
工科试验班(海洋)	1	物理	工科试验班
工科试验班(电气与自动化)	1	物理	工科试验班
工科试验班(航空航天与过程装备)	1	物理	工科试验班
理科试验班类	1	物理	理科试验班
社会科学试验班	0	不限	社会科学试验班
人文科学试验班(传媒)	0	不限	人文科学试验班
人文科学试验班(外国语言文学)	0	不限	人文科学试验班
体育学类	0	不限	运动训练、武术与民族传统体育
美术学类	0	不限	美术学
设计学类	0	不限	视觉传达设计、环境设计、产品设计

附录8 中国科学技术大学2017年在浙江省招生专业(类)选考科目范围

专业(类)名称	选考科目数	选考科目范围	类中所含专业
经济管理试验班	1	物理	经济管理试验班(管理科学、金融学、工商管理精英班)
工科试验班类	1	物理	工科试验班(力学类、机械类、能源动力类、安全科学与工程类、电子信息类、计算机科学与技术、核工程类)
理科试验班类	1	物理	理科试验班(数学类、物理学类、化学类、材料类、生物科学类、地球物理学类、环境科学)

附录9 西安交通大学2017年在浙江省招生专业(类)选考科目范围

专业(类)名称	选考科目数	选考科目范围	类中所含专业
文科试验班类(人文社会科学)	3	思想政治、历史、地理	汉语言文学、哲学、社会学
理科试验班(数学)	3	物理、化学、生物	数学与应用数学(实验班)
化工与制药类(装备及化工)	3	物理、化学、生物	过程装备与控制工程、化学工程与工艺
医学试验班	2	化学、生物	医学试验班(侯宗濂试验班)、医学试验班(预防医学)
软件工程	2	物理、化学	
土木类	2	物理、化学	土木工程、建筑环境与能源应用工程
航空航天类	2	物理、化学	飞行器设计与工程、工程力学
建筑类	2	物理、化学	建筑学
工科试验班(工科与管理贯通)	1	物理	工科试验班(工商管理类)、工科试验班(管理科学与工程类)
工科试验班(钱学森班)	1	物理	工科试验班(钱学森班)
理科试验班(物理)	1	物理	应用物理学

续表

专业(类)名称	选考科目数	选考科目范围	类中所含专业
经济学类	1	物理	经济学、金融学、金融工程、国际经济与贸易、贸易经济、统计学、财政学、电子商务
机械类	1	物理	机械工程、车辆工程、工业设计、测控技术与仪器(机类)
材料类	1	物理	材料科学与工程
能源动力类	1	物理	能源与动力工程、新能源科学与工程
电气类	1	物理	电气工程及其自动化、测控技术与仪器(电类)
电子信息类	1	物理	信息工程、电子科学与技术、微电子科学与工程
自动化类	1	物理	自动化
计算机类	1	物理	计算机科学与技术、物联网工程
核工程类	1	物理	核工程与核技术
会计学(ACCA国际注册会计师)	1	物理	

附录10　四川大学2017年在浙江省招生专业(类)选考科目范围

专业(类)名称	选考科目数	选考科目范围	类中所含专业
工程力学	3	物理、技术、生物	
材料类(中外合作办学)	3	物理、化学、技术	材料科学与工程
材料类	3	物理、化学、技术	材料物理、材料化学
能源与动力工程	3	物理、化学、生物	
电子信息类	3	物理、化学、技术	电子信息工程、电子信息科学与技术

续表

专业(类)名称	选考科目数	选考科目范围	类中所含专业
软件工程	3	技术、物理、生物	
信息安全	3	物理、化学、技术	
物联网工程	3	物理、化学、技术	
计算机类	3	技术、物理、化学	计算机科学与技术、网络工程
土木类	3	物理、化学、技术	土木工程、给排水科学与工程、工程造价、建筑环境与能源应用工程
水利类	3	物理、化学、生物	水利水电工程、水文与水资源工程、农业水利工程
城乡规划	3	思想政治、历史、地理	
经济学类	0	不限	经济学、国民经济管理、财政学
金融学类	0	不限	金融学、金融工程、保险学
国际经济与贸易	0	不限	
法学	0	不限	
社会工作	0	不限	
汉语言文学(基地班)	0	不限	
中国语言文学类	0	不限	汉语言文学、汉语言、汉语国际教育
英语	0	不限	
日语	0	不限	
新闻传播学类	0	不限	新闻学、广播电视学、广告学、编辑出版学
历史学类	0	不限	考古学、文物与博物馆学、历史学

续表

专业(类)名称	选考科目数	选考科目范围	类中所含专业
化学类	0	不限	化学(基地班)、化学、应用化学
生物科学类	0	不限	生物科学、生物技术、生物科学(基地班)、生物技术(基地班)、生态学
机械设计制造及其自动化	0	不限	
过程装备与控制工程	0	不限	
机械类(中外合作办学)	0	不限	机械设计制造及其自动化
无机非金属材料工程	0	不限	
高分子材料与工程	0	不限	
微电子科学与工程	0	不限	
化学工程与工艺	0	不限	
纺织工程	0	不限	
轻化工程	0	不限	
生物工程	0	不限	
基础医学(基地班)	0	不限	
临床医学(口腔医学)	0	不限	
口腔医学	0	不限	
预防医学	0	不限	
药学	0	不限	
临床药学	0	不限	
法医学	0	不限	
口腔医学技术	0	不限	
卫生检验与检疫	0	不限	
医学技术类	0	不限	医学检验技术、医学影像技术、眼视光学、康复治疗学
工商管理类	0	不限	市场营销、会计学、财务管理、人力资源管理
公共管理类	0	不限	行政管理、公共事业管理、劳动与社会保障、土地资源管理

续表

专业(类)名称	选考科目数	选考科目范围	类中所含专业
档案学	0	不限	
信息资源管理	0	不限	
工业工程类(中外合作办学)	0	不限	工业工程
服装与服饰设计	0	不限	

附录11 新疆大学2017年在浙江省招生专业(类)选考科目范围

专业(类)名称	选考科目数	选考科目范围
法学	0	不限
英语	0	不限
数学与应用数学	0	不限
机械工程	0	不限
计算机科学与技术	0	不限
软件工程	0	不限
土木工程	0	不限
酒店管理	0	不限

附录12 青海大学2017年在浙江省招生专业(类)选考科目范围

专业(类)名称	选考科目数	选考科目范围
经济学	0	不限
金融学	0	不限
国际经济与贸易	0	不限
应用化学	0	不限
机械设计制造及其自动化	0	不限
材料成型及控制工程	0	不限
机械电子工程	0	不限
冶金工程	0	不限
电气工程及其自动化	0	不限
自动化	0	不限

续表

专业(类)名称	选考科目数	选考科目范围
计算机科学与技术	0	不限
土木工程	0	不限
给排水科学与工程	0	不限
水利水电工程	0	不限
测绘工程	0	不限
化学工程与工艺	0	不限
制药工程	0	不限
资源勘查工程	0	不限
环境科学	0	不限
环境生态工程	0	不限
食品科学与工程	0	不限
乳品工程	0	不限
城乡规划	0	不限
生物工程	0	不限
农学	0	不限
园艺	0	不限
植物保护	0	不限
动物医学	0	不限
林学	0	不限
草业科学	0	不限
临床医学	0	不限
麻醉学	0	不限
医学影像学	0	不限
口腔医学	0	不限
预防医学	0	不限
中医学	0	不限
藏医学	0	不限
中西医临床医学	0	不限
药学	0	不限

续表

专业(类)名称	选考科目数	选考科目范围
护理学	0	不限
管理科学	0	不限
信息管理与信息系统	0	不限
工商管理	0	不限
市场营销	0	不限
会计学	0	不限
财务管理	0	不限
行政管理	0	不限
电子商务	0	不限
旅游管理	0	不限

附录13　湘潭大学2017年在浙江省招生专业(类)选考科目范围

专业(类)名称	选考科目数	选考科目范围
经济学	0	不限
金融学	0	不限
法学	0	不限
汉语言文学	0	不限
西班牙语	0	不限
日语	0	不限
新闻学	0	不限
广播电视学	0	不限
广告学	0	不限
应用化学	0	不限
机械设计制造及其自动化	0	不限
工业设计	0	不限
材料化学	0	不限
新能源材料与器件	0	不限
能源与动力工程	0	不限
电子信息工程	0	不限

续表

专业(类)名称	选考科目数	选考科目范围
通信工程	0	不限
微电子科学与工程	0	不限
计算机科学与技术	0	不限
软件工程	0	不限
土木工程	0	不限
化学工程与工艺	0	不限
环保设备工程	0	不限
药学	0	不限
会计学	0	不限
审计学	0	不限
文化产业管理	0	不限

附录14　内蒙古科技大学2017年在浙江省招生专业(类)选考科目范围

专业(类)名称	选考科目数	选考科目范围
法学	0	不限
社会工作	0	不限
思想政治教育	0	不限
广告学	0	不限
应用物理学	0	不限
应用化学	0	不限
生物技术	0	不限
机械设计制造及其自动化	0	不限
机械设计制造及其自动化(矿山机电方向)	0	不限
材料成型及控制工程	0	不限
机械电子工程	0	不限
过程装备与控制工程	0	不限
车辆工程	0	不限
冶金工程	0	不限

续表

专业(类)名称	选考科目数	选考科目范围
冶金工程(稀土方向)	0	不限
能源与动力工程	0	不限
电气工程及其自动化	0	不限
电子信息工程	0	不限
自动化	0	不限
计算机科学与技术	0	不限
软件工程	0	不限
土木工程	0	不限
建筑环境与能源应用工程	0	不限
给排水科学与工程	0	不限
测绘工程	0	不限
化学工程与工艺	0	不限
采矿工程	0	不限
矿物加工工程	0	不限
轻化工程	0	不限
交通工程	0	不限
环境工程	0	不限
食品科学与工程	0	不限
城乡规划	0	不限
风景园林	0	不限
安全工程	0	不限
生物工程	0	不限
信息管理与信息系统	0	不限
工商管理	0	不限
市场营销	0	不限
人力资源管理	0	不限
公共事业管理	0	不限

附录15 山东农业大学2017年在浙江省招生专业(类)选考科目范围

专业(类)名称	选考科目数	选考科目范围
经济学	0	不限
法学	0	不限
英语	0	不限
日语	0	不限
信息与计算科学	0	不限
应用化学	0	不限
地理信息科学	0	不限
生物技术	0	不限
生态学	0	不限
材料化学	0	不限
自动化	0	不限
土木工程(装饰工程方向)	0	不限
建筑环境与能源应用工程	0	不限
给排水科学与工程	0	不限
水文与水资源工程	0	不限
测绘工程	0	不限
遥感科学与技术	0	不限
交通运输	0	不限
环境工程	0	不限
环境科学	0	不限
葡萄与葡萄酒工程	0	不限
生物工程	0	不限
农学	0	不限
园艺	0	不限
农业资源与环境	0	不限
动物科学	0	不限
蚕学	0	不限
动物医学	0	不限

续表

专业(类)名称	选考科目数	选考科目范围
动植物检疫(动检方向)	0	不限
园林	0	不限
工商管理	0	不限
行政管理	0	不限
土地资源管理	0	不限
旅游管理	0	不限

附录16 河南农业大学2017年在浙江省招生专业(类)选考科目范围

专业(类)名称	选考科目数	选考科目范围
英语	0	不限
英语(商务方向)	0	不限
信息与计算科学(数理金融)	0	不限
生物技术	0	不限
机械设计制造及其自动化	0	不限
电子信息科学与技术	0	不限
计算机科学与技术	0	不限
环境工程	0	不限
食品科学与工程	0	不限
食品科学与工程(烟草工程)	0	不限
城乡规划	0	不限
园艺	0	不限
植物保护	0	不限
烟草(现代烟草农业)	0	不限
管理科学	0	不限
市场营销	0	不限
土地资源管理	0	不限
旅游管理	0	不限

附录17 福建农林大学2017年在浙江省招生专业(类)选考科目范围

专业(类)名称	选考科目数	选考科目范围
生物科学(生态监测与评价方向)	0	不限
生物技术	0	不限
生物信息学	0	不限
生态学(中加合作班)	0	不限
空间信息与数字技术	0	不限
轻化工程	0	不限
木材科学与工程	0	不限
风景园林(中加合作班)	0	不限
生物工程	0	不限
农学	0	不限
园艺	0	不限
园艺(中加合作班)	0	不限
植物保护(植物医学方向)	0	不限
植物科学与技术	0	不限
种子科学与工程	0	不限
设施农业科学与工程(都市园艺方向)	0	不限
茶学(创意设计方向)	0	不限
农业资源与环境	0	不限
农业资源与环境(中加合作班)	0	不限
水土保持与荒漠化防治	0	不限
动物科学	0	不限
蜂学	0	不限
动物医学	0	不限
林学	0	不限
森林保护	0	不限
水产养殖学	0	不限
中药资源与开发	0	不限
工商管理(企业管理方向)	0	不限
旅游管理(休闲与服务管理方向)	0	不限

附录18　新疆农业大学2017年在浙江省招生专业(类)选考科目范围

专业(类)名称	选考科目数	选考科目范围
电气工程及其自动化	1	物理
土木工程	1	物理
水利水电工程	1	物理
化学工程与工艺	1	化学
食品质量与安全	1	化学
农学	1	生物
园艺	1	生物
动物科学	1	生物
动植物检疫	1	生物
会计学	1	思想政治

附录19　新疆农业大学2017年在上海市招生专业(类)选考科目范围

专业(类)名称	选考科目数	选考科目范围
经济学	0	不限
国际经济与贸易	0	不限
法学	0	不限
中国少数民族语言文学	0	不限
英语	0	不限
数学与应用数学	0	不限
应用化学	0	不限
地理信息科学	0	不限
生物科学	0	不限
生物技术	0	不限
生态学	0	不限
机械设计制造及其自动化	0	不限
新能源科学与工程	0	不限
电气工程及其自动化	0	不限
电子信息科学与技术	0	不限

续表

专业(类)名称	选考科目数	选考科目范围
计算机科学与技术	0	不限
物联网工程	0	不限
土木工程	0	不限
水利水电工程	0	不限
水文与水资源工程	0	不限
化学工程与工艺	0	不限
交通运输	0	不限
交通工程	0	不限
农业机械化及其自动化	0	不限
农业电气化	0	不限
农业建筑环境与能源工程	0	不限
农业水利工程	0	不限
环境科学	0	不限
食品科学与工程	0	不限
食品质量与安全	0	不限
农学	0	不限
园艺	0	不限
植物保护	0	不限
种子科学与工程	0	不限
设施农业科学与工程	0	不限
农业资源与环境	0	不限
水土保持与荒漠化防治	0	不限
动物科学	0	不限
动物医学	0	不限
动物药学	0	不限
动植物检疫	0	不限
林学	0	不限
园林	0	不限
森林保护	0	不限

续表

专业(类)名称	选考科目数	选考科目范围
水产养殖学	0	不限
草业科学	0	不限
药学	0	不限
信息管理与信息系统	0	不限
工程管理	0	不限
房地产开发与管理	0	不限
市场营销	0	不限
会计学	0	不限
人力资源管理	0	不限
农林经济管理	0	不限
公共事业管理	0	不限
土地资源管理	0	不限
旅游管理	0	不限

附录20　大连大学2017年在浙江省招生专业(类)选考科目范围

专业(类)名称	选考科目数	选考科目范围
金融学	0	不限
法学	0	不限
日语	0	不限
翻译	0	不限
机械设计制造及其自动化	0	不限
材料成型及控制工程	0	不限
工业设计	0	不限
车辆工程	0	不限
电子信息工程	0	不限
土木工程	0	不限
制药工程	0	不限
中药学	0	不限
医学检验技术	0	不限
护理学	0	不限

续表

专业(类)名称	选考科目数	选考科目范围
工程管理	0	不限
工商管理	0	不限
会计学	0	不限
物流工程	0	不限
旅游管理	0	不限

附录21 大连大学2017年在上海市招生专业(类)选考科目范围

专业(类)名称	选考科目数	选考科目范围
汉语言文学	0	不限
日语	0	不限
人力资源管理	0	不限
机械设计制造及其自动化	3	物理、化学、生命科学
工业设计	3	物理、化学、生命科学
建筑学	3	物理、化学、生命科学
生物工程	3	物理、化学、生命科学
市场营销	3	物理、化学、生命科学

后 记

高考制度自1977年恢复以来，至今走过了整整40个年头。40年高考史，是一部不断探索改革与创新的历史，也是一部不断努力增强科学性与公平性的历史。2014年开启的新高考综合改革，从宏观上说是国家在高考方面进行的第三次大的改革尝试，它不仅有助于促进高中教学方式变革、深化高中新课程改革，而且有助于扩大高校招生自主权、激活高校专业调整、增加学生与高校的双向选择权，因而具有重大的创新性价值与全局性意义。

作为基础教育与高等教育的重要连接点，作为社会利益的关键分配节点，高考改革具有高竞争性、高利害性、高风险性、高敏感性、高复杂性，往往牵一发而动全身，因而历来是中国教育改革的一个难点所在。新一轮高考改革的复杂性超过了历史上的任何一次改革，堪称“史上最难”。2017年，党的十九大期间，教育部部长陈宝生在谈新一轮高考改革时说，这次高考制度改革是1977年恢复高考以来规模最大、涉及面最广、难度最艰巨的一次改革。

正因此次高考改革力度大、改革任务艰巨、改革影响广泛而深刻，因而必须先行试点，以便为其他省份的后续跟进、为2020年全面建立起具有中国特色的现代高考招生制度探索积累有益经验与借鉴。从这一意义上说，试点省市浙江与上海的新高考综合改革无疑具有重大的价值。基于此，两地试点改革研究的学术价值与应用价值也就不言而喻。

我在厦门大学教育研究院跟随刘海峰教授攻读硕博学位期间，以中国科举史尤其是清代科举考试史为主要研究方向，同时对高考制度与政策开始有所涉及；获得博士学位后，我对高考制度与政策的研究逐渐增多，先后主持多项有关高考改革的省部级、国家级课题，其中包括2012年浙江省哲学社会科学规划一般项目“浙江省新高考模式研究”、2015年浙江省哲学社会科学规划重点项目“浙江省高考改革研究”，以及2016年国家社会科学基金管理学青年项目“我国新高考招生制度试点改革跟踪与评价研究”等。2016年暑假期间，刘海峰老师在电话中告诉我，他正在主编一套“高考制度变革与实践研究”丛书，其中有一本将关注浙江、上海高考试点改革，问我是否有兴趣承担这本书的撰写任务。这是我非常感兴趣的一个课题，所以，尽管知道对于一名高考研究“新兵”来说这一研究具有很大的挑战性，但我还是一口答应下来了。此为本书之由来。

高考改革研究不是一门纯书斋式的学问，而是一门实践性非常强的学问，不能闭门造车，必须全面了解改革实践。尤其是新高考综合改革牵涉面广，改革力度大，影响深刻，只有全面了解清楚高中学生、教师、校长以及高校等不同利益相关者的基本看法与基本意见，才能使研究接地气。因此，实践调查对于本课题来说便十分关键。本书得以顺利完成，首先需要感谢刘海峰老师为我提供了多次难得的调研机会。作为课题组成员，我于2015年下半年跟随刘海峰老师赴浙江省教育考试院参加了浙江新高考综合改革的调研；2016年10月下旬，2017年8月28日至9月2日，我又先后两次跟随刘海峰老师加入国家教育咨询委员会和国家教育考试指导委员会组成的联合调研组，分别赴浙江与上海调研两地新高考综合改革。通过调研，我获得了两地教育厅（教委）、教育考试院、高校招生办人员、地方教育局负责人以及高中校长、教师和学生等不同群体对新高考综合改革的基本认识与基本看法，以及诸多有益的意见与建议。这为拙著的撰写提供了十分有力的支撑与保障。若是没有刘老师带领我参加如此全面、系统的调研，本书的撰写绝不可能如此顺利。

与此同时，需要特别感谢中国教育学会会长钟秉林先生、国家教育咨询委员会委员谈松华先生，感谢教育部原考试中心主任戴家干先生、上海市教委原主任薛明扬先生、山东省教育厅副厅长张志勇先生、北京理工大学教授杨东平先生、北京大学教育学院教授文东茅先生、北京师范大学招生办主任虞立红女士、北京师范大学附属实验中学原校长王本中先生、北京四中原校长邱济隆先生、上海中学原校长唐盛昌先生，以及教育部考试中心的章建石，北京师范大学高教所的周海涛、方芳、杜瑞军，北京大学教育学院的夏欢欢，中国教育学会高中教育专业委员会秘书处的徐彤等老师。在上海与浙江两地的多次调研中，这些前辈及各位老师的发言让我受益匪浅，有些甚至是在书本上永远也学不到的。感谢教育部学生司的谭洁清老师和东北大学招生办的魏熙良老师，感谢他们为我参加调研提供了细致而暖心的帮助。同时，还要特别感谢我的师兄上海教育考试院高招办副主任李立峰，以及杭州师范大学招生办副主任翁灵丽，两位帮我联系问卷调查工作，费心费力，付出颇多。

这是一本让我尝到科研苦头的书。以前写科研论文，从来没有感到痛苦。这本书却一度让我对科研产生了一种痛苦甚至是恐惧感。本书是我所完成的第二本个人著作，第一本是我的博士学位论文。但本书的写作比写博士学位论文痛苦得多。相对来说，博士学位论文在写作时间上比较宽裕，基本上是在一种比较从容的状态下完成的，完成之后还有时间慢慢修改。本书则是在一种比较紧张的节奏下完成的。大概是因为写作时间过于紧张，甚至仓促到来不及静下心来进行思考，使我一度对学术研究有了一种恐惧感。幸运的是，得益于两次跟随刘海峰老师参加国家教育咨询委员会和国家教育考试指导委员会的联合调研，以及自己这几年来对新高考综合改革的关注，最后总算顺利完成了撰写任务。

这是一部我自己不满意的书。之所以这样说，一是因为高考改革周期不是三年，而至少是七八年，至2017年，改革的利弊效应实际上尚未充分显现出来。在新高考元年出版此书，意味着基本上只能观察到高考改革对高中教育的影响，而高校招生后的培养环节则基本无法顾及。不仅如此，我对高中教育所受影响的观察，实际上也还处于比较初步的阶段——尽管多种利弊影响已经比较明显。在“3+3”自由选考制度下，考生选考科目与录取专业所要求具备学科基础之间的内在匹配度问题是客观存在的，并且是新高考综合改革中一个至为关键的问题。显然，2017年出版的书，还无法探讨新高考招生后的培养环节问题。二是写作时间紧迫，无法从容、悠闲地写作。“安而后能虑，虑而后能得。”如果能够再经过较长时间的沉淀，我们对新高考综合改革的认识与评价可能更加理性、深刻。同时，由于时间等原因，还有一些成果来不及整合到书稿里。所以，本书只能算是新高考综合改革研究的一个阶段性成果。

当然，学术研究本无止境，即使给自己再多的时间也不可能穷尽新高考综合改革所有的问题。能够及时出版新高考综合改革研究的部分成果，也具有重要的价值与意义。这也算是一种自我安慰与自我鞭策了。

一个人的时间和精力毕竟是有限的，在学术研究方面花费时间越多，就意味着越没有时间陪伴家人。对于一名年轻的大学教师来说，相对于教学与科研的矛盾，如何处理工作与家庭的关系其实更为棘手。拙著能够顺利完成，应该特别感谢我的父母亲，他们尽心竭力为我照看孩子、家庭；感谢我的爱人，她非常理解与支持我的学术研究，并协助我做了部分书稿的校对工作。同时要感谢我的姐姐，她经常问寒问暖，并时常挂念拙著的写作状况。正是他们的理解与支持，我才能够得以安心写作并及时完成书稿。

在高考制度恢复40周年以及新高考元年这样一个特别的年份，出版自己第一部高考研究论著，同时也是新高考综合改革研究的一部新著作，应该说有一种特别的纪念意义。但作为一名高考研究“新兵”，加之仓促完稿，诚恐错误难免，贻笑大方。在此，真诚地希望得到学界同仁的批评与指正，以便在后续研究中进行修正与完善。

刘希伟

2017年11月

图书在版编目(CIP)数据

试点省市高考改革研究 / 刘希伟著. —杭州：浙江教育出版社，2017.12
(高考制度变革与实践研究)
ISBN 978-7-5536-6762-1

Ⅰ.①试… Ⅱ.①刘… Ⅲ.①高考-教育改革-研究-中国 Ⅳ.①G632.474

中国版本图书馆CIP数据核字(2017)第321676号

责任编辑 彭 宁　　**责任校对** 戴正泉 吴颖华
美术编辑 韩 波　　**责任印务** 陈 沁

高考制度变革与实践研究
GAOKAO ZHIDU BIANGE YU SHIJIAN YANJIU

试点省市高考改革研究
SHIDIAN SHENGSHI GAOKAO GAIGE YANJIU

刘希伟 著

出版发行 浙江教育出版社
(杭州市天目山路40号 邮编：310013)
图文制作 杭州林智广告有限公司
印刷装订 杭州富春印务有限公司
开　　本 710mm×1000mm 1/16
印　　张 16
插　　页 2
字　　数 245 000
版　　次 2017年12月第1版
印　　次 2017年12月第1次印刷
标准书号 ISBN 978-7-5536-6762-1
定　　价 36.00元
联系电话 0571-85170300-80928
网　　址 www.zjeph.com